돌봄과 교육의 위기, 어떻게 극복할 것인가?

코로나 시대, 마을교육 공동체운동과 생태적 교육학

코로나 시대,
마을교육
공동체운동과
생태적 교육학

초판 1쇄 인쇄 2021년 2월 23일
초판 1쇄 발행 2021년 2월 28일

지은이 심성보
펴낸이 김승희
펴낸곳 도서출판 살림터

기획 정광일
편집 조현주
북디자인 꼬리별

인쇄·제본 (주)현문
종이 (주)월드페이퍼

주소 서울시 양천구 목동동로 293, 22층 2215-1호
전화 02-3141-6553
팩스 02-3141-6555
출판등록 2008년 3월 18일 제313-1990-12호
이메일 gwang80@hanmail.net
블로그 http://blog.naver.com/dkffk1020

ISBN 979-11-5930-183-4 93370

돌봄과 교육의 위기, 어떻게 극복할 것인가?

코로나 시대,
마을교육
공동체운동과
생태적 교육학

심성보 지음

세계는 지금 인류사에서 가장 심대한 문명 전환의 격랑 속으로 빠져들고 있다. 코로나 팬데믹으로 영원히 무너지지 않을 것 같던 근대의 신화가 무너지고 있다. 지금 우리가 목도하는 것은 근대의 최종적 죽음인지도 모른다. 지금은 '빈틈'이 사라진 시대다. 우리에게는 더 이상의 자연 및 환경 파괴와 불평등 및 폭력을 완충시킬 빈틈이 없다. 대기·땅·바다의 오염, 전례 없는 태풍과 홍수 및 가뭄, 빙하의 소멸, 장기 산불, 미세 먼지, 자본주의 및 신자유주의 체제의 위기 등이 이제 지구촌의 일상이 되어 중층적으로 인류를 압박하고 있다. 이 모든 것이 이미 임계점을 넘어서고 있다. 코로나라는 전염성 질병의 유행으로 전 세계가 공통의 두려움을 안은 채 어두운 터널을 지나고 있는 것이다. 고통의 끝은 어디인지, 이후의 삶은 또 어떻게 변할지 모른다. 코로나19는 자연 상태에서 진화한 신종 바이러스가 숙주인 야생동물을 통해 인체로 옮겨 온 것이다. 인간이 숲을 파괴하는 바람에 숲의 박쥐나 원숭이에게만 기생하던 바이러스가 변이를 하여 인간과 짐승 공통의 전염병으로 전환한 것이다. 이렇게 인간에까지 옮겨 오게 된 이유는 자연 파괴와 환경오염으로 야생동물의 서식지가 급속히 줄어들었고, 이로 인해 야생동물이 인간과 접촉할 기회가 늘어난 것이 1차 원인이다.

지난 40년 동안 신자유주의 정책의 세계화 현상이 전 세계를 지배하는 담론으로 군림한 것도 또 하나의 원인이다. 그런데 이 지배적 정책은 수명을 다하고, 서구의 지배가 종말로 다가가고 있다. 이러한 추세는 자본주의 시대가 약화되고 있으며, 미국 헤게모니가 예전만 못하다는 것을 방증한다. 이렇게 한 시대가 저물고 있음은 분명해 보인다.

　우리 시대는 전 지구적 '위기'로 특징지어진다. 대량 실업과 고용 불안, 대테러 전쟁, 북반구와 남반구의 불평등 증가, 기후변화 등이 수면 위로 떠올랐으며, 2020년 이래 강타하고 있는 코로나 팬데믹은 그 위기의 절정 내지는 변곡점처럼 보이기도 한다. 그런데 이런 위기는 전례 없던 '새로운' 것이기도 하지만, 근대 산업화 이후 200여 년에 걸쳐 누적되어 온 정치·경제·사회의 모순을 총체적으로 드러내는 '오래된' 것이기도 하다. 그리고 우리가 역사를 통해 기억해 둘 점이 있다면 위기란 언제나 기회를 동반한다는 사실이다. 막다른 골목에 도달한 이들은 이제까지 걸어온 길과는 다른 길을 모색하곤 했으며, 그 과정에서 사상과 행동 방식에 대대적인 전환이 발생했다.

　그런데 우리의 미래가 잘 보이지 않는다. 구시대가 급속히 스러지는 가운데 새로운 시대의 비전이 보이지 않기 때문이다. 과도기가 너무 길어지고 새로운 질서가 만들어지지 않으면 아노미 현상과 함께 반동의 조짐이 일어날 가능성이 있었다. 그러니 불안하고 위험한 징조이기도 하다.

　그동안 우리 사회는 고도의 압축적 경제 성장을 했다. 그로 인해 불평등과 양극화 등 매우 기형적 사회변동의 결과가 나타났다. 근대 자본주의 자체가 인간이 자연스럽게 받아들이기 어려울 정도로 가속화되는 변화의 속도를 내포하고 있는데, 한국은 근대화의 후발 주자로서 그중에서도 초고속 변화를 거쳐 왔기 때문이다. 근대적 합리화(산업화, 경제성장

등)를 달성하려는 '근대적 프로젝트'와 그 근대적 질서와 단절하려는 '탈
근대적 프로젝트'가 서로 대결하며 갈등하고 있다. 그것의 결과는 사회적
돌봄에 대한 공적 제도의 부재로 나타났다. 노약자 및 가족 복지를 위한
공적 비용에서 우리나라는 OECD 국가 중 최하위군에 속한다. 아래의 지
표는 대한민국의 민낯을 적나라하게 보여 준다.

- 합계 출산율 OECD 국가 중 3년 연속 최하위
- 남녀 임금격차 OECD 국가 중 14년간 1위
- 유리천장지수 OECD 국가 중 최하위
- 여성의 저임금 비율 OECD 국가 중 1위
- 기혼여성 고용율 OECD 국가 중 최하위
- 한 부모 가족 3곳 중 1곳 저소득층
- 노인 빈곤율 OECD 중 1위
- 자살률 OECD 1위
- 아동복지 지출 OECD 국가 중 최하위
- 남성의 육아휴직 비율 전체 육아휴직자 대비 4.45%
- 어린이·청소년 삶의 만족도 OECD 국가 중 최하위
- 장애인 복지예산 OECD 국가 중 최하위

이와 같이 우리의 현실은 아동이 심각한 돌봄의 위기로 내몰리고 있
다. 굿네이버스 아동권리연구소에서 아동과 보호자 6,750명을 대상으로
한 '아동 재난 대응 실태조사'에 따르면, 끼니를 거른 적이 있다고 응답
한 아동의 비율은 2018년 49.9%에서 코로나19 영향으로 2020년 64.1%
로 증가했다. 평일 집에서 보호자 없이 아동 혹은 아동끼리만 있었다고

응답한 아동과 가정 내 아동학대 경험 비율도 증가했다. 안정적 복지 체제가 마련되지 않은 상태에서 발생한 코로나 팬데믹은 사회적 돌봄의 공백 현상을 더욱 심화시켰다. 게다가 아동은 비극적인 홍수 등 기후변화로 인해 불안정한 식량 공급, 그리고 이로 인한 생계, 가정의 파괴로 말미암아 값싼 일자리와 조혼, 인신매매의 위험으로 내몰리고 있다. 돌봄의 영역을 관장해 왔던 가족·가정의 해체는 우리 사회의 돌봄 영역을 위기 상황으로 몰아넣었다. 코로나19 창궐은 아동 권리를 위협하는 보건의 위기로 귀결되고 말았다. 경제 불황과 침체, 보건의 위기, 기후변화와 환경의 위기는 시급하고 효과적인 해결 방안을 요구한다. 그래서 세계보건기구는 환경 생태계의 오염과 변이에 국제 교류가 더해져 전염병의 발병이 빈번해지자, 21세기를 '감염병의 시대'라고 규정했다. 사람들의 삶을 송두리째 바꿔 버린 파급력으로 인해 코로나19의 출현을 기점으로 '포스트 코로나'와 '언택트 시대'라는 신조어가 유행하게 되었다.

코로나로 양극화가 더 악화되면 국민의 불안은 임계점을 넘어설 것이다. 코로나 팬데믹의 장기화에 따른 사회경제적 위기로 교육계는 수많은 과제를 안게 되었다. 학교는 교육보다 방역과 안전에 우선적으로 중점을 두어야 했다. 교사들은 미처 준비되지 못한 채 갑작스럽게 도입된 비대면 원격수업과 이로 인한 학생들의 학습 무력감, 공동체성의 상실에 당혹감을 느끼면서 학교교육의 본질적 문제들을 성찰해야 했다.

코로나 위기는 중세의 흑사병에 비교되기도 한다. 중세의 흑사병이 르네상스를 탄생시켰듯, 코로나 위기는 생태적 문명을 탄생시키는 것으로 발전되어야 한다. 신의 지배가 흑사병을 치료하지 못하자 인간이 지배하는 과학의 시대를 낳았지만, 지금은 과학이 자연을 과도하게 개발하면서 코로나 바이러스의 발생을 초래하고 말았다. 이에 우리는 자연세계와 관계를 회복해야 하는 과제를 안게 되었다.

위기는 약한 고리를 강타하고 취약한 사람들을 먼저 쓰러뜨린다. 또한 코로나 바이러스의 다양한 변이로 인간의 대처가 매우 어려운 상태다. 그렇더라도 백신 개발로 코로나 사태가 종식되는 날은 조만간 올 것이다. 하지만 새로운 바이러스가 앞으로 더욱더 빈번히 창궐할 것이라는 사실 또한 분명해 보인다.

알랭 바디우는 코로나19 이후의 세계에 대해, 국민이 국가의 통제에 더 강하게 순응하게 되었기 때문에 '더 강력한 자본주의의 등장'을 경고한다. 반면 슬라보예 지젝은 '세계를 급진적으로 바꿀 수 있는 계기'라며 적극적 대처를 주문한다. 이에 우리는 전자의 경고를 유념하면서 후자를 향한 운동을 벌여 나가지 않을 수 없다. 유발 하라리Y. Harari는 "전체주의적 감시체제와 민족주의적 고립의 길로 갈 것인지, 아니면 시민사회의 역량 강화와 글로벌 연대의 길로 갈 것인지 선택해야 할 것이다"라고 한다. 코로나 위기를 맞아 인류는 특별히 중요한 선택의 갈림길에 섰다는 것이다. 인간이 현명한 선택을 한다면 그 혜택은 무한할 수 있지만, 어리석은 선택을 한다면 인류의 멸종이라는 엄청난 위험을 감당해야 할 것이다.

우리는 코로나 팬데믹의 장기화로 인간이 격리됨으로써 자연이 되살아나는 신비까지 경험했다. 인류는 이제 정신을 차려 살아남을 방안을 찾아보라는 역설적 국면을 마주했다. 생태계 문제가 크게 대두하면서 기술 문명을 비판하는 소리도 커지고 있다. 기술 문명을 통해 인류는 부유해졌고 절대 빈곤에서는 벗어났지만, 자연 파괴로 인류의 생존이 위협을 받고 있는 것이다. 우리는 이제 '간헐적 팬데믹 시대The Age of Intermittent Pandemics'에 접어들었다. 코로나 바이러스는 쉽게 변형을 하고 면역항체가 형성되어도 그 유효기간이 짧기에 완전 종식이 쉽지 않을 것이다. 또한 인간이 숲을 계속 파괴하는 한, 인류는 신종 바이러스로 인한 팬데믹을 4~5년 주기로 겪을 것이다. 코로나 사태의 근본 원인은 인간이 농장, 목장, 광산, 공장, 주거지를 개발하고자 생태계의 순환을 담보해 줄 '빈틈'인 숲마저 파괴한 탓이다. IPCC는 2050년까지 탄소 제로에 도달하지 않으면 인류가 돌이킬 수 없는 파국을 맞을 것이라고 경고한다.

2020년 여름 50일이 넘는 최장 기간의 장마와 홍수, 태풍을 겪으면서 우리 사회는 이상 기후변화를 절감했다. 한국은 기후위기를 초래하는 지구온난화의 주범으로 알려진 이산화탄소 배출량이 세계에서 일곱 번째로 높다. 게다가 이산화탄소 배출량의 증가 속도는 경제협력개발기구OECD 회원국 중 1위이고 전 세계에서 최상위권에 속해 있다. 이제 기후위기는 민주주의의 위기이자 미래 세대에게 너무나 과도한 부담을 안겨 주는 부당한 행위임에 더하여, 여러 생명체의 멸종을 포함해 지구 생태계를 위기에 처하게 하는 폭력적 행위라는 확장된 자각이 필요하다. 친생태계 사회를 지향하는 제도적 변화를 위한 노력과 더불어 우리가 일상에서 할 수 있는 일들도 매우 많다.

그리고 코로나 국면을 극복해야 하는 한국의 민주주의는 시민성의 확장을 요청하고 있다. 제도뿐 아니라 일상생활에서까지 시대에 어울리는 새롭고 확장된 민주적 시민성을 체화해야 민주주의와 인류의 생존이 보장될 수 있는 새로운 세상이 도래하기 때문이다. 그래서 나는 정치적 시민성과 도덕적 시민성이 분리되지 않아야 한다고 생각한다. 정치적 시민성은 주장으로 끝나지만, 도덕적 시민성은 실천이 담보되어야 한다. 정치적 시민성은 멀리 있는 이슈이지만, 도덕적 시민성은 일상생활에서 늘 실천해야 하는 일이다. 그래서 정치적 시민성과 도덕적 시민성은 분리될 수 없다. 코로나 방역 준칙을 잘 지켜 내는 일이나 환경보호운동 등은 정치적 시민성이면서 도덕적 시민성이기도 하다. 코로나의 근원적 해결을 위한 생태적 마을공동체운동은 양자가 결합되어야만 하는 일이다. 법률 등 사회제도의 개혁을 원하는 사람이 그 제도를 지키는 노력을 하지 않는다면 어찌 되겠는가. 제도의 안착은 내면의 혁신적 자아가 탄생하지 않으면 쉽게 무너지고 말 것이다. 도덕적 시민성 없는 사회개혁성은 쉽게 무너질 것이다. 그래서 진정한 개혁을 위해 자신을 변화시켜야 한다. 사회의 혁명은 자기의 혁명으로부터 나올 것이다. 혁명된 사회의 건설을 위해서는 자신을 혁명시켜야 한다.

이런 면에서 사회심리학자 에리히 프롬의 생각이 주목을 끈다. 사회구조와 인성구조의 결합 속에서 동시적 개혁을 요구하는 관점 때문이다. 이러한 관점은 이론적 실천가인 동시에 실천적 이론가가 되고자 하는 나의 신념이기도 하다. 인간혁명과 사회혁명은 분리되지 않아야 한다. 환경(사회구성체)의 혁명적 변화가 '사회혁명'이라면, 인간 활동(개인 구성체)의 혁명적 변화는 '인간혁명'이며, 양자의 일치만이 온전한 혁명적 실천이다. 따라서 사회혁명 없는 인간혁명은 과거의 종교혁명처럼 공허하며, 인간혁명 없는 사회혁명은 20세기 사회주의 혁명들처럼 맹목적인 것이라 할 수 있다. 자아의 혁신과 사회의 혁신은 분리되지 않아야 한다. 강한 자아를 형성해야 제도가 타락하지 않는다. '위로부터의 혁명'과 이를 민주적으로 통제할 '아래로부터의 혁명'이 동시에 작동되어야 한다.

지금 영웅도, 촛불을 든 시민도 아닌 눈에 보이지도 않는 미생물이 지구촌에 대변혁을 초래하고 있다. 코로나19는 일상에서부터 국가, 세계체제에 변화를 촉진시키고 있다. 따라서 코로나 위기는 문명사적 대전환을 예고하는 관점으로 바라보아야 한다. 패러다임과 체제에서 정책에 이르기까지 거시적인 지평에서 미시적인 맥락에 이르기까지 대안을 제시해야 한다. 코로나 사태를 문명의 거대한 전환을 알려 주는 현상이라고 본다면, 이러한 문명을 준비하는 교육체제를 마련해야 한다. 문명은 인간이 스스로 진화되어 만들어진 것이 아니라 변화된 환경에 적응한 인간이 만든 것이다. 이제 정복자의 시점, 가해자의 시점에서 벗어나 정복당한 것들, 피해 입은 자들의 시점에서 세상을 보는 대전환이 필요할 때다. 포스트 코로나 시대의 '뉴 노멀' 논의는 더 깊고 먼 지점에서부터 시작되어야 한다. 자연에 대한 경의와 겸손을 잃지 않으면서도 공감과 연대의 힘으로 슬기롭게 인간의 존재 지평을 넓혀 나갔던, 자연과 인간 사이의 황금의 균형이 살아 있던 그 어떤 시절의 '올드 노멀'에서부터 말이다. 이처럼 우리가 지녀 왔던 노멀을 버리는 용기를 내야 하며, 뉴 노멀 시대에 맞는 새로운 경제, 사회, 교육의 '뉴 노멀New-Normal(새로운 표준)'을 만들어 나가야 한다는 점 역시 귀중한 교훈이 되어야 할 것이다. 예기치 않은 새로운 생태문명은 위기에서 만들어지는 새로운 질서일 것이다. 그러므로 장기적 전망을 가지고 더욱 철저하게 준비해야 한다.

코로나 팬데믹을 겪으며 우리는 의료 기술 및 인프라 혁신과 더불어 일상생활에서 이를 예방할 수 있는 새로운 행동 양식의 준수가 중요하다는 점을 절실히 깨달았다. 무엇보다 장기적으로 지구적 생태환경 문제에 대처할 수 있도록 기존 사회구조를 근본적으로 혁신하여 새로운 생태 사회로 나아가기 위한 거시적 전환이 필요하다는 점을 알게 되었다.

코로나 위기는 우리에게 '익숙한 것을 낯설게', '낯선 것을 익숙하게' 보도록 만들었다. 또 정상과 비정상, 평범함과 특별함, 일상과 비일상의 경계와 구분을 모호하게 만들었다. 그렇지만 익숙하지 않은 상황에 내몰렸음에도 우리는 어느새 빠르게 적응해 가고 있다. 예컨대 온라인 교육이나 원격수업 등은 일부 교사의 활용 영역으로 인식했는데, 이제는 우리의 일상으로 자연스럽게 스며들었다. 화상 회의와 화상 수업을 좋든 싫든 받아들일 수밖에 없었으며, 그 과정에서 경험도 축적되었다. 학교는 말로만 듣던 미래교육의 일부분을 온몸으로 확인했고, 이에 대한 경험과 담론이 우리 사회에 형성되었다. 이제 교육은 더 이상 교육만의 영역이 아니다. 코로나 위기를 통해 자연과 인간, 그리고 자연과 사회가 연결되어 있음을 깨달았고, 그 가운데 교육은 종속변수이면서 독립변수이기도 하다. 교육은 사회의 영향을 받지만, 그 사회에 영향을 미치기도 한다. 교육의 중심에는 인간이 있다. 미래는 주어지는 것이 아니라 만들어 가는 것이다. 이러한 전제가 맞다면, 앞으로 어떤 인간을 길러 내야 하느냐가 교육의 중요한 과제가 될 것이다.

코로나 방역 정책과 정치를 보면, 100여 년 이전에 기술적 근대화를 주창했던 개화파와 정신적 근대화를 주창했던 개벽파의 분열 경험을 재연하고 있지 않은지 우려하게 된다. 양자의 공존과 융합이 이루어지지 않으면 포스트 코로나를 제대로 준비하지 못할 것이다. 포스트 코로나 시대의 생태적 사회를 준비하지 않는다면, 코로나 팬데믹 위기는 기술적 근대 교육의 연장선에 머물고 말 것이다. 그것은 곧 기술공학적 미래교육의 확장이나 다름없다. 그렇게 되면 100여 년 전의 오판을 반복하게 될 것임이 자명하다. 촛불혁명의 성공과 이후 이어진 K-방역의 성공은 세계적 모범국가의 전범을 보여 주었는데, 이제는 K-방역에 어울리는 세계적인 K-교육이 나와야 한다. 포스트 코로나 시대의 생태문명을 준비하는 거대한 전환을 위한 교육 대개혁 방안이 나와야 한다.

코로나 위기는 우리 모두의 새로운 탄생을 촉구하고 있다. 코로나가 등장한 이후의 세계를 살기 위해서 우리는 위기를 만든 세계관에서 벗어나야 한다. 문제의 원인이 된 관점으로는 절대로 문제를 해결할 수 없기 때문이다. 위기는 원인을 파악하고 대안을 올바로 모색할 때 새로운 지평이 열리는 전환점이기도 하다. 인류는 여러 위기가 중첩된 아주 위급한 상황에 있다. 따라서 국가정책의 근본적 변화는 물론이고, 내가 새롭게 탄생되지 않고는 코로나 이후 문명의 주체가 될 수 없고, 생태문명의 출현을 기약할 수가 없는 것이다. 이러한 시대적 소명을 호출하면서 각성된 문제의식으로 글을 썼다. '집콕' 생활로부터의 진정한 자유와 해방을 얻고자 몸부림친 결과가 이 책을 탄생시켰다. 독자 여러분의 많은 관심을 기대하면서 코로나 이후의 세상과 교육에 대해 더 많은 사람과 새로운 대화의 지평이 열리기를 소원한다.

2021년 새봄을 기다리며
심성보

3부 코로나 시대, 미래교육과 시민적 학습

1부

코로나 팬데믹과
아동 돌봄 및 교육의 위기

1장
돌봄국가와 돌봄사회,
돌봄윤리와 돌봄민주주의

돌봄국가의 호출

우리는 태어나서부터 돌봄을 받는다. 모든 인간은 삶의 시작 단계는 물론 생애 주기에서 예외 없이 돌봄 관계를 필요로 한다. 인간은 본질적으로 취약하고 의존적인 존재이며, 그래서 필연적으로 돌봄이 필요한 존재다. 돌봄은 그 자체로 실천이기 때문에 인간의 삶이 돌봄을 필요로 하는 한, 우리는 돌봄 없이는 그 어떤 것도 얻을 수 없다.[1] 돌봄을 받아야 사회적 활동도 하고, 경제활동도 한다. 돌봄은 모든 인간의 생애과정에서 피할 수 없는 조건이다.

돌봄care은 인간 존재의 심장이다.Engster, 2017: 24 돌봄은 실천이자 가치이다. 돌봄은 관계 속의 실천이자 행동이다. 일반적으로 '돌봄의 실천'(예를 들어 양육, 교육, 보건의료 제공 등)은 '돌봄노동'(예를 들어 트럭 운전, 혹은 배관 수리)의 형태로 간주되지 않는 다른 활동과 분별할 수 있는 기준을 제공한다.Engster, 2017: 15 그리고 돌봄 관계는 개인으로 환원할 수 없는 연대의 시발점이다. 돌봄 관계는 인간이 타인과 관계를 맺게 되는 출

---

1. 물론 모든 관계가 '돌봄 관계'는 아니다. 상호 적대적이거나 상호 조롱적 혹은 폭력적 관계도 있다. 하지만 우리가 도덕적 쟁점을 가장 잘 제기할 수 있는 관계는 '돌봄 관계'이다.

발점이자 사회적 유대를 가능하게 하는 선결 조건이다. 돌봄이 '실천'이냐 '노동'이냐를 판단하는 것은 매우 어렵다. 어머니의 자녀 돌봄이 사랑의 '실천'이냐 '노동'이냐를 판정하는 것은 돌봄의 성격과 조건에 따라 달라지기 때문이다. 돌봄의 실천은 분명 노동의 한 유형이지만, 노동 그 이상의 행위이다. 돌봄의 실천은 사랑의 노동이기도 하고, 정의의 노동이기도 하다. 돌봄의 실천은 사회의 심장(핵심)에 자리해야 한다.

모든 인간은 생존, 발달, 기능을 이루기 위해 타인에게 의존한다. 우리는 생존, 발달, 기능을 위해 타인에게 의존해야 하므로 누구나 타인에게 돌봄을 요구한다. 모든 사람은 의존의 시기를 겪었으며 돌봄을 받는다. 의존 관계에 적용되는 돌봄윤리는 인간의 돌봄 의존성care dependency과 이에 따른 취약성vulnerability에서 비롯되기 때문이다. 돌봄 의존성이라는 전제는 우리의 상호의존적인 인간 본성에서 도출되며, 인간 도덕성의 최소한의 필요 사항을 의미한다. 개인적 행동의 나열이 아니라, 개인의 도덕적 태도가 함께하고 발전하는 실천이다.

그런데 돌봄이 부재한 가족생활의 현실에서 누가 돌봄의 책임을 져야 하는가? 돌봄은 누가 제공하고, 돌봄이 잘되고 있는지 누가 살필 것인가? 누가 돌봄 관계에 속한 양자 모두를 위한 지원과 돌봄 관계를 지원할 것인가? 이것은 개인적·정치적·세계적 차원의 문제이기도 하다. 이러한 문제는 사회적 책임과 정치적 의지와 연동되어 있다. '돌봄의 사회화'는 오랫동안 돌봄의 대안을 표현하는 말이었고, 여성운동이나 노동운동 모두에서 공통의 진보주의적 과제였다. 그런데 사회화의 요구는 한편으로는 국가주의적으로, 또 한편으로는 시장주의적으로 이루어졌다. 기본적으로 국가든 시장이든 '돌봄의 사회화'가 개인들이 돌봄의 책무에서 벗어나게 하는 것을 추구했기 때문이다. 함께 돌볼 수 있는 사회관계나 공동체의 형성이 아니라 돌봄을 가정 밖으로 외부화하는 방향이었다.채효정, 2020: 23 따라서 돌봄 문제는 경제적·사회적·정치적·문화적인 복합적 삶의 차원들과 관계 속에서 접근해야 한다. 돌봄이 폭넓은 사회적 함의를 내포하고 있는 가치라는 점을 인정한다면, 돌봄 문제는 사적 영역 또는 가족윤리나 개인 간의 관계에 국한하지 않고 '공적/국가 영역'으로 확장되어야 한다.[2] 돌봄이 국가와 사회의 책임이라고 말할 때, 우리가 원하는 돌봄의 상이 무엇이며, 국가 책임의 돌봄 시스템은 과연 그에 부합하는가도 함께 물어보아야 한다. 그리고 시장, 국가, 가족 영역의 재구조화를 꾀하면서 복지국가 모델을 새롭게 디자인해야 하다.[3]

'인간 의존의 사실fact of human dependency'은 모든 시민의 완전한 평등에 달려 있다. 즉, 모든 시민에게 완전한 시민권/성원자격citizenship이 부여될 수 있는지에 좌우된다. 이러한 상호관계에 참여하는 것은 성원자격/시민권을 위한 필수적인 사회적 협력과 관련된다.Kittay, 2016: 39-40, 222 지금의 국가가 돌봄 불평등을 방치하고 있다면, 결과적으로 돌봄 불평등으로 야기된 구조적 불평등의 부정의를 용납한다면, 우리는 현재 '돌봄국가'에서 살고 있다고 할 수 없다.

돌봄은 공적 가치로서 다루는 것이며, 모든 인간이 갖는 돌봄 의무를 다하는 것이다. 또한 돌봄 의무에 대한 공적 책임을 정부가 '제도화'[4]하는 것이라고 할 수 있다. 돌봄노동의 제도화는 단순히 돈을 분배하는 것

---

2. 돌봄 영역은 전통적인 가족/가정 영역, 이윤 추구를 목적으로 하는 시장 영역, 개인적 만족을 위한 개인 차원의 자원봉사 영역, 공공복지 영역이 있다.
3. '새로운 디자인'은 사회보장, 사회보험 개념을 넘어선 '사회적 돌봄'의 개념화를 중심으로 사회를 새롭게 형성한다는 말로서 사회적 돌봄에 대한 공동체적 인식을 전제로 한다.
4. '사적' 영역으로 간주된 가사 노동자와 돌봄노동자군은 역사적으로 광범위하게 형성되어 왔으며, '돌봄사회의 제도화' 논의가 이루어졌다. 이제 국가, 가정, 노동 모든 분야에 걸쳐 새로운 질문을 던지지 않으면 안 되는 위기 상황에 돌입했다.

이 아닌 새로운 철학과 인간관을 바탕으로 새로운 인프라를 만드는 작업이다. 돌봄이 생산 발전에 종속되지 않기 위해서는 돌봄을 단지 인간 삶에 필요한 수단적 가치로서가 아니라, 목적적 가치로서 취하는 전환적 사고가 요청된다. 삶의 조직망을 '생산을 위한 조직'에서 좀 더 '돌봄을 위한 조직'으로 재조직해야 한다.허라금, 2006나 돌봄이 생산적 발전에 종속되는 것이 아니라, 돌봄의 축과 생산의 축이 모두 동등한 중심이 되는 사회조직 체계를 위한 방향으로 전환되어야 한다.

최근 제도화와 관련하여 '새로운 복지국가New Welfare State' 논의가 활발하다. 그것의 대안으로 '돌봄국가caring state'가 모색되고 있다.[5] 인간의 의존성과 돌봄 필요, 그리고 돌봄 의무와 돌봄 관계를 전제하는 돌봄국가는 이러한 돌봄 위기를 근본적으로 해소하고자 한다. 궁극적으로 돌봄국가의 복지는 돌봄 필요와 돌봄 관계를 반영하는 사회경제구조의 재건을 추구한다. 돌봄국가는 정부 형태와 상관없이 국민에게 최소한의 충분한 돌봄 기본선을 보장하는 국가이다. 돌봄은 정의로운 국가의 본질 및 역할에 대한 설명을 제공할 수 있다. 돌봄국가론은 기존의 복지국가론과는 다른 차별성을 보인다.김희강, 2016

- 돌봄국가는 인간의 돌봄 의존성을 보편적이며 정상적인 것을 바라본다.

---

5. '복지국가'의 탄생은 자본주의와 민주주의의 타협의 산물이다. 복지국가 그리고 특히 가난한 사람을 향한 복지국가의 정책은 시장 실패에 대한 방어와 가난을 없애기 위한 필요에 근거한다. 시장경제에서 필요의 만족 및 창출, 그리고 무엇으로 필요를 구성하는가에 대한 협상은 부의 생산과 소비라는 상호관계에 개인이 참여하는 것과 밀접한 관계가 있다. 이러한 상호관계에 참여하는 것은 성원자격/시민권을 위한 필수적인 사회적 협력과 관련된다(Kittay, 2016: 222).

- 돌봄국가는 돌봄 관계를 기초로 한다.
- 돌봄국가에서 복지란 사회 전체가 담당하는 집단적인 책임의 논리에 기초하고 있다.

타인에게 돌봄을 요구하는 우리의 보편적인 의존성은 인권[6]이라는 보편적 사고체계를 낳는다.Engster, 2017: 306[7] 돌봄 정책은 정의론justice theory 과 연계되어 사회제도에 적용될 필요가 있다. 돌봄 이론은 돌봄 실천을 뒷받침하고 수용한다는 근본적인 목적에 맞게 새로운 모습으로 조직되는 복지국가의 발전을 인도하고 정당화할 수 있는 '새로운 정의론'을 구체

---

6. '인권(human rights)'은 1차적으로 '대함'에서 시작되었다. 남에 대한 나, 나에 대한 남이 상호성을 이루며 권리가 되었다. 당당하게 서로 대하는 것이 '주체'이다. 인권이란 인간의 권리, 즉 사람이 어떠한 권리의 주체라는 말이다. 이것은 한 사람의 법적 권리를 가리킨다. 인권은 결국 강제력 있는 권리로 가야 하고 개인을 보호하는 것이어야 한다. 하지만 단순한 법적 권리(rights of man)가 아니라 하나의 사상, 말하자면 '인권사상' 이라고 할 때 인권은 '인간 존엄성' 선언이 된다. 인간이 존엄하다는 것은 인간 그 자체로 목적이라는 말이다. 다른 목적이 없고 인간이 최고의 목적이라는 말이다. 최고의 목적이란 다른 모든 것이 그것을 위해 있다는 의미이다. 그 최고의 목적에 인간을 두었다는 것은 인간이 가치 근거요 '사람의 사람다움(humanness of every human being)' 이 최고의 가치라는 이야기다. 너 자신을 목적으로 보고, 그렇듯이 다른 사람도 목적으로 보라는 칸트의 정언명령은 그 점에서 근대 인권을 확립하는 인간관의 선언이라고 할 수 있다. 모든 사람을 목적으로 세우는 인간 존엄 사상은 자연과 신에 '대해' 인류라는 종(種)이 주체로 서는 문제와 연결된다. 사람은 목적이기 전에 주체이다. 근대 인권사상은 이러한 생각에 출발했다. 인권은 인간의 번영을 위한 최소한의 조건을 만드는 것이다. 권리로서의 인권은 인간의 존엄성 실현을 위한 최소 조건을 마련했다. 인권은 사람 대 사람의 관계를 정립하는 문제이다. 다른 사람/남에 대한 권리의 측면에서 인권은 '사람답게 살 권리'라고 정의할 수 있다. 남에 '대한' 주체에서 남을 '위한' 주체로 '남'을 '님'으로 대하는 것이 인권사상의 중심이다(양명수, 1997: 56-61).

7. 돌봄 이론은 인권에 대한 차별화된 접근법을 제공한다. 돌봄 이론은 인권을 타인의 돌봄에 대한 모든 인간의 보편적인 의존성과 여기서 도출되는 도덕적 의무에 기반한다. 권리에 대한 돌봄 접근은 여전히 매우 방대하지만, 적어도 인간의 생존, 발달, 사회적 기능을 뒷받침하는 근본적 도덕목표에서 모든 인권을 편성하고 있다. 돌봄 이론은 세계 인권선언에 포함된 것보다 더욱 설득력 있는 인권 항목을 뒷받침한다. 돌봄 이론은 적절한 정부의 목적과 본질에 대한 사람들 간의 합리적 차이에 대해서 세계인권선언 및 기타 인권 논의보다 열려 있다(Engster, 2017: 275).

적으로 제공해야 한다. 사회질서가 돌봄 필요를 조직하는 방식은 사회정의의 문제이기 때문이다. 이를 통해 우리 자신과 우리의 관계, 그리고 사회에 대한 우리의 새롭고 정의로운 사고방식을 전개해 나간다. 돌봄의 틀 안에서 인간은 권리를 가지며 또한 돌봄의 틀 안에서 정의의 가치가 존중받을 수 있다. 궁극적으로 돌봄정의론caring justice approach의 밑받침이 되는 감정과 심성을 발달시키는 방향으로 사람을 부드럽게 견인하도록 도울 것이다. 정의 없는 돌봄은 가능하지만, 돌봄 없는 정의는 불가능하다.Engster, 2017: 6 따라서 돌봄국가는 더욱 '정의로운 복지국가'를 소환하고 있다.

돌봄윤리의 요청

우리 모두는 타인의 기본적인 생물학적 발달상의 필요를 충족시키고, 보다 일반적으로 고통과 고충 없이 생존하고 기능할 수 있도록 타인을 도와야 한다. 우리는 이러한 동일한 목적을 얻기 위해 타인에게 도와 달라고 요청해 왔기 때문이다. 취약한 의존인에게 돌봄을 제공해야 하는 윤리적인 의무로서 '돌봄윤리ethics of care'가 요청된다. 돌봄윤리는 근본적으로 정의 윤리가 부합되는 보다 큰 도덕적 틀을 형성한다. 인간 존재의 심장에 흐르는 도덕성을 발견하게 될 것이다.Engster, 2017: 376-377 돌봄은 인간관계의 핵심에 있는 기본적인 도덕을 대변한다.Engster, 2017: 307 돌봄윤리는 부모와 자식의 관계, 다양한 종류의 사회집단의 관계처럼, 개인의 선택과 무관한 비선택적 관계에서 비롯되는 불평등한 권력을 지닌 사람들 사이에서 돌봄 가치의 진가를 드러낸다.Held, 2017: 98[8] 돌봄 제도와 정책에

---

8. 돌봄윤리의 입장에서 가족, 사회, 역사적 맥락에 위치한 우리 자신의 '묻어들어 있음/내장성(embeddedness)'은 가장 기본적인 것이다.

동의하고 지지하는 사람들의 의지는 사람들의 '돌보는 심성'[9]에 상당 부분 의존한다. 부적절한 환경이라면 아이들은 공감 혹은 동정심을 느낄 수 있는 능력을 발달시킬 수 없을 것이다. 따라서 사람들 사이에 공감과 동정심을 포함해 돌봄 태도를 권장하기 위해서는 국가가 지지할 수 있는 사회정책을 탐색해야 한다.

돌봄이라는 심성이 타고나는 것이라 해도, 여전히 충분한 양육, 교육, 그리고 다른 형태의 사회화를 통해 육성되어야 한다.Engster, 2017: 27 영유아와 아동은 부모 혹은 부모 같은 인격체의 돌봄이 없다면 생존하거나 기초 역량을 발달시킬 수 없다. 결과적으로 공감과 동정심이라는 감정이 적극적으로 함양되어야 한다면, 왜 이러한 감정이 육성되어야 하는지에 대한 이유가 제시되어야 한다. 실천으로서 돌봄은 필요에 어떻게 응답할 것인지, 왜 응답해야 하는지를 우리에게 보여 준다. 돌봄은 사람들 사이의 신뢰와 상호관심, 그리고 연계성을 구축한다.Held, 2017: 89

돌봄윤리는 정의와 마찬가지로 정치제도 및 사회의 구성 방식을 다룬다. 돌봄윤리의 가치는 전통적으로 의존해 온 가치보다 더 근원적인 사회적 삶과 더 부합한다.Held, 2017: 45-46 돌봄윤리는 정치적·사회적 함의가 고려된 경우, 이는 사회의 근원적 재건을 요구하는 급진적radical 윤리이다.Held, 2017: 46 돌봄의 공공윤리는 정의의 핵심 원칙이다.Kittay, 2016: 214-282 돌봄윤리는 기본소득 등 급진적인 다른 많은 제안들보다 경제정의에 대한 설득력 있는 제안을 지지한다.Engster, 2017: 17 돌봄윤리는 오래도록 비폭력과 평화의 가치와 연관을 가져왔다. 우리는 민주적 돌봄이라는 윤리

---

9. '돌봄 심성(caring disposition)'은 타인을 염려하고 그들의 필요와 고통이 해결되기를 바라는 의미의 폭넓은 공감과 동정심, 그리고 돌봄 실천 자체에 대한 그들의 적극적인 심성을 핵심적인 구성 요소로 한다.

적 관점에서 '폭력'에 대한 주목할 필요가 있다. 왜냐하면 폭력은 적어도 다양한 형태로 표출되는 돌봄의 대척점인 것처럼 보이기도 하고, 또 실제로 은밀하고 친밀한 상황에서 가해지는 무수히 많은 폭력이 존재하기 때문이다.Tronto, 2014: 161-162[10] 이렇게 인간을 비폭력적인 관계적 존재로 바라본다는 점이 돌봄윤리의 특징이다.

돌봄 민주주의와 돌보는 시민성

신자유주의[11] 시장과 개인 책임의 이데올로기는 인간의 의존성을 부인하고 돌봄의 필요를 경시한다. 그 결과 사회구조가 불평등을 생산하고 영구화하는 동학을 은폐한다. 돌봄의 분배는 민주적 과정과 절차를 따라야 한다. 돌봄은 정부에 의해 분배되어야 하는 단순한 서비스가 아니다. 휴대폰 통신료 감면 지원금이 마치 대통령의 하사품인 것처럼 말하는 것은 '시혜적 돌봄'이다. 따라서 이런 돌봄 방식을 국민이 낸 세금을 돌려받는 돌봄국가의 사회적 돌봄 정책으로 전환해야 한다.

정부는 돌봄 수혜자와 돌봄 제공자가 속한 돌봄의 관계와 그들의 돌봄

---

10. 우리는 돌봄을 기대하는 장소에서 종종 폭력을 발견하며, 때때로 폭력과 돌봄이 섞여 있는 것을 보게 된다. 폭력의 특별한 종류, 즉 가까운 사람들 사이에 일어나는 '친밀한 관계'에서 발생하는 가정 폭력도 돌봄윤리의 왜곡에서 비롯되었음을 유념할 필요가 있다. 체벌의 사용도 일종의 친밀한 폭력이라고 할 수 있다.

11. 자본주의의 새로운 모습인 신자유주의(neo-liberalism)는 노동시장의 유연화, 사회 전반적인 복지제도의 축소, 대폭적인 규제 완화, 공기업의 민영화 등으로 나타나는 총체적 자본 전략을 구사한다. 신자유주의는 자본의 자유로운 활동성에 대한 일체의 제약을 제거하여 자본 운동의 유연성을 극대화하는 한편 자본 축적의 무제한적인 자유를 마련하려는 일관된 흐름을 보이고 있다. 신자유주의는 자본주의의 새로운 모습이며 국제 여건의 변화, 기술 발달과 함께 자본주의의 내적 동인에 따라 새로운 전략으로 채택된 이윤추구 방식이다. 따라서 자본의 새로운 이윤 창출 터전을 마련하기 위한 노력이 신자유주의의 추동력이 되고 있다. 세계적 차원에서 신자유주의는 세계 각국의 개방을 촉구했고 국가경쟁력을 높여 수출을 증대시킴으로써 자국의 경제성장과 고용을 유지하려고 했다.

실천을 지원하고 보호해야 하며, 돌봄의 실천을 수행함으로써 어떠한 부정의나 불평등을 겪지 않도록 해야 한다. 돌봄국가의 터전은 민주주의의 구현이다. '돌봄국가'는 민주주의를 통해 더욱 견고한 돌봄의 공적 책임을 제도화할 수 있다. 돌봄의 관계적 관점은 '민주적 돌봄democratic care'을 요구한다. '민주적 돌봄'이란 돌봄 의무에 전제된 한계와 허구를 올바르게 인식하는 것이다.Tronto, 2014: 8 민주적 돌봄 개념은 언제 어떻게 돌봄을 하는지를 분석하기 위한 방법을 제공한다는 측면과 돌봄에 대한 평가를 가능하게 한다는 측면에서 모두 의미가 있다. 그러므로 돌봄은 사회를 존속시키며 시민적 삶을 가능하게 한다.Engster, 2017: 24 돌봄을 위한 민주주의를 조성하려면 몇 가지 조건이 필요하다.

- 모든 사람은 평생 동안 충분한 돌봄을 받을 자격이 있음을 전제해야 한다.
- 모든 사람은 그들의 삶에 유의미한 돌봄 관계에 참여할 수 있는 자격이 있음을 전제해야 한다.
- 모든 사람은 사회가 앞선 두 가지 전제 조건을 얼마나 보장하고 있는지를 판단할 수 있는 돌봄 정책의 공적 과정에 참여할 수 있는 자격이 있음을 전제해야 한다.Tronto, 2014: 11

민주주의의 본질은 우리 모두를 사회 구성원으로서 평등하게 대우하는 것이다. 서로를 평등하게 대우함은 누구도 차별받거나 배제되지 않고 의사결정 과정에 참여하는 것을 그 전제 조건으로 한다. 즉 차별과 배제의 문제를 다루는 것이 바로 민주주의다. 실제로 민주주의는 시민권을 확대함으로써 차별과 배제를 철폐하는 방향으로 발전했다. 그리고 민주주의의 본질은 돌봄의 책임을 분배하는 것이며, 이러한 돌봄 책임을 민주주의 과제로 인식하지 못하는 한 민주주의는 아직 그 임무를 다하지 못한다고 할 수 있다.Tronto, 2014: 7 돌봄은 모든 시민이 항상 함께 하는 활동이자 책임이 될 수 있다. 정부의 역할은 더 많이 '돌보는 시민성caring citizenship'이란 씨앗을 심는 것이기도 하다.Engster, 2017: 374 정부가 몇몇 돌봄 정책이라도 통과시킨다면, 장기적인 영향은 아마도 추가적인 돌봄 정책을 뒷받침하는 시민들의 몫이 될 것이다.

민주사회에서는 돌봄이 충분히 제공되었는지를 판단하는 민주적 기준이 중요하다.Tronto, 2014: 264 돌봄 과정의 최우선은 이들 과정이 민주적 방향으로 진행되어야 한다는 것이다. 민주주의가 돌봄을 중심으로 불평등을 줄여 나가는 유능함을 보일 때 돌봄과 민주주의는 가장 잘 어울리는 동반자로서 시민의 진정한 가치이자 우군이 될 것이다.Tronto, 2014: 13, 264 돌봄의 핵심에 '민주주의'를, 그리고 민주주의의 핵심에 '돌봄'을 위치시킴으로써 돌봄과 민주주의가 서로의 가치를 그 중심 개념으로서 맞잡고 있기에 동전의 양면처럼 필연적으로 떨어질 수 없는 것이다. 돌봄과 민주주의는 복지의 양면이다. 돌봄의 사각지대에서 독립적인 인간을 상정하는 기존 제도는 차별과 배제를 일삼고 불평등과 부정의를 초래할 것이다. 이러한 불평등과 부정의는 심화된 차별과 배제를 재생산하는 악순환의 늪에 빠지게 된다. 우리가 시장과 경쟁을 부르짖을수록 불평등과 부정의는 고착된다. 일상화되고 정상화되는 시장과 경쟁은 누군가가 돌봄을 제공하고 있으며, 이들이 희생하고 있다는 사실을 감춘다.[12]

돌봄은 의무(시민성)와 함께 권리(시민권)를 요구한다. 개인적 수준과

---

12. 이런 정책을 국가의 책임을 개인의 책임으로 돌리는 '사사화(私事化, privatization)' 정책, 즉 신자유주의 정책의 전형이라고 명명할 수 있다.

사회적·정치적 수준에서 모두, 우리는 돌봄 관계망 없이는 살 수 없으며, 돌봄 관계의 가치가 우선한다.Held, 2017: 256-257 정치적 수준에서 타인에 대한 돌봄은 개인적으로 아이들 혹은 친구를 돕는 것과 다르기에 정치적 돌봄이 개인적 돌봄과는 달리 우리에게 상이한 영향을 미치는 이유가 되어서는 안 된다. 돌봄을 개인 책임의 문제로 환원시키거나 단지 누군가의 자연스런 몫으로 간주해서는 안 된다는 말이다. 돌봄의 실천들은 이를 지원할 더 넓은 사회 성원들의 자발성이나 이런 변화의 필요성에 대한 동의가 없으면 그저 실험으로 끝나게 될 가능성이 높다는 사실을 유념해야 한다. 그러므로 코로나 이후 한국 사회가 가야 할 방향에는 돌봄 민주주의 원칙이 반드시 관통되어야 한다.

돌봄사회로 나아가기 위한 과제

'돌봄사회caring society'는 돌봄 제도와 정책을 기꺼이 지지하고 따르는 일군의 시민을 필요로 한다. 돌봄의 가치가 이토록 중요하다면 돌봄사회로 가기 위한 시급한 과제들을 고려해야 한다. 돌봄사회는 단순한 돌봄 제도와 정책을 넘어선다. 돌봄사회는 사회를 관통하는 돌봄 활동과 사려 깊은 담론을 조성하는 실천을 함양한다.Held, 2017: 257-258 돌봄을 실천하는 관계적 질서 속에서 인간의 안전이 보장되는 공동체적 삶을 살아가려는 것이다. 돌봄의 실천은 사람들을 결속시키는 '돌봄 관계'를 표현해야 하며, 이는 점진적으로 더 만족스러운 도덕적 방식으로 나아가야 한다. 궁극적으로 돌봄윤리는 우리 자신과 우리의 관계, 그리고 우리의 세계에 대한 새로운 사고방식을 제공한다.Engster, 2017: 19 돌봄을 주고받는 관계인 '돌봄 관계' 또는 '의존 관계'는 인간의 삶에서 가장 본질적인 것이다.

역량[13] 접근과 마찬가지로 돌봄 이론은 무엇이 진정으로 인간을 구성하는지에 대한 입장을 취하기보다, 사람들이 사회에서 생존, 성장, 기본적 기능 달성을 가능하게 하는 데 필요한 돌봄의 실천을 지지한다.Nussbaum, 2000[14] 돌봄 이론은 누스바움의 10가지 거대한 역량 목록[15]에 비해 더 설득력 있게 보편적인 정의의 척도를 제공한다.Engster, 2017: 267[16]

구체적으로 개별 여성들이 해 온 돌봄노동을 사회화함과 동시에 관료들이 주도해 온 부성적parental 복지제도를 바꾸어 내는 것, 그리고 남성들에게 주어진 생계 부양자라는 부담을 줄이고 그들에게 '돌봄사회'로 편입할 수 있는 여지를 마련해야 한다. 돌봄노동을 두고 데일리와 루이스Daly & Lewis, 1998, 후드Hood, 1992는 '새로운 공공적 관리new public

---

13. 누스바움은 '역량'을 인간 존엄성의 실현을 위한 내적 역량과 결합 역량의 조합으로 이해한다. 기존의 인적 자본(human capital) 접근법은 '역량'을 '성취를 위한 기술이나 잠재력'으로 정의한다. 인적 자본 접근에서 보는 역량은 누스바움이 강조하는 '결합 역량'보다는 '내적 역량'에 더 가깝다고 볼 수 있다(Nussbaum, 2017: 220). 누스바움이 강조하는 결합역량은 사회적 자본이라고 할 수 있다. 역량은 "이 사람은 무엇을 활 수 있고, 무엇이 될 수 있는가?"라는 물음에 대한 대답을 하고자 하는데, 사람의 '역량들(capabilities)'은 '성취할 수 있는 기능(functionings)—한 가지 이상의 적극적 역량; 역량의 결과물이거나 실현물로서의 상태와 행위)의 선택 가능한 종합'—을 가리킨다(위의 책, 2017: 35, 40). 사람의 삶의 질을 구성하는 중요한 요소는 한 가지가 아니라, 여러 가지이며 그 안에서도 질적 차이가 있다는 점을 강조하기 위해서다. 건강과 신체보전, 교육 등 사람의 삶을 구성하는 여러 측면을 하나의 척도로 측정하면 왜곡될 우려가 있다. 경제성장이 아닌 개개인의 행복에 초점을 맞춰 삶의 질을 비교 평가하며 사회정의를 실현하려는 이론을 중시하는 역량 접근법은 삶의 질을 비교 평가하고 기본적 사회정의에 관한 이론을 세우기 위한 접근법이다.
14. 기본적 필요 접근을 보완한 돌봄 이론은 생존, 발달, 사회적 기능이라는 가치 있는 인간의 목적을 사람들이 충족시킬 수 있도록 이들을 돕는다는 더 큰 목표에서 필요 충족의 목적을 내장한다. 물론 돌봄의 일반적 목표는 상이한 문화 간에 동일하지만, 누군가를 돌보는 구체적인 방식은 아이 돌봄, 노인 돌봄, 보건 의료 등에 뒷받침을 제공하는 최선의 수단을 고려할 때 문화마다 상당히 다를 수 있다.
15. 누스바움은 존엄한 존재로 살기 위한 진정한 인간의 기능을 위한 목록으로 ① 평균 기대수명의 영위, ② 양호한 건강, ③ 신체 보호, ④ 감각·상상사고의 발달, ⑤ 감정의 발달, ⑥ 실천이성의 행사를 통한 좋은 삶의 형성, ⑦ 사회적 상호작용을 위한 관계 형성, ⑧ 동·식물과 자연에 대한 관심, ⑨ 웃고 놀고 여가를 즐김, ⑩ 정치적·경제적 삶에 대한 삶의 통제를 제시한다.

management'라는 신조어를 만들어 냈다. 국가의 목소리보다 복지 수혜자의 목소리가 커지고 있고, 국가냐 시장이냐 식의 독점이 아니라, 국가와 시장, 가족, 시민사회가 서로 연계되는 다양한 돌봄 형태의 실험이 장려되고 있다.

이런 움직임은 특히 핀란드에서 두드러지는데, 예를 들면 기존에 국가공무원이었던 간호사가 자기 사업을 하는 식이다. 핀란드는 국가에 소속되어 있던 기존 돌봄 서비스 종사자에게 소규모의 독자적 사업화를 권장했는데, 이후 돌봄노동의 질이 크게 향상되었다고 한다.Simonen & Kobalainen, 1998[17] 국가에서 거국적으로 국민 복지를 다룰 때는 관료적 지식에 의존해 존엄성과 감정을 가진 통합적 차원이 무시되었는데, 소규모의 독립적인/개별적 복지 제공자 중심 체제가 그런 면을 해결할 수 있었던 것이다. 국민의 복지를 '위로부터' 해결하려는 방식은 '돌봄사회'로의 전

16. 잉스터는 누스바움과는 대조되는 전 세계적으로 인정될 수 있는 돌봄권(caring rights)의 기본적 목록을 다음과 같이 제시한다(Engster, 2017: 268-269). ① 모든 사람은 신체적 공격, 성적 모욕, 아이들에 대한 신체적·성적 학대, 가정 폭력. 영장 없는 경찰 혹은 군의 공권력, 고문, 신체적 안전에 대한 권리를 갖는다. ② 모든 사람은 생존, 발달, 기능을 위한 식량, 깨끗한 식수, 의복, 거처, 기초의료, 깨끗한 환경, 그리고 휴식에 대한 권리가 있다. ③ 모든 사람은 사회에서 충분히 기능하기 위해 감각, 이동, 감정, 상상, 추론, 소통, 관계 맺음, 읽기·쓰기와 수리를 위해 기초 역량을 발달시키고 지속하는 데 필요한 개인적·사회적 돌봄에 대한 권리를 갖는다. ④ 모든 사람은 일할 권리를 가지며, 생물학적인 발달상의 필요와 의존인의 필요를 충족시키기에 충분한 생활을 할 만큼 돈을 벌 수 있는 권리를 갖는다. ⑤ 모든 사람은 일 혹은 다른 근원으로부터 부당하게 간섭받지 않고, 의존인을 돌볼 가치가 있다. ⑥ 모든 사람은 직무상의 안전조치와 환경보호를 포함한 안전한 작업장에 대한 권리를 갖는다. ⑦ 모든 사람은 일시적인 곤경 시기 동안 자신의 기본적 필요와 타인의 돌봄을 충족시키는 데 도움이 되는 실험보험과 장애보험에 대한 권리가 있다. ⑧ 모든 사람은 일하는 능력, 자원 혹은 서비스를 얻을 수 있는 능력 혹은 관계를 형성하는 능력을 포함해 돌봄을 주고받는 능력에 직접적으로 영향을 미치는 사안에 대해 인종, 성적 지향, 종교, 신분, 민족 혹은 출신 국가를 근거로 하는 차별로부터 보호받을 권리가 있다. ⑨ 모든 사람은 필요를 정부 관료에게 알릴 수 있는 제도적 창구와 삶에 영향을 미치는 지역정책에 일부 통제권을 행사할 수 있는 기회를 포함하는 응답적 정부를 가질 권리가 있다. ⑩ 모든 사람은 강압으로부터 자유롭게 관계를 시작할 수 있는 권리가 있다.

환을 어렵게 할 수 있다. 그래서 아래로부터 자발성에 바탕을 둔 돌봄 체제를 구축하려는 새로운 흐름이 나타나고 있다.

<hr />

17. 핀란드 학자 안토넨은 보편적 사회적 돌봄 체제가 다음 아홉 가지 조건들을 갖추어야 할 것을 제시한다(Anttonen, 2005). •돌봄 서비스를 제공할 공적인 체계가 있다. •서비스는 모든 시민이 자신의 경제적 위치, 젠더, 인종에 상관없이 이용할 수 있다. •중산층 및 상위계층들 역시 공적인 돌봄 서비스의 이용자에 포함된다. •서비스 체제는 여성의 이익에 응해야 한다(젠더 평등). •그 체계는 국내 어디서나 동일한 서비스를 제공해야 한다(지역 평등). •서비스는 유급 돌봄 전문가에 의해 이루어져야 한다. •시민은 돌봄 서비스를 받을 권리가 있다. •서비스는 무상이거나, 지역/중앙정부가 상당 부분 보조해야 한다. •지방자치단체는 서비스를 제공하고 재정을 지원할 책임이 있다.

2장
코로나 시대,
아이 돌봄과 교육의 현실

코로나 위기로 방치된 아이들

부모의 빈곤은 아동 빈곤으로 이어지고 수입의 감소는 소비를 억제해, 결국 아동의 경쟁력 상실로 이어진다. 이는 곧 사회적 차원에서 성장의 감퇴와 사회 유대관계의 붕괴로 이어진다. 설상가상으로 코로나19 여파로 아이들은 지금 돌봄 사각지대로 내몰리고 있다. 돌봄의 결핍이 갈수록 심각해지는 상황에서 남녀 모두가 공공 영역의 시민이자 돌봄의 대상과 주체가 되는 새로운 시스템을 향한 전환이 시급해지고 있다. 코로나의 장기화가 아동의 빈곤, 생존, 건강, 교육, 안전에 미치는 영향이 광범위하다. 돌봄 기관이 문을 닫자 가정은 감염병으로 인한 재난과 함께 돌봄 부담까지 이중고를 겪고 있다. 코로나 확산으로 학교는 비대면 수업 중이고, 지역아동센터에 맡길 수가 없게 되었다. 이로 인해 '방치된 아이들'이 점점 많아지고 있다. 특히 아동이 집에 머무르는 일상이 장기화되면서 양육자의 스트레스가 가중되어 아동학대 우려가 높아지고 있다. 특히 아동을 대상으로 한 안타까운 학대 사건들이 잇따라 발생하고 있다. 코로나19로 인한 경제위기로 가정 폭력 및 아동학대 가능성도 증가하고 있다. 감염병 우려로 가족 내 돌봄이 부재한 경우에도 '긴급 돌봄'을 이용하지 않고 가정에서 홀로 시간을 보내는 '나 홀로 아동'도 증가하고 있다.최영, 2020

이러한 상황에서 인천의 라면 형제 사태가 터진 것이다.

코로나19 위기는 사회적 돌봄 시스템의 작동을 어렵게 하고 비대면이라는 형태로 사회 전체를 재편하고 있다. 이러한 상황에도 돌봄노동자들은 폭증하는 업무량을 감당하며 일하고 있다. 지금껏 '돌봄노동'은 사회적으로 없어서는 안 될 중요한 노동이었음에도 불구하고 저임금, 불안정한 일자리로 땜질식으로 운영되어 왔다. 대다수의 돌봄 제공은 소외된 사회집단이 맡고 있다. 결국 사회경제적으로 열악한 집단이 주로 돌봄 제공의 역할을 수행하며, 이들은 돌봄 제공의 역할을 수행함에 따라 역시 사회경제적으로 열악한 지위에 처하게 될 수밖에 없다. 그러므로 돌봄은 좋은 노동력을 빼앗는 걸림돌이 아니라 노동과 활동이 가능하게 하는 기반이어야 한다. 우리에게는 고용과 돌봄의 관계를 다시 설정할 수 있는 돌봄기반의 고용안전망이 요구된다.

따라서 학교의 구실과 의미를 단지 학습에만 가둬 둘 것이 아니라, 코로나19를 계기로 삼아 아동·청소년을 위한 보편적 복지의 제공으로 확장해야 한다. 앞으로 지식 전달에 디지털 도구 등의 힘을 빌릴 수 있다면, 교육의 본질은 아이들을 잘 먹이고 돌봐 주고 정서적으로 지지하며 서로 이야기하게 만드는 등 '포괄적인' 돌봄으로 자리 잡아야 한다.

가정으로 되돌아온 돌봄노동

코로나 위기는 모두에게 평등하지만 그것을 받아들일 수 있는 조건은 평등하지 않다. 집단으로 시설에서 진행되어 온 사회적 돌봄 시스템은 코로나19 상황에서 작동을 멈추었다.배진경, 2020 그 돌봄은 가정으로, 결국 여성에게 돌아갔다. 엄마의 역할이 더욱 비대해졌다. 고용과 돌봄은 모성보호나 가족친화라는 말로 느슨하게 연결되었다. 가정으로 돌아간 돌봄의 책임은 여성에게 가혹하게 주어졌다.

코로나는 가족을 해체시키는 등 사회적 안정망의 해체를 초래했다. 돌봄은 반드시 대면 서비스가 돼야 하지만 노동환경과 고용안정성은 여전히 취약하다. 집단 교육, 돌봄 시설에서 확진자가 발생하면 다시 문을 닫을 경우, 돌봄노동은 다시 가정의 몫으로 넘어간다. 제주도에서 코로나19로 특수학교가 문을 닫자 감염병 공포와 '돌봄노동'에 대한 부담이 겹쳐 결국 극단적 선택을 한 사건이 발생한 것도 이런 돌봄 체제의 취약성에서 비롯된 것이다. 코로나19로 발달장애인은 삶의 균형이 무너졌고 가족들의 보육 부담은 더 가중되었다.

그런데 정부의 '한국판 뉴딜'은 '가치로서의 돌봄', '시스템으로서의 강화된 돌봄 공공성'을 간과하는 경향을 보이고 있다.배진경, 2020 당장 '먹고 사는 문제'가 위태로운 지금, '고용'과 '돌봄'의 선후 관계는 더욱더 굳어져 갈 수밖에 없고, 돌봄이 늘 삶의 우선사항이 아니기 때문이다. 이렇게 돌봄 공백의 대안을 찾지 못해 자녀만 집에 두는 가정이 늘어나고 있다. 코로나의 장기화로 돌봄교실 운영에 차질이 불가피해 '돌봄 공백'이 현실화되고 있다. 가족이 전적으로 돌봄 책임을 떠맡았던 '사회화 이전'의 시간으로 되돌려 놓고 있다. 그래서 코로나 이후 공적 돌봄의 역할은 더욱 커졌다.

돌봄과 교육의 경계 모호

돌봄과 교육 사이에는 오랜 분리와 위계의 역사가 있다. 돌봄은 여자의 일이고 교육은 남자의 일, 돌봄은 어머니의 일이고 교육은 아버지의 일이며, 돌봄은 가정oikos의 일이지만 교육은 국가polis의 일이고, 돌봄은 자연의 재생산에 속한다.채효정, 2020: 17 돌봄은 인간을 비롯한 모든 자연 만물에 쓰이는 말이지만, 교육은 인간에게만 사용하는 말이다. 그래서 교육은 인재 양성이지만 돌봄은 뒤치다꺼리 노동으로 여겨진다. 이렇게 '여성-어머니-가정-자연'의 영역에 배치된 노동과 '남성-아버지-국가-문화'의 영역에 배치된 노동 사이에는 가치의 위계가 존재한다. 돌봄노동의 가치는 여성 노동의 가치 및 생명의 가치와 밀접하게 관련되어 있다.

근대 세계는 사적 영역과 공적 영역의 경계를 분명히 나누고, 가정과 사회가 분리되면서 돌봄과 교육도 사적인 것과 공적인 것으로 완전히 분리되었다. 돌봄은 공식화된 노동 세계 바깥으로 추방되고 가정 속으로 은폐된다. 근대의 학교제도는 배움의 장을 가정과 마을, 삶터와 일터로부터 '분리되어' 국가교육을 수행하는 '분리된 장소'로 만들었다.채효정, 2020: 22 처음에는 성별과 계급 모든 측면에서 분리의 장벽이 높았다. 교육은 남성의 특권이자 계급의 특권이었고, 돌봄은 여성의 의무이고 계급의 의무였다. 이어진 사회혁명들이 차츰 교육의 평등권을 요구하며 노동자와 여성에게도 문을 열어 기회를 확장해 나갔지만 돌봄은 아니었다. 여자도 남자처럼 똑같이 '교육받게 해 달라'는 교육의 평등 요구는 일찍부터 나왔지만, 남자도 여자와 똑같이 '돌봄을 함께 나누자'는 돌봄의 평등 요구는 그보다 훨씬 뒤에야 가능했다. 문제는 교육이냐 보육이냐 하는 개념 논쟁으로부터 비롯된 것이다. 우리 공교육은 학생들의 생활 전반을 담당해 온 것이 사실이다. 특히 초등학교는 '교육과 보육의 역할'이 혼재되어 있는 경우가 많다. 아침밥을 먹고 오지 않는 학생들에게 밥을 제공하거나, 아픈 학생들을 직접 병원으로 데리고 가야 하는 것이 교사의 의무처럼 여겨지고 있다. 심지어 맞벌이 부부들을 위한 돌봄 업무가 초등학교로 들어오면서 학교의 보육적 성격은 더욱 짙어졌다.

코로나19 사태에서도 마찬가지였다. 학교가 '장기 휴업' 상태로 들어가면서 맞벌이 부부들을 위한 '긴급 돌봄'이 초등학교에서 실시되었다. 돌봄 전담사와 방과후 강사들[18]이 담당은 하지만, 그와 관련된 업무를 담당하는 것은 교사들이다. 그리고 돌봄 전담사를 채용하지 못한 경우나 추가적인 돌봄 시간은 초등 교사들이 담당해야 했다. 그러한 과정에서 돌봄에 따른 급식 문제, 돌봄 프로그램 문제 등으로 인한 학부모들의 불만은 현장 교사들의 몫으로 주어졌다.

> 교육부는 긴급 돌봄 이용이 저조한 이유를 '감염 우려'로 돌리고 있지만, 학교가 제대로 된 돌봄을 제공하지 못하는 탓도 있다. 가장 큰 문제는 긴급 돌봄에 참여하는 학생들에게 '할 일'이 없다는 것이다. 한 초등학교 교사는 "돌봄이란 게 말 그대로 아이를 봐주는 형태라 수업을 할 수도, 뭔가 준비된 프로그램을 할 수도 없다"며 "대부분 자습이나 독서를 시키고 있다"고 말했다. 학교에는 학기 중 운영하는 방과 후 돌봄교실 학생들을 이해 각종 교구 등이 마련된 교실이 있지만, 긴급 돌봄을 신청한 학생들은 이곳을 이용할 수 없도록 한 학교가 대다수다.
>
> _『경향신문』 2020년 3월 12일

이러한 갈등은 최근 충남교육청 노조가 시국성명에서 극명하게 드러

---

18. 초등돌봄교실을 포함하고 있는 '방과후 학교'는 1995년 소위 '5.31 교육개혁안'에서 처음 제안된 이후, 특기적성교육, 방과후교실, 수준별 보충수업 등을 통합한 개념으로 2004년 정부가 처음으로 '방과후학교'라는 명칭으로 통합해 '사교육경감책'의 일환으로 시행한 정책이다. 한국의 방과후학교 정책은 수많은 문제를 가지고 있다. 그중 가장 큰 뿌리는 1995년 교육개혁안에서 '수익자 부담의 교육활동', '사교육비 경감 방안'의 하나로 이를 제시했다는 점이다.

났다. 다른 공무원들은 연가보상비까지 반납을 하는데, 교사들은 당연히 맡아야 할 '돌봄교실'을 했다고 수당까지 받는 것은 잘못이라는 것이다. 이에 현장 교사들은 돌봄교실에 대한 기본적인 이해도 하지 못한 주장이라고 반박했다. 돌봄은 기본적으로 돌봄 전담사에 의해 이루어지는 것이며,[19] 현재 교사들은 일과 시간 안에서 원격수업에서 추가하여 돌봄까지 맡고 있기 때문이다. 한편으로는 열악한 환경·낮은 처우에 고통을 호소하는 전국의 돌봄 전담사들의 요구가 있고, 다른 한편으로는 코로나로 인해 온라인수업과 대면 수업을 이중으로 준비해야만 하는 교사들 상황도 엄연히 존재한다. 또 한편으로 학부모들은 아이들을 안전하게 맡길 곳이 그나마 학교밖에 없기에 학부모 입장에서 목소리를 높이고 있다. 이는 모두 결국 돌봄과 교육의 경계선이 뚜렷하지 않기 때문에 벌어진 현장이다.

코로나 정국으로 교육계 민낯이 모두 드러났다. 그간 학교가 교육기관인지 보육기관인지 정체성에 혼란이 일어날 정도로 사회적 수요를 학교[20]를 통해 해결하려는 관행이 고착화되었다. 방과후, 돌봄 등이 학교로 들어오면서 학교의 정체성에 근본적인 문제까지 제기하게 만든 관행을 해결하지 않으면 안 된다. '온종일 돌봄'[21] 정책의 효과를 높이기 위해서도 학교 돌봄과 마을 돌봄이 서로 분리돼 '학교 따로, 마을 따로'인 현 상황

---

19. 교사들은 교육 전문가이지 보육 전문가가 아니라고 주장한다. 물론 긴급 돌봄을 우리 사회의 고통을 분담한다는 차원에서 바라본다면, 충분히 이해할 수는 있다. 하지만 사회 일각에서는 돌봄이나 방과후 업무 역시 학교의 고유한 업무라고 주장한다. 이에 교육부에서는 돌봄교실 업무를 학교 사무로 법적 근거를 명시한 「초·중등교육법 개정안」을 입법 예고했다. 긴급 돌봄 수요가 증가하고 예산 확보 및 운영의 효율성을 위해서는 법적 근거 마련이 시급하다는 게 교육부의 입장이다. 이에 교육계는 거센 반발을 보이고 있다.
20. 학교란 기본적으로 미성숙한 사람의 성향을 형성시키기 위한 하나의 중요한 전달 유형이라고 할 수 있다.

을 통합적으로 발전시킬 필요가 있다. 아동에게 좀 더 나은 돌봄과 교육을 공적으로 보장하는 것, 여기에 '온종일 돌봄'의 정신이 있다.

따라서 학교 안 돌봄교실과 학교 밖 돌봄센터가 역할 분담을 통해 서로 지원하는 체제를 구축해야 한다. 근본적으로 양자의 갈등은 교육자치와 일반자치의 일상적 협력[22]으로 '마을교육공동체'를 활성화하는 것에서 출발해야 한다. 사실 돌봄의 경우 지자체가 주체가 되고, 학교는 협조하는 역할을 하는 것이 맞다. 여기에서 지자체가 아동복지의 중심적 책임을 지는 것은 당연하다. 교육[23]은 교사의 몫이고 돌봄은 지자체의 몫이기 때문이다. 물론 과도기적 위기 상황에서 서로 협조하면서 공유해야 하는 부분이 있을 것이다.

---

21. 문재인 정부의 국정과제로 제시한 '온종일 돌봄체계 구축계획'은 2017년 기준 24만 명인 초등돌봄교실을 2022년까지 34만 명으로 늘리고, 지자체가 운영하는 마을돌봄을 2017년 9만 명에서 2022년 19만 명으로 마찬가지로 10만 명을 늘리겠다는 내용을 담고 있다. 만약 이에 의해 초등돌봄 인원을 53만 명으로 확대한다고 할 때 이 수치는 2020년 전국 초등학생 수 전체 대비 19.6%밖에 되지 못한다. 과거 정부에서 현재에 이르기까지 학생들의 방과 후 생활이나 전인적 성장·발달에 대한 종합적 계획이 없이 오직 숫자 늘리기에만 집착한다는 비판에서 자유로울 수 없다.
22. 더 적극적 차원의 일상적 통합을 위해 '일반자치와 교육자치의 통합' 주장이 나온다.
23. 여기에서 근본적으로 '교육'은 무엇인가를 묻게 된다. 교육은 '세계를 변화시키는 활동'이다. 세계를 변화시키려면 인류문화의 유산을 습득하기 위해 지식교육을 중심에 두는 것은 필연적이다. 만델라 전 남아공 대통령은 교육이 계층상승을 위한 도구적 기능을 넘어 세계를 변화시키는 무기가 되어야 한다고 역설했다. 한나 아렌트는 교육이 '세계상실'을 가져와서는 안 된다고 강조한다. 볼츠강 클라프키는 학교의 문화계승이 거꾸로 거슬러 올라가는 것이 아니라 앞을 향한 것이어야 하며, 세대 간의 합의를 통해 문화적 정체성을 심어 주고 계속 발전시켜야 한다고 역설한다. 그러기 위해서 학교는 적응 기능 이외에도 혁신 기능이 좀 더 중심에 서 있어야 한다. 왜냐하면 모든 아동들에게 공통적인 제도인 학교에서만이 공통분모를 먼저 찾은 후에, 그 위에서 다양성을 추구하는 것이 가능하기 때문이다. 이런 공통분모는 '인간적인 학교'의 모습에서 찾을 수 있다. 여기서도 '자질을 키워 주는 기능'이 총체적 의미에서 학교의 선별 기능보다 우위에 있어야 한다. 물론 학교에서 요구되는 자질이 바뀌었기 때문에 학교의 학습 및 교육 목표 역시 변화되어야 한다. 오늘날 학교는 교육적 결손을 보완하는 문제와 더 많은 지식을 전달하는 문제의 경계선 상에서 줄타기를 하고 있다.

교육과 보육의 역할 분담을 어떻게 할지는 장기적으로 고민해야 할 문제이다. 아동에 대한 보육과 교육은 공적 재원에 의해 보편적인 사회제도가 담당해야 한다. 불평등과 위험이 커진 현대 사회에서 모든 아동의 안전과 역량을 동등하게 강화하는 것은 국가의 책무이자 미래 사회의 격차를 줄이는 일이다. 그것이 공교육 본연의 역할이라고 할 수 있다. 돌봄 법제화 과정에서 돌봄과 교육의 위계를 전복하고 돌봄과 교육의 통합적 모델을 구상하지 않으면 안 된다. 돌봄에는 분명 교육 이상의 사회적 의미가 있다. 교육의 생태적 전환에도 세계를 인식하는 지식학습이 아니라, 세계를 돌보는 관계적 학습으로의 전환적 의미가 있다. 이제 돌봄의 교육학은 인간 존재에게 '돌봄'이란 무엇인가를 더 깊이 물어볼 때가 되었다. 돌봄이 존재의 근원적 양식이라면, 돌봄과 교육의 관계 또한 전도될 것이다. 돌봄 없이는 교육도 없다. 그리고 만약 맞벌이 가정을 위해 국가적 차원에서 보육 서비스를 제공할 거라면 이를 담당할 곳이 어디인지에 대한 대안 창출을 위한 사회적 합의와 공론화 과정이 필요하다.

코로나 상황에서도 확인된 명문대 학벌주의

코로나 팬데믹 속에서도 전 세계의 학교 문은 서서히 열렸다. 원격수업이 이룰 수 없는 등교수업만의 교육적 의미가 있기 때문에 더디더라도 학교 문을 연 것이다. 경제개발협력기구OECD가 9월에 낸 〈OECD 교육지표 2020〉을 봤더니 나라마다 등교수업 재개 방식이 제각각이었다. '어린 학생부터 등교시켰느냐, 큰 학생부터 등교시켰느냐'가 서로 엇갈린 것이다. 덴마크, 프랑스, 네덜란드, 노르웨이 등 교육 선진국들은 어린 저학년 학생부터 등교시킨 것으로 나타났다. 이에 대해 OECD는 "많은 나라들이 아동의 인지 발달과 원격수업 적응 어려움을 고려하여 저학년부터 등교시켰다"라고 분석했다. 유치원과 초등 1~2학년의 경우 원격수업이 사실상 어렵기 때문에 당연히 어린 학생부터 등교시킨 것이다.[24]

반면, 한국은 고3을 0순위로 등교시켰다. 2020년 5월 20일부터 그렇게 했다. 이어 3단계에 걸쳐 유초중고 학생들을 학년별로 안배해 3주에 걸쳐 순차적으로 등교시켰다. 당시 유은혜 교육부 장관은 고3을 먼저 등교시킨 이유에 대해 "진로·진학 준비의 시급성을 고려해 등교수업을 우선 시작한다"라고 설명했다. 이런 고3 우선주의는 광화문 발 코로나 집단감염 국면에서도 그대로 유지됐다. 시도별로 원격수업으로 전환한 몇 차례 상

---

24. 코로나로 미국 대학입학시험인 SAT와 ACT의 시험이 지속적으로 연기되고 취소되면서 많은 4년제 대학에서 2021년도 신입생을 대상으로 입학시험 점수를 면제하겠다고 발표했다. 그동안 쌓아온 학점, 학교생활 내에서 경험한 봉사활동, 경시대회, 클럽활동, 스포츠, 음악활동, 자신을 드러낼 수 있는 에세이와 교사와 카운슬러로부터 받은 추천서 등이 입학전형의 중요한 역할을 할 것이다. 영국도 신종 코로나19로 인해 대학입시 및 중등학교 졸업시험이 취소되면서 도입한 대체 점수 평가 방식에 잇따라 문제가 발생하고 있다. 코로나19로 영국의 모든 학교가 3월 중순 이후 휴교에 들어가면서 시험 역시 취소됐는데, 알고리듬에 따른 A 레벨 점수 발표 이후 학생들의 반발이 이어지자 교육부 장관은 다시 학교에 평가를 맡기기로 했고, 이날 발표가 예정됐던 GCSE 역시 학교가 평가를 담당했다. 알고리듬에 의한 A 레벨은 지나치게 '짠' 점수, 학교와 지역별 격차 등 공정성으로 인해 문제가 된 반면, 학교가 진행한 GCSE 점수는 '인플레'를 불러오면서 혼란이 계속되는 모습이다. 교육부 부장관은 알고리듬 방식이 잠재적인 점수 인플레를 방지하기 위한 것으로 공정한 것이었지만 실행과정에서 부정확한 점이 있었다고 말했다. 야당인 노동당 예비내각 교육부 장관은 평가 알고리듬의 문제점과 관련해 반복해서 경고를 받아 왔지만 아무런 노력도 하지 않았다면서 "계속되는 무능한 행태는 나라를 운영하는 방식이 아니다"라고 비판했다. 전국적인 항의 시위가 계속되는 등 사태가 진정되지 않자 개빈 윌리엄슨 교육부 장관은 A레벨로 GCSE 점수를 철회하겠다고 밝혔다. 코로나19 쇼크로 프랑스가 올해 대학입학자격시험인 바칼로레아(논술과 구술)를 취소하고 다른 방식으로 대체하기로 했다. 코로나 바이러스 방역 문제로 프랑스 정부는 전국의 수험생들이 좁은 공간에서 약 일주일가량 치러야 하는 바칼로레아를 사상 처음으로 아예 취소했다. 최종 시험을 대신해 고교 내신 및 학업 활동을 중심으로 평균 점수를 산정한 종합 점수로 바칼로레아 합격 여부를 결정한 것이다. 1808년 나폴레옹 시대부터 이어진 200년이 넘는 바칼로레아 역사상 가장 높은 합격률을 기록했을 정도다. 하지만 생각보다 이 점에 이의를 제기하는 여론은 거의 없다. 반면 독일의 경우 2020년 아비투어는 사망자가 많지 않는 코로나19 사태 속에서 진행되었다. 이전 학기의 평균 성적을 토대로 아비투어 성적을 산출하는 '평균 아비투어'가 대안으로 실시되지 않고 아비투어 시험이 실제 시행된 것은 적절한 선택으로 평가된다.

황에서도 고3은 대부분 등교수업을 받았다. 지금도 이어지고 있는 1/3 학교 밀집도 완화 정책에서도 고3은 예외였다. 날마다 등교시키기 위해서다.

이런 고3 우선주의는 수능(대학수학능력시험) 우선주의로 이어졌다. 수능 강행은 정부 스스로 방역지침을 위반하는 것이라는 비판도 나온다. 정부는 거리두기 3단계에서는 실내외를 막론하고 '10명 이상 모임을 금지'하며 '각종 시험을 위한 집합 금지'도 밝혀 왔기 때문이다. 교육부도 8월 6일 '2020년 2학기 학사운영 세부 지원방안'에서 사회적 거리두기 3단계에서는 대면 수업을 금지하고 "원격수업 또는 휴업한다"라고 발표했다.

10명 이상 모임도 금지하는데 49만 명이 치르는 수능은 예외라니 수능공화국의 면모가 다시 확인된 것이다. 이런 모습은 대학자격시험을 내신 성적으로 대체한 외국의 상황과 정반대다. 교육부 장관이 이 같은 기존 방역지침과 다른 내용을 발표할 수 있었던 까닭은 무엇일까? 우리나라가 대학입시를 다른 무엇보다 우선하는 '수능공화국'인 것도 무시할 수 없는 이유라고 할 수 있다. 이런 수능공화국 문제는 '명문 대학이 모든 것을 결정한다'는 학벌주의[25]와도 맥이 닿아 있다.

코로나19 상황에서도 학생들은 시험과 등수에 매여 있고 고3의 경우 대입을 위해 감염의 위험에도 등교하는 등 학생의 '생명'보다 '성적'을 우위에 두는 현실은 첨예한 대학서열의 해소 없이는 해결이 불가능하다. 코로나19 상황에서도 대학서열화[26]의 영향은 크게 나타나고 있다. 등교 일

---

25. '학벌(學閥)'은 학력과 학연을 중심으로 한 파벌을 가리키거나 명문대 출신 여부나 출신대학 서열에 따라 사람을 차등 대우하는 풍조를 말한다. 자기들의 지위를 유지하거나 세력을 확장하는 데 이용하고 그 집단을 지칭하는 용어이다. '학벌'은 경제학에서 말하는 '지위재(positional goods)'의 성격을 지닌다. 학벌은 좀처럼 변하지 않는 대학의 서열과 입시 경쟁을 통해 유지된다. '학벌주의'란 출신학교로서 그 사람의 능력과 진로, 깊게는 사람 자체까지 평가하는 사회적 풍토를 말한다. '현대판 카스트' 혹은 '현대판 문중'이라고 할 수 있다.

수가 제한되고 원격수업이 이루어지는 상황에서도, 결국에 입시 결과에 따른 대학의 서열이 자신의 장래에 지대한 영향을 미치게 되기 때문에 감염의 위험 가운데서도 고3 등교는 유지하는 등 학생들의 안전보다 입시 준비를 우선할 수밖에 없는 현실이 문제이다. 그래서 수능과 학벌 획득을 우선 배려하는 정책에 반기를 드는 목소리도 커지고 있다. 일부 교육시민단체는 "유치원·초등 1·2학년 책임 등교 실시"를 요구하였다. '돌봄'과 '학습'의 공백 문제는 저학년일수록 치명적이기 때문이다. 유치원과 초등 저학년 아이들은 스스로 원격 학습이 어렵기 때문에 보호자가 아이 곁에 상주하지 않으면 원격수업 기간 내내 아이 홀로 방치될 수밖에 없을 것이다. 그러기에 교육의 정체성을 성찰하고 방향을 정립하는 논의를 대입에 편중된 학사 관리나 학력 격차 문제로 환원해서는 안 될 일이었다.

지속가능한 아동 돌봄 체계의 구축을 위한 과제

코로나19 바이러스 자체는 나이나 성별, 인종, 국적, 가난한 사람과 부자를 구별하지 않은 반면, 사회적 거리두기는 사회적, 경제적 취약 계층을 심각하게 차별했다는 사실에 주목해야 한다. 사회적 거리두기는 말 그대로 가능한 한 다른 사람과의 접촉을 피하는 것이다. 세계 곳곳에서 거리 이동 제한이나 자가 격리, 지역 봉쇄 같은 정책을 철회하고 일할 수 있게 해 달라는 시위를 벌인 것도 이런 차별에서 비롯되었다고 볼 수 있다.

---

26. '대학서열화'는 학교 교육의 바람직한 변화도 가로막고 있다. 촘촘하게 서열화되어 있는 대학의 입학생을 가려내기 위해서는 점수로 줄 세우기가 편한 선다형 문제 위주, 즉 수능으로 학생 평가가 이루어질 수밖에 없다. 교육적으로 바람직한 평가로 인정받는 절대평가나 수행평가는 공정성 시비와 변별 기능 약화의 이유로 확대되기 어려운 상황에 있다.

이런 딜레마적 상황에서 사회경제적으로 취약한 계층은 먹고살기 위해 집단감염, 지역사회 감염이라는 위험에도 일할 곳을 찾았다. 우리나라에서 사회적 거리두기가 성공할 수 있었던 것은 살아가기 힘든 이들이 안간힘을 쓰며 이전보다 더 치열하게 버텼기 때문이다. 생계를 유지하기 위해 할 수만 있다면 무엇이든 해야 하고, 사회적 차원에서도 일상을 유지하게 하는 사회 작동 시스템이 벌여 놓은 '틈'을 그 사회의 누군가가 감염을 무릅쓰고라도 메꾸며 버텨 주어야 했다.

한국은 코로나19 확진자 수가 중국 다음으로 급증하던 시기에는 마스크 대란을 잘 넘겼고, 의료 체계가 붕괴되지 않았다. 그리고 미국이나 유럽 국가들에서 벌어진 사재기도 없었던 데에는 집단 감염에 가장 취약한 콜센터 노동자를 비롯하여 요양 시설에서 일하는 요양원, 택배 노동자, 택배 기사 등등의 '사람(노동자)'의 헌신이 있었다는 사실을 간과하지 말아야 한다. 사회적 거리두기는 성숙한 시민의식도 중요하지만, 그것만으로는 충분하지 않다는 점도 인정하자는 말이다. 사회에서 실현되어야 할 '사람 사이의 관계'는 하루 벌어 하루 먹고사는 사람들이 감염을 무릅쓰고 생명을 위험에 빠뜨리며 형성하는 그런 것이 아니다! 사람과 사람 사이의 벌어진 공간을 다른 사람이 메워 주었기 때문에 거리두기가 가능했다.고병헌, 2020: 78-79

그렇다면 이제는 사람 사는 세상을 위한 최소한의 조건들 역시 마련해야 한다. 그래야만 에피데믹(감염병 유행), 팬데믹(전염병의 세계적 유행)이 닥쳐오더라도 소외되는 사람이나 집단 없이 사회 구성원 모두가 인간적인 관계성을 유지하며, 자기 생명을 담보로 삼을 필요가 없는 사람 사는 세상을, 나아가 모든 생명체가 공생·공영하는 생태계 지구를 지켜 낼 수 있다. 이를 위해 이제 국가공동체는 개인적 인내 또는 절제나 관리적 개념을 내포한 시혜적 '복지welfare'가 아니라, 상호작용적인 '사회적 돌봄social care'으로 재편되어야 한다. 사회적 돌봄은 스스로 돌볼 수 없는 무능력자나 경쟁에서 실패한 이들, 즉 특별한 보호가 필요한 이들을 위한 것만이 아니라, 누구에게든 해당되는 것으로 이해된다. 사회적 돌봄은 돌봄의 책임이 기본적으로 가족에게 있다고 보고, 가족이 없는 이들의 돌봄만 공공 정책의 대상으로 삼는, 잔여적residual[27] 또는 특수적 복지 정책의 차원을 넘어 보편적 복지와 보편적 시민권의 차원에서 돌봄에 접근하고 있다.허라금, 2006가 따라서 한국 사회에서 돌봄은 가정에서보다 사회적 돌봄에서 시작되어야 한다.

그리고 코로나19에 따른 우리나라 아동 삶의 변화를 살펴서 아동권리의 관점에서 아동들을 지원하고 보호하기 위한 지속가능한 아동 돌봄 체제를 구축해야 한다. 방역·배움·돌봄이 동시에 가능한 학교 공간 재설계도 요구된다. 코로나19와 같은 전염성이 강한 감염병의 위험에 대처하는 아동 보호 및 돌봄 체계를 구축하기 위해 경제와 사회, 그리고 보육과 교육의 측면에서 정책적 대안을 제시할 필요가 있다. 사람 사이의 전염을 막기 위해 물리적 거리를 두되 사회적 관계망 형성은 더욱 촉진되어야 한다. 모든 학생이 배움의 기쁨을 누리며 역량을 기르고 인간적 잠재력을 실현하도록 돕는 일, 그리고 교사·학부모 등 교육 주체가 과도한 스트레스와 불안을 겪지 않도록 아이들의 특별한 돌봄과 특수교육을 할 수 있는 학교 체제를 구축해야 한다. 학교 밖에도 취약계층이 기댈 수 있는

---

27. '잔여적(residual)'이란 사회복지제도가 사회의 정상적 주요 제도들, 예컨대 가족과 시장 등이 사회복지의 요구를 충족시키지 못하는 경우에만 등장한다. 반면 '제도적 (institutional)' 개념은 사회복지제도가 사회의 정상적인 주요 제도로서 기능하는 것을 말한다. 사회문제의 발생 원인에서 '잔여적' 개념은 '개인의 책임'을 강조하는 반면, '제도적' 개념은 '사회구조적 책임'을 강조한다.

'강한 연대의 소규모 집단'을 구축할 필요가 있다. 그동안 가정 배경 등과 관계없이 학교에서 동일한 교육을 제공하는 '교육 복지'를 추구해 왔다면, 코로나 이후에는 학생이 학교에 있지 않더라도, 동일한 교육을 제공할 수 있는 '학습생활복지' 체제를 구축해야 한다. 지난해 우리 사회는 수업 일 수와 학사 운영을 맞추는 데에는 성공했지만, 이런 공동체를 만드는 데는 실패했기 때문이다. 코로나19에 대한 교육적 대응은 아동과 청소년의 학 습권 보장이라는 관점에서 진행되어야 하고, 학교의 돌봄 기능 확충에 대 한 사회적 합의가 필요하다.

그리고 육아를 위한 돌봄과 성인(장애인과 노인 등)을 위한 돌봄을 통 합해야 한다. 이것은 도구적 행위가 아니라 소통적 행위이자 관계 위주의 작업이며, '아래로부터의 공동체적 삶의 디자인'을 통해서 이루어질 운동 성을 갖는 일이다. 코로나19 이후 변화하는 유연화된 노동시장 환경에 적 극적으로 대응하기 위해서는 수당 제도에 기반을 둔 가족 돌봄 관련 휴 가의 유급화를 검토할 필요성이 있다.[28] 감염병과 같은 위기 상황에 적절 히 대처할 수 있도록 기존 공식적 교육·돌봄 서비스 체계의 재구조화가 필요하다. 초등 방과후 돌봄 서비스의 경우 위기 상황에 대응하기 위해 지역사회 단위의 통합적 서비스 제공을 위한 체계 구조화가 필요하다. 아 이를 돌보는 '사회적 돌봄' 공간은 사회와 국가가 도와줘야 한다. 그리고 내 아이 외의 아이를 돌보는 모임들이 만들어져야 한다. 즉 돌봄의 공공 성이 구현되는 '공적 돌봄'이어야 한다. 다양한 방식으로 다양한 영역에서 돌봄노동을 한 여성들이 홀로 또는 연대하면서 벌이게 될 크고 작은 지

---

28. 핀란드의 경우 3세 이하 아동을 돌보기 위해 근로시간을 30시간 이하로 단축하는 경 우 유연돌봄수당(flexible care allowance)과 같은 다양한 수당 제도를 활용하여 대처 하고 있고, 자녀양육을 위한 부모휴가 때 부모수당을 지급하여 돌봄으로 인한 가구의 소득상실을 지원하고 있다.

방분권적 프로젝트가 지속적 삶이 가능한 새로운 지역성을 만들어 내는 활동이 가능하다.

그리고 코로나19는 아동권리를 위협하는 보건의 위기이다. 이에 각국은 이러한 영향을 분석하고, 대응을 위한 다양한 조치를 취하며, 국가적으로 연대할 것을 촉구하고 있다. 유엔 사무총장은 생명보호와 생계지원, 취약 계층에 대한 특별조치와 보호, 대응을 위한 국가 의사결정 과정에의 시민 참여, 인권중심 국가 비상조치의 방향, 국제적 연대, 극복과 재발 방지의 중요성과 필요성을 강조하고 있다. 그리고 가정 내 돌봄을 위한 사회 재구조화도 필요하다. 그동안 한편에서 경제 위기와 일자리를 창출을 이야기하면서 구조조정을 시도했다면, 이제 돌봄의 공백 또는 돌봄의 위기[29] 상황에서 가정의 구조조정(부부·부모·자식과의 관계 재정립)을 요구하는 국면을 맞이하고 있다.

돌봄은 배움學習의 전제이며 배움 그 자체이다. 보다 근본적으로 배움은 돌봄과 맞닿아 있다. 배움의 목적은 스스로를 돌보며 자립하는 삶을 사는 동시에, 시민으로서 서로를 돌보며 우정과 연대의 삶을 살아가도록 돕는 데 있다. 그러나 지금 학교는 돌봄과 배움 모두가 불가능한 공간이 된 지 오래이다. 사랑과 우정, 신뢰에 바탕을 둔 호혜적 관계가 상실된 학교에서 '돌봄'은 '관리'로 변한다.정용주, 2020: 38 돌봄이 관리로 변하면서 학

---

29. 마혼(Mahon, 2002)은 돌봄의 위기를 ① 탈산업 고용 체제로의 전환과 1인 생계 부양자의 감소와 연결된 노동시장의 변화, ② 이혼율의 증가, 별거, 편부모 가족의 증가와 남성 부양자 가족 모델의 붕괴, ③ 과학기술의 발달로 인한 평균 수명 연장과 출산 조절로 인한 인구 구성에 찾고 있다. 델리와 루이스(Daly & Lewis, 2000)도 비슷한 맥락을 강조하면서 미취학 아동을 가진 여성을 포함한 다수 여성들의 노동시장 참여, 노인을 돌보는 일이 크게 늘어난 반면, 그들을 돌볼 젊은 세대의 수는 줄어들고 있는 인구 불균형 상황에 더하여, 재생산의 위기로 인해 증폭되는 생활세계의 파탄이 더욱 많은 돌봄이 요구되는 시대적 상황을 초래하고 있음을 지적한다.

교에서 스스로 서는 연습과 서로를 돌보는 우정과 환대는 사라지고 서열과 경쟁만 남는다. 돌봄이 사라지고 관리만 남은 학교에서는 모든 것이 '성취'로 전환된다. 이제 개별화된 인간들의 자기 계발과 무한 경쟁이 학교에 남게 되었다. 돌봄이 배제된 배움에서 성취만 남게 되면서 수업을 보는 관점도 변했다. 학습자들이 어떻게 상호작용하고 그 안에서 어떤 변화가 일어나는지, 어디에 배움을 어렵게 하는 요소가 있는지를 보고, 배움이 가능한 환경을 만들기 위해 무엇을 할 것인지 성찰하는 과정이 아니라, 성취기준을 근거로 학습 목표에 도달했는가를 보는 것이 전부가 되었다. 이러하기에 돌봄 없는 학교 민주주의, 돌봄 없는 역량의 창조, 돌봄 없는 배움, 돌봄 없는 학습자 주도성은 그 자체가 모순이 아닐 수 없다. 사회 구성원 사이의 신뢰와 상호 관심, 사회적 연결과 사회적 연대를 구축하는 필수적인 주춧돌인 '함께 돌봄'이 없는 곳에서 배움 또한 불가능하기 때문이다.

따라서 역사적으로 돌봄과 배움을 동시에 가능하게 하는 작은학교운동과 혁신학교운동, 공동육아공동체운동과 마을교육공동체운동의 정신을 더욱 깊이 성찰해 보아야 한다. 교육이 존재론적 관점으로 이동하고 결과로서 지식 습득을 넘어 알아 가는 과정이 중심이 된다면, 배움의 전 과정에서 돌봄이 활성화되어야 한다. 나라는 존재는 타자와 맺는 관계 속에 있기 때문에 타자 없이 주체가 되는 것, 내 행위만을 책임지는 것은 불가능하기 때문이다. 내가 주체가 되는 과정은 나의 수동성과 취약성을 승인하고 서로의 조건을 돌보며 상호 책임지는 관계 맺기의 과정이다. 이것은 주체성 형성과 배움에 매우 중요한 의미를 지닌다는 것을 뜻한다. 돌봄과 연결된 배움의 과정은 타자를 대상화하고 내 것으로 만드는 '소유'와 '정복'을 넘어선다.정용주, 2020: 40 나를 돌보는 것이 서로를 돌보는 것과 연결되어 있기 때문에 존재론에 기반을 둔 학습은 각자가 소유의 가능성을 확대하는 것에서 벗어나, 서로를 돌보고 대화하는 과정에 참여하기 위한 준비를 한다는 점에서 의미를 찾을 수 있다. 이처럼 작은 학교와 혁신학교의 실천은 교육의 존재론적 전환, 과정으로서의 학습, 사회적 존재로서 비판적 대화를 촉진하며, 학생들이 불확실한 초복잡성 시대를 살아가는 힘을 기를 수 있도록 하는, 배움과 돌봄이 가능한 학교 만들기에 있음을 유념해야 한다.

2부

코로나 시대의
마을교육공동체운동과
생태적 교육학

3장
코로나의 창궐과 마을교육공동체운동의 호출

코로나로 호출된 마을공동체

코로나가 발생하고 방역이 최우선 과제가 되면서 예산을 받아 진행되었던 마을교육은 모두 중단되었다. 학교와 공공기관이 문을 닫고 최소한의 '긴급 돌봄'만 운영되는 상황에서 마을교육공동체는 빠르게 자신의 역할을 잃고 표류하고 말았다. 교육과 돌봄은 지역의 공동 과제였는데, 코로나 바이러스의 창궐은 지역사회의 위기를 크게 야기하고 있다. 신자유주의적 세계화는 역설적으로 코로나를 세계적으로 확산시킨 진원지가 되게 했다. 하지만 코로나 방역을 위해 반세계화 또는 역세계화 흐름도 일어나고 있다. 그래서 학교현장에서 '마을과 함께'라는 목소리가 크게 들리기 시작한다. 살아 움직이는 공동체로서 생명과 안전을 지켜줄 수 있는 대안으로 '마을'이 새롭게 호출되고 있다. 코로나 사태를 맞이하여 마을교육공동체운동이 호출되는 것도 문명사적 대전환을 알려 주는 징후이다. 이는 결국 교육이 학교만의 과제가 아니라 지역사회의 모든 영역이 함께 해결해야 할 과제라는 의미를 함축하고 있다.

오늘날 코로나 바이러스 변종이 계속 나타날 것이 예견되는 상황에서 코로나 사태의 근원적 극복을 위해 밀집되어 있지 않은 '자연적 마을공동체'로부터 대안적 유토피아를 찾고자 하는 운동이 일어나고 있는 것이다. 코로나 팬데믹은 방역이 개인을 위한 것만이 아닌 공동체 방역을 위한 것이라는 점에서 중요한 의미를 갖는다.

지역, 다시 부활하다

근대화와 산업화는 농촌 공동체를 해체시키고, 도시화와 핵가족화 및 시장화를 급속하게 추진했다. 종교적 순종, 공동체의 전통 및 규약, 봉건적 주종 관계, 가부장적 질서는 낡은 것으로 치부되었고, 세속화, 개인화, 자유화, 물화, 탈주술화가 새로운 가치이고 지표였다. 결국 근대성의 결과는 획일화, 집중화, 권력화, 경직화, 거대화를 가져왔다. 그 과정에서 지역보다는 근대화의 추진 주체인 국가가 더욱 강조되었다.

동시에 교육의 역할은 국가의 책무로 이관되면서 근대 학교는 지역사회로부터 더욱 분리되었다. 문명사적 과정에서는 인간의 기계적 소외로부터의 이성에 대한 새로운 각성, 기계론적 세계관, 과학중심주의적 세계관, 인간 중심주의적 세계관에 대한 비판과 함께 인간소외, 자연과의 관계 단절, 지역 사이·국가 사이의 불평등 및 지역사회에 존재하고 있는 삶과 사회에 대한 문제의식을 갖게 된다.

그동안 '지역'[30]에 대한 이해는 하부구조적인 차원의 논의에 집중된 경

---

30. 지역(地域, region)은 국어사전에서는 "일정하게 구획된 어느 범위의 토지", "전체 사회를 어떤 특징으로 나눈 일정한 공간 영역"으로 정의하고 있다. 학문적으로는 지리학을 비롯해 사회과학의 여러 분야에서 다양한 용도로 쓰인다. '지역'은 지리적인 면에서 다른 곳과는 구별되는 특징을 지닌 일정 범위의 장소(공간적 범위)를 일컫는다. 지역은 자연 환경에 의해 구분할 수도 있고 인문 환경에 의해 구분할 수도 있다. 지역 구분의 자연 환경적 기준으로는 산맥, 하천 등이 있고, 인문 환경적 기준으로는 언어, 문화, 종교 등이 있다. 지역은 그 지역만의 고유한 성격인 '지역성(locality)'을 갖는다. '지역성'은 지역이 가지는 고유한 지리적 특성을 말하는데, 지역성은 고정되어 있지 않고 시간 경과, 교통 발달, 다른 지역과의 관계 변화 등에 따라 변화한다. 각각의 지역은 인접한 다른 지역과 상호작용을 하기 때문이다. 이러한 상호작용을 통해 두 지역의 지역성이 공통적으로 나타나는 공간적 범위가 두 지역의 경계 부근에 나타나기도 한다.

향이 상당히 강했다. 그러나 지역을 구성하고 있는 다양한 제반 여건과 시대적 상황을 고려해 볼 때 지역에 대한 이해와 접근을 새롭게 할 필요가 있다. 즉, 표피적인 공간적 해석에 집중했던 하부구조의 차원이 아니라, 그 하부구조를 발생시키는 사회적·문화적 메커니즘에 대한 이해가 병행되어야 한다.

'지역'은 물리적 공간으로서 지역(개발주의), 경제적 공간으로서의 지역(시장주의), 삶의 공간으로서의 지역(자치주의), 생태적 공간으로서의 지역(생태주의)으로 구분할 수 있다.^{김성균, 2015: 99-109} 물리적·경제적 공간으로서의 지역 이해는 거대화, 집중화, 계층화, 획일화를 지향하고, 자치주의와 생태주의는 소형화, 분권화, 분산화, 다양화를 지향한다. 전자는 통치적 관계를 중시하고, 후자는 협치적 관계를 중시한다. 전자는 하향식 의사전달체계를, 후자는 상향식 의사전달체계를 선호하고, 전자는 요소투입형 외생적 지역발전 전략을, 후자는 가치발굴형 내생적 지역 발전 전략을 구사한다.

이렇게 보았을 때 '지역'은 더 이상 토목과 그것을 매개로 한 개발의 대상이 되어서는 안 된다. '지역'은 물리적 대상물인 토지가 아니라 토지를 매개로 존재하는 사람, 삶 그리고 터로서의 가치로 이해해야 한다. 개발주의, 시장주의, 국가주의에 의하여 작동하는 지역이 아니라, 지역주의와 생태주의 원리에 기초한 지역이어야 한다. '지역'이 택지 개발이나 초국적 기업의 경제적 거점지 또는 생산지적 이점만 강조된 지역으로서만 그 가치가 인정되어서는 안 된다. 특히 기후 온난화와 석유 정점이라는 지구적으로 처해 있는 현실 앞에 '지역'은 강화된 국가주의가 아니라, 생태적인 지역주의 관점의 '지역'으로 이해되어야 한다.

지속가능한 발전 출발점으로서의 마을

근대는 농촌의 젊은이들이 '마을을 버리고' 도시에 있는 공장의 노동자가 되는 것으로 시작되었다.[박복선, 2017: 10] 도시는 자유로웠고, 공장은 물질적 풍요를 약속했다. 과학기술의 발전은 영원한 진보를 약속했다. 국가는 세상은 공정하고 누구나 노력하면 부자가 될 수 있다고 가르쳤다. 근대는 '마을을 버린 사람들'에서 시작해서 '마을을 만드는 사람들'로 끝이날 것으로 예측하는 사람도 있지만, 근대는 끊임없는 변화를 겪고 있으며 새로운 사회로의 진화를 거듭하고 있다.[31]

'공동체로서의 마을', '마을로서의 공동체'가 이 시대의 핵심 화두가 되어 가고 있는 중이다.[김기홍, 2014: 74] 공동체[32]로서 마을의 가치는 결코 가볍게 치부될 수 없다. 마을은 인류의 온갖 지혜가 온축되어 있는 공간[33]이다. 마을은 지속가능한 발전의 출발점이다. 공동체성communality[34] 회복은

---

31. 근대의 종말을 예견하는 학자들도 있지만, 미완의 근대를 완성시켜야 한다는 학자들도 있다. 현대는 근대의 연장선에 있다고 보는 것이다. 탈근대/후기현대를 맞이하여 공동체로의 회귀를 보여 주는 역설적 현상이 일어나고 있다.

32. 오늘날 동일한 목적을 이루기 위해서 자발적으로 모인 사람들의 집단을 통틀어 '공동체'로 부르는 경우가 많다. 공동체 개념은 종종 근대성/현대성에 의해 억압되고, 해체되고, 저해되거나 추방된 요소로 나타난다. 그리고 소외, 사물화 그리고 의미상실 등 근대의 사회병리 현상들에 대한 유토피아적 대항 장소를 재현하기도 한다(Rosa, 2017: 10-11). 그에 상응하여 이 개념 속에는 현대성에 대한 근본적 불만뿐만 아니라 (상상의) 조화로운 전근대적 결합으로서 회귀하는 사회에 대한 낭만주의적 희망을 동시에 갖는 중층적 의미를 갖고 있다. 따라서 공동체의 최대주의적 개념을 채택하느냐 최소주의적 개념을 채택하느냐에 따라 지향성은 달라진다.

33. 영어 'space'의 어원이 되는 라틴어 'spatium'은 방(room), 면적, 거리, 시간의 연장에 기원을 두고 있다. 이에 해당하는 독일어 '공간Raum'은 '자리를 만들어 낸다', '비워 자유로운 공간을 만들다', '떠나다', '치우다' 등의 여러 가지 의미를 의미하는 'räumen(비우다)'에서 유래했다. 'räumen'은 '하나의 공간', 다시 말해 '경작이나 이주할 목적으로 숲속에서 빈 터를 만들다'를 의미한다. 우리말 한자어 '공간'은 '빌 空' + '사이 間'이라는 의미로 땅 그 자체의 의미를 넘어 땅과 땅의 빈 사이를 의미한다. '비어 있는' 공간이란 가치를 채울 수 있는 가능성을 지니고 있다. 따라서 공간은 일종의 '여지'가 있는 것을 의미한다.

우리를 참된 발전으로 이끌어 줄 수 있는 평화로운 길이다. 우리들이 궁극적인 이상으로 지향하는 삶은 아름다운 공동체다. 평화와 풍요 혹은 행복 그 어느 것도 조화로운 공동체를 전제로 하지 않으면 달성하기 어려운 이상들이다.

인간은 공동체에서 태어나 자라고 떠난다. 이러한 공동체는 농촌과 도시를 불문하고 존재한다. 급속한 근대화에 따라 비록 농촌이 사라지고 있지만, 도시에서도 사람들은 공동체를 발견하고 재생하기 위해 노력한다. 우리가 흔히 마을이라고 부르는 것은 바로 공동체와 다름이 없다. 마을은 삶의 터전으로서 마음과 몸의 고향이기도 하다. 디지털시대 인간의 고립과 소외는 마음과 몸의 고향으로서 마을을 잃어버렸기 때문이다.

세계 곳곳에서 지속가능한 사회를 구현하기 위한 움직임들이 속속 일어나고 있다. 무너진 공동체를 풀뿌리 지역에서부터 자발적이고도 주체적인 모습으로 회복하고자 노력하는 다양한 사회적 경제활동이 지역을 기반으로 형성되고 있다.공석기·임현진, 2017: 11 풀뿌리 수준에서 진행되고 있는

---

34. '공동체' 개념은 공통의식, 소속감, 연대감과 따스함, 우정, 신뢰 등의 의미를 갖고 있다. 공동체(community)를 뜻하는 독일어 'Gemeinschaft'의 'Gemein'은 '공통의 뜻인데, 'mein'은 '나의 것이 공통적으로 나뉘진 것(geteiltes)'을 뜻한다. 따라서 어원상 '공동체'란 '나의 것을 공유한다'는 의미를 갖는다. 여기에서의 '공동체' 개념은 전근대적인 인습적인 지역이나 마을에서 사람들이 대면적인 관계를 맺는 집단이라는 의미를 갖고 있다. 반면에 '사회(society/Geselschaft)'라는 개념은 근대 이후 개인들이 익명적인 관계 속에서 자신의 목적을 위해 만든 집단이라는 의미를 갖는다. '공동체'를 '공동사회'로, '사회'를 '이익사회'로 번역하기도 한다. '공동체' 개념은 일반적으로 좋은 의미로 잘 사용하기는 하지만, 잘 볼 수 없고 손에 쉽게 잡히지 않기에 존재한다고 말하기도 어려운 경우가 많다. 통합과 포용이라는 동질성의 의미도 갖고 있으나, 때로는 이질집단의 배제라는 억압적 의미를 갖기도 한다. 전체주의적 집단일수록 공동체를 강조하는데 해체주의자들은 그것의 억압적 성격을 문제 삼는다. 그래서 '공동체'라는 말을 우리는 좋은 말로 사용하고 있으나 때로는 모호한 뜻을 내포하며 사용하기도 한다. 어떤 사람들은 언제나 끊임없이 추구하고 찾기도 하지만, 또 다른 사람들은 꺼리거나 피한다. 여하튼 공동체 개념은 현대 사회에서 정치학적 사회과학 용어로 중요한 의미를 가지고 사용되고 있다.

다양한 협동과 공유의 실험들은 지역에 기반을 둔 공동체가 올바로 성장할 수 있는 자양분이 되고 있다. 지역에서 형성되고 있는 사회적 경제 조직들은 지역 주민 간의 사회적 신뢰를 회복시키며 과거 주변부에 위치했던 사회적 약자나 소수자에게도 일자리를 제공한다. 이는 궁극적으로 지역 주민 간의 신뢰회복이며, 상생과 협력 공동체가 회복되는 것의 전조일 것이다.공석기·임현진, 2017: 13

'한 아이를 키우는 데는 온 마을이 필요하다'라는 말이 회자되는 것처럼 마을이 교육적으로 큰 의미가 있다는 것은 널리 인정되고 있다. 인도의 마흐트마 간디는 일찍이 『마을이 세계를 구한다』1962에서 영국으로부터 인도를 독립시키고, 더 나아가 현대인들이 봉착한 산업혁명과 물질문명에 물들지 않으며, 인간의 이기심과 영적 빈곤을 극복하는 것은 물론 인류가 앞으로 나아가기 위해서는 마을에 초점을 맞춰야 한다는 생각을 세상에 천명했다. 간디는 '도시'와 '마을'을 날카롭게 구분한다. "현재 세계에는 두 부류의 사상이 있다. 하나는 세계를 도시들로 나누려는 것이고, 다른 하나는 마을들로 나누려는 것이다. 마을문명과 도시문명은 전적으로 다르다. 하나는 기계와 산업화에 의존하고 다른 하나는 수공업에 의존한다."간디, 2011: 46 여기에서 간디는 후자를 선택하는 의견을 갖고 있다. 수공업에 의존한다는 것은 스스로 필요한 것을 만들어 낸다는 의미, 즉 '자립'한다는 말이다.

마을은 근대에 학교가 교육을 독점하기 전까지 일과 놀이와 배움이 통합적으로 행해지던 장소다. 아이들은 마을에서 친구들과 놀면서, 어른들을 따라 산이나 들을 쏘다니면서 삶의 기술과 자립에 필요한 일들을 배웠다. 아주 오랜 세월 동안 마을이 바로 학교였다. 근대화의 와중에 마을은 사라졌지만, 지역사회의 교육적 기능에 대한 관심은 커지고 있다. 특히 가정과 지역사회의 '중간 세계'[35]로서의 마을은 사람의 '점진적 성장'에 대단히 중요하며, 오늘날 교육의 위기는 어느 정도 '마을의 부재'에서 비롯된 것이다.윤재홍, 2006

울리히 벡Ulrich Beck이 말한 '위험사회risk society'[36]는 모든 시스템이 정

---

35. '마을'은 집, 마당, 울타리, 골목이 중심을 이룬다. 마을의 중심을 이루는 '골목'은 '중간 세계'라고 말할 수 있다. 울타리와 울타리 사이에 형성된 '골목'은 안과 밖이 공존하는 세계이며, 친숙한 요소들과 낯선 요소들이 혼재하는 곳이며 융합되는 곳이다. 집이 주는 안정과 집 밖의 세계가 주는 불안과 도전의 요소들이 함께 있는 곳이다. 울타리 안의 친숙함, 습관, 옛것이 울타리 밖, 세계의 낯선 것, 새로운 요소들과 만나고 융합되는 장소이다. 울타리 안이 사적인 영역이고 울타리 밖의 세계가 공적인 영역이라면, 골목은 사적인 것과 공적인 것이 공존하는 세계이다. 울타리 안, 집의 특수성이 세계의 보편성과 만나고 충돌하고 조화되는 곳이다. 상이한 요소들의 충돌과 융합에 의한 새로운 요소의 창조 과정이 골목 안에 있다. 울타리는 안과 밖의 경계를 구별한다. 이러한 의미에서 '중간 세계'로서의 '골목'은 또한 변증법적인 종합의 공간으로도 이해할 수 있다. 골목을 통해서 골목을 만드는 사람들을 이해하면, 중간 세계를 만들어서 그 안에서 자신의 요소와 외부의 요소들을 매개하는 존재로서의 인간을 발견할 수 있다. 골목은 또 어린이의 삶과 관련해서, 그리고 인간의 성장과정과 그에 따른 공간과의 관계, 존재 공간의 변화와 관련해서 매우 중요한 의미를 갖는다. 어린이들에게 있어서 골목은 놀이터와 또래집단의 무대이다. 그리고 어린이들은 골목 안에서 지역사회의 규범을 배우고 사회적 공동생활을 이해하게 된다. 오가는 이웃 어른들과 교류하고 지역사회의 공통적인 규범과 놀이와 문화를 자연스럽게 몸으로 익히게 된다. 골목은 집과 보다 넓은 사회 사이의 완충지대로서 가정에서의 교육 이후에 지역사회 안으로의 길 인도, 사회화의 첫걸음이 골목에서의 놀이를 통해 이루어진다. 어린이들은 골목에서 집안 문화와는 다른 이웃의 문화에 접하게 되고, 거기에서 만나는 이웃인 어린이들과 어른들을 통해서 집과는 다른 이웃 공동체의 문화 안으로 인도되는 것이다(윤재홍, 2006: 74-78).

36. 독일의 사회학자 울리히 벡은 21세기의 위험이란 자연재해나 전쟁 같은 불가항력적 재난(danger)이 아니라 정치경제적인 환경과 결합돼 나타나는 재난(risk)이라고 지적한다. 즉 사람에 의해 만들어지는 '생산된 위험'을 질타한다. 그는 『위험사회』에서 과학기술의 무한질주가 글로벌 위험사회를 자초했다고 지적했다. 이를 해결하려면 성찰적 근대화의 길을 가야 한다고 주장했는데, 이는 과학에 내재된 물질적 욕망을 관리하고 사회와 소통해야 한다는 뜻이다. 핵시설, 농업생산에 따른 화학 비료 및 농약, 대기오염 등은 직접적으로 와닿는 것들이다. 그가 이러한 위험사회의 지구화 과정에서 핵심적인 문제로 제시하는 것은 전근대성의 관리의 잘못이나 기관들의 도덕적 해이의 문제로만 보지 않는다는 것이다. 이러한 원리적인 사회의 문제로서 근대 사회는 가족, 노동관계 그리고 교육에도 영향을 주게 된다. 그 영향으로 각자의 개인성을 높인 것은 사실이었지만, 도리어 사회체로 편입하는 과정에서 독립성을 떨어뜨리게 되었고, 개인성을 주장하지만, 개인성을 떨어뜨리는 결과를 가지게 되었다는 점이다.

상적으로 작동되고 고도의 기술로 관리가 되는 완벽에 가까운 사회임에도, 매우 작은 실수나 전혀 예측하지 못했던 돌발 사태로 인해서 시민의 안전을 위협하는 커다란 사고가 날 위험을 내재하고 있다. 이처럼 위험사회가 보편화된 가운데 또 다른 위기들이 시시각각으로 엄습해 오는 상황에서 이에 대비할 수 있는 유일한 방안은 자본주의가 대두되면서 약해진 '마을의 기능'을 되살리는 것이다. 『리얼 유토피아』2019[37]의 저자 라이트 교수는 공동체와 시민사회를 활성화할 수 있는 유일한 방안으로 '마을'을 제시한다. 즉, 인류의 미래를 위해 마을에 주목하고 이를 강화하는 것이야말로 바람직하고 실행 가능하며 보다 많은 성취를 이룰 수 있는 대안이라고 생각한다.

그래서 우리나라 대안교육 진영은 '마을'이라는 화두를 제일 먼저 꺼내 들었다. 처음에 입시교육의 탈출구를 마련하기 위해 시작된 대안교육은 자연스럽게 지역사회의 기초 단위인 '마을'을 고민하게 되었다. 마을과 분리된 '섬'과 같은 학교교육은 아주 빈약하다는 것을 깨달은 것이다. 그래서 어떤 학교는 학교 주변에 마을을 만들었고, 교사들도 '주민 되기'를 실천하고 있다. 어떤 대안학교는 처음부터 마을이나 공동체를 기반으로 만

---

37. 『리얼 유토피아(*Real Utopia*)』는 해방적 사회 변화를 위한 '리얼 유토피아 프로젝트'의 필요성을 언급한다. 그는 '리얼 유토피아 프로젝트'를 통해 이 문제에 대한 광범위한 생각을 탐구하면서 자본주의 체제 아래 존재해 온 권력·특권·불평등 구조가 낳은 문제점을 파헤치고, 그 대안을 심도 있게 논의한다. 저자가 굳이 유토피아라는 단어 앞에 '리얼'을 붙인 것은 그만큼 현실 세계의 심각성을 강조하고 싶었거나 이상과 현실 간의 메울 수 없는 간극을 강조하고 싶었던 때문일 터이다. 유토피아적 '꿈'에 탐닉하게 만들었던 자본주의의 불완전함을 과감하게 버리고, 스스로 실재하는 '현실'에 맞춘 이상적인 제도들을 말이다. '리얼 유토피아 구상'은 간극/한계/틈(공간)/모순을 뛰어넘기 위한 노력이다. '현실 유토피아'라는 개념은 꿈과 실천 사이의 이 긴장을 받아들인다. 해방을 위한 인간의 투쟁은 '뜻이 있는 곳에 길이 있다'와 마주칠 수도 있지만, '지옥으로 가는 길은 좋은 의도로 포장되어 있다'와 마주칠 수도 있다. 인류의 현실적 잠재력에 기초해 있는 유토피아적 이상이 필요하며, 중간역이 있는 유토피아적 목적지를 필요로 한다.

들어졌으며, 어떤 대안학교는 마을 안으로 깊숙이 들어가기 위해 지역사회 사업을 벌이고 있다. 실제로 혁신학교나 교육청의 마을교육공동체 사업에서 학교의 담을 낮추고, 지역사회와 다양하게 만나는 다양한 사례를 보게 된다.

좋은 마을로서의 전환마을

최근 아일랜드 남부의 '전환마을transition village'로 불리는 토트네스 Totness가 관심을 끌고 있다. 어촌 마을인 토트네스는 원래 낙농업으로 유명했지만, 광우병 파동을 겪으면서 몰락한 곳이었다. 전환마을운동은 아일랜드 도시 킨세일의 '에너지감축행동계획EDAP'을 시작으로 2005년부터 본격화되기 시작했다. 이 계획은 EDAP를 롭 홉킨스가 킨세일 대학에서 학생들과 함께 작업한 것을 시작으로 학생인 루이스 루니가 이것을 구체화시켰다. 롭 홉킨스는 전통적인 목축 방식을 살리면서 도시도 활기를 찾아가던 때에 전환마을 운동을 시작했다. 킨세일의 목적은 기후 변화, 피크 오일,[38] 경제 위기를 대비하기 위해 지역 마을 단위로 지속가능한 삶의

---

38. 피크 오일(Peak Oil)은 '석유 생산량의 정점'을 일컫는 말이다. 1956년 미국의 지질학자 킹 허버트가 처음 제기한 개념으로 석유 생산량이 급속도로 증가하다가 어느 시점에 이르러 더 이상 증가하지 않고 점점 감소하는 것을 일컫는다. 허버트는 석유 생산량 그래프가 종의 형태를 나타낼 것으로 예측했는데, 이는 1971년 미국의 석유생산량이 피크 오일에 달했을 때 그대로 증명되었다. 하지만 석유 생산량이 과연 피크 오일을 지났는가의 문제는 상당한 논란거리가 되고 있다. 피크 오일은 석유 생산문제 자체가 문제가 아니라 값싼 석유를 계속 얻을 수 있느냐라는 문제로 귀결되고 있다. 즉, 북극이나 남극에서 석유를 캘 수도 있고 오일샌드나 셰일 가스, 메탄 하이드레이트, 심지어 석탄 액화기술이나 이산화탄소 합성 등으로 석유를 계속 생산할 수는 있지만, 그것들이 이전 20세기 기술문명을 발전시키는 원동력이 된 값싸고 질 좋은 석유를 대체할 정도는 아니라는 것이다. 피크 오일의 문제는 단순히 석유 자체만으로 끝나는 논쟁이 아니라 경제와 사회구조 전체에 대한 논쟁으로 귀결되고 있다. 그만큼 석유가 현대 문명을 지탱하는 근간이기 때문이다.

인식을 높이는 것이고, 지역 단위의 '회복력'에 큰 의미를 두고 있다. 이를 위해 지역에 대한 지속성, 지역화, 풍요를 향한 생태적 지역화를 위한 로드맵을 짰다.

교육 프로그램으로 사람들을 모아 TTT(Transition Town Totness)를 조직했다. 주민들은 연구와 토론을 통해 에너지 자립 계획을 세웠다. 토트네스의 TTT 프로그램에 지속가능성의 원리를 적용해 보면 경제적 지속가능성, 환경적 지속가능성, 사회적 지속가능성, 정치적 지속가능성이 상호 중첩적으로 작용하고 있다. 특히 주목할 것은 지역학습, 영성 및 마음 훈련(생태적 성찰), 집행부와의 거버넌스 형성(생태적 협치), 휴가와 여가의 중요성 강조, TTT 프로젝트 기회 및 조정·조율 등은 지속가능성 발전에서 사회적 지속가능성의 영역이다. 이는 생태적 재지역화를 도모하는 과정에서 주민의 힘이 결집된 상향적 네트워크와 협력의 중요성을 보여 주고 있다.

〈에너지감축행동계획 보고서〉는 거대기술사회와 석유의존사회가 갖는 문제점을 인식하고 우리가 살고 있는 지역에서 생태적 가치를 찾는 것에 큰 의미를 두고 마련된 보고서이다. 이 보고서는 에너지 사용량을 반으로 줄이고, 나머지 반은 지역에서 생산한다는 계획을 담고 있다. 에너지 사용량을 반으로 줄이기 위해서는 당연히 달라져야 한다. 로컬 푸드를 먹어야 하고, 자동차 사용도 줄어야 하고, 문화적 욕구도 지역에서 해결해야 한다. 지역경제를 살리기 위해서는 농축산물을 자급해야 하고, 지역에서 돈이 돌게 하려면 지역화폐를 써야 한다. 삶이 생활 유형이 완전히 전환되는 것이다. 전환을 위해서는 무엇보다 마을 경제가 살아야 한다. 마을 경제를 살리려면 마을에서 생산-유통-소비-생산 사이클이 만들어져야 한다. 토트네스가 보여 주고 있는 순환경제체제는 생산-유통-소비라는 시장 중심의 지역경제체제에서 지역 주민의 생계를 안정시키는 일과 지역을 생태적으로 다시 지역화시키는 과정을 분리시킬 수 없다는 것을 보여 주고 있다.

현재 10개의 워킹 그룹(에너지, 빌딩과 주택, 교통, 경제와 삶터, 음식, 건강과 웰빙, 교육, 문화·예술, 마음·영혼)이 활동을 하고 있는데, 이들의 활동을 보면 전환이 단순히 에너지 사용을 줄이는 것을 넘어 품위 있는 삶을 누리는 것임을 알 수 있다. 전환마을 운동은 지역에너지로 자립하는 전환마을 만들기 프로젝트로서 탄소발자국을 감소시키기 위한 기후 변화와 석유 정점에 대한 공동체의 대안이라고 할 수 있다. 전환마을 운동은 마을환경의 지속가능성과 순환, 그리고 에너지의 지속가능성을 높이기 위한 삶의 전환에 중심을 두고 있다. 전환마을 아이디어는 영국을 넘어 뉴질랜드, 호주를 포함하여 이탈리아 마을과 브라질 빈민가 등 전 세계적으로 널리 퍼졌다. 기후 변화, 경제 및 자원 고갈에 대한 지속적으로 악화되는 정보 흐름과 달리 전환마을은 해결 대책, 지역사회 규모의 대응, 새로운 사람들을 만나고 즐기는 데 중점을 둔다.

전환마을운동을 이끌고 있는 롭 홉킨스Rob Hopkins는 전환마을이 필요한 이유를 다음과 같이 제시하고 있다. 첫째, 에너지를 아주 적게 쓰면서 살아야만 하는 생활을 피할 수 없다면 갑작스럽게 그런 상황에 처하는 것보다 지금부터 계획하고 준비하는 것이 더 낫다. 둘째, 피크 오일로 수반되는 심각한 에너지 충격에 대해 개인과 공동체가 대비할 준비가 되어 있지 않다. 셋째, 그렇기 때문에 우리는 지금 힘을 모아 당장 행동에 옮겨야 한다. 넷째, 우리 주변에 있는 사람들의 창조성과 아이디어를 잘 활용하여 에너지 하강 행동계획을 세우고 지구의 생태적인 한계를 인식한 가운데 지역의 회복력을 높여 살아가는 방법을 익혀야 한다.이유진, 2013[39]

생태적 재지역화를 위해 자연주의 마을로 디자인하기 시작한 토트네스는 석유 정점oil peak과 기후 온난화에 대비하는 능동적이고 주체적인 마을 구상을 지역사회의 핵심적인 의제로 선정하게 되었고, 마을 디자인을 '전환 타운transition town'이라는 개념을 가지고 새롭게 접근하기 시작했다.김성균, 2015: 163 토트네스의 '자연주의 운동'은 먹을거리에서부터 시작되었다. 지역순환 방식의 유기농산물을 생산하고 소비하면서 생산자와 소비자 사이에 신뢰가 형성되었다. 토트네스 시내 상가에는 유기농 매장들이 많다. 군이 유기농산물 표시를 붙일 필요가 없다. 토트네스에서는 거의 모든 상점이 지역에서 생산한 유기농산물을 취급한다. 유기 축산물과 농산물이 지역사회에서 순환하면서 수요와 공급을 안정시켜 가격 파동, 수입 파동, 농산물 파동 등 외부 경제에 영향을 받지 않는 지역경제를 형성할 수 있다. 토트네스의 가장 핵심적인 마을 구상 중의 하나는 생산자와 소비자의 신뢰를 바탕으로 마을공동체를 도모하는 것이었으며, 그 과정에 지역순환형 유기농산물이 중요한 매개 역할을 한다. 토트네스의 가장 큰 특징 중 하나는 도시형 공동체의 가능성과 이를 주거공간과 연결시키

---

39. 우리는 석유에 의존하는 세상에 살고 있으며, 그 과정에서 막대한 석유 매장량을 사용하여 매우 짧은 시간 내에 이러한 수준의 의존도에 도달했다. 우리 대부분은 석유가 고갈될 때 (또는 엄청나게 비싸게 될 때) 어떤 일이 일어날지 생각하지 않지만, 전환마을 운동은 앞으로의 불가피하고 중대한 변화가 어떻게 긍정적인 결과를 가져올 수 있는지 보여 준다. 이러한 변화는 지역 공동체의 재탄생으로 이어질 수 있으며, 이는 지역의 자재를 이용하여 더 많은 식량을 재배하고, 자체적인 힘을 발생시키며, 자기 집을 짓게 될 것이다. 그들은 또한 지역화폐의 개발을 장려할 수 있고, 지역화폐를 보관할 수 있다. 현재 영국에는 도시, 도시, 섬, 마을, 반도를 포함한 35개 이상의 공식적인 전환 이니셔티브가 있으며, 이 과정을 시작하는 초기 단계에는 전 세계적으로 500개 이상의 전환 이니셔티브가 있다. 정부 차원에서의 적극성이 거의 없는 가운데, 지역사회는 문제를 스스로 해결하고 지역적으로 행동하고 있다. 석유와 기후변화가 절정에 달할 때 우리가 본 가장 위대한 경제, 사회, 문화 부흥의 잠재력이 있다. 커뮤니티가 아직 전환 이니셔티브가 되지 않은 경우, 이 가이드에서 시작할 수 있는 도구를 제공한다.

는 전략을 마련했다는 점이다.

토트네스의 공동체 회복과 지속가능한 삶의 터 구현을 위한 생태적 재지역화 주요 전략은 석유절감 회계 컨설팅, 주민 역량 강화 프로그램 추진, 주민권력 조성하기(아래로부터의 민주주의 실현, 시민의 참여와 요구, 분권과 나눔의 정치 등), 생산의 지역적 순환(로컬 푸드 등), 로컬머니(토트네스 파운드)의 발행, 소통과 나눔의 정치(Transition Tales), 변화의 동력(TTT Home Group), 에너지 감축 행동계획 구상(태양광 설치, 단열 사업 등), 젊은 세대들의 발전, 생태마을과 생태주의 교육철학을 지향하는 슈마허 칼리지의 교육 프로그램 등 다양한 차원에서 이루어지고 있다.

우리나라 마을교육공동체의 실천도 다양하게 일어나고 있다. 홍동마을공동체운동, 공동육아공동체운동, 성미산마을공동체운동 등 다양한 방식의 운동으로 나타나고 있다. '공동육아공동체'는 지금의 마을교육공동체운동의 흐름을 주도한 중요한 시발점이기도 하다. 영유아 양육 및 보육을 위해 뜻을 함께하는 사람들이 모여 공동육아를 실천했고, 그들의 자녀들이 성장하면서 대안학교를 설립하고, 더 나아가 마을공동체를 가꾸어 나가는 유형은 초기 마을교육공동체의 전형적인 모습을 보여 주고 있다.

마을의 재발견

지방이 소멸하고 있다. 지방, 즉 '지역의 공동체'가 붕괴하고 있다. 고령화 및 저출산의 문제가 중첩되어 그 소멸을 더욱 촉진하고 있다. 특히 재생산 연령기의 청년 인구의 대도시 유입으로 지역의 인구감소는 더욱 악화되고 있다. 사실 지역에는 괜찮은 일자리는 물론 청년들에게 관심 있는 새로운 일자리가 부족하기에 그들은 기회의 장소인 수도권으로 끊임없이 이동하고 있다. 중앙과 지역의 격차 실태는 이른바 '수도권으로 파멸적 집중현상'으로 요약된다. 2018년 통계에 따르면 수도권의 인구는 50%를 넘어섰고[40], 사업 종사자는 55%, 100대 기업 본사 95%, 전국 20개 대학의 80%, 의료기관 52%가 수도권에 집중되어 있다. 공공 청사는 80%, 정부 투자기관 89%, 예금의 70%, 총사업체의 47%가 수도권에 집중되어 있다.

그래서 경제활동인구가 급감하고 있기에 생산과 소비가 멈추는 인구 절벽 → 성장 절벽 → 재정 절벽 → 국가 절벽이라는 비관적 시나리오를 상정해야 한다. 지방, 즉 지역이 저출산과 고령화를 극복하여 국가 절벽으로의 길을 방지할 수 있는 지속가능한 발전의 출발점이다. 한국은 급속한 산업화 과정에서 도시가 농촌을 대체하고 있다. 우리나라는 행정구역상 16%가 도시 지역이고 84%가 비도시 지역이다. 도시 지역에 거주하는 인구의 비율은 91.8%이다. 도시 지역 중 녹지 지역이 12%이므로 국토의 4%에 거주하는 인구가 90%에 가깝다. 농촌은 사라지고 도시가 압도하고 있다.

안타깝게도 그동안 추진해 온 지방분권, 지역균형, 그리고 지역 혁신도시 실험은 여전히 많은 장애물로 효과가 미진하다. 이 모든 정책이 위로부터 정해져 주어지고 있기에 중앙과 지방의 격차는 정량적인 차원에서도 심각한 수준이다. 지방의 목소리를 이른바 떼쓰기로 치부하고 지방재정 지원(국세와 지방세 비율, 8:2)을 통해 지방에 떡을 떼어 주는 식의 달래기 정책은 더 이상 답이 될 수 없다. 지역 주민이 스스로 답을 찾고자 함께 궁리하고, 도전적으로 실험할 수 있는 기회와 길을 마련해 주어야 한다. 의심하고, 불신하고, 통제하고자 하는 접근은 지역에서 새로운 혁신과 실험을 막는 것이다. 지역과 지방이 새로운 기회의 장소가 되어야 하

40. 수도권으로의 인구 집중 현상은 1990년대 이후에 더욱 가속화되었다(1960년 20.8%, 1970년 28.2%, 1980년 35.5%, 1990 42.8%, 2000 46.2%, 2016 49.5%).

는데 그저 수도권을 보조하는 곳으로 전락해 있다.

중앙과 지방 모두 지역을 되찾기 위한 근본적인 정책으로 경제적 지원 정책으로만 접근하는 것이 문제이다. 왜 서울을 중심으로 한 수도권이 극점도시화가 되고 있는가? 비슷한 기회를 지방에도 주기 위해 지방에 유사한 거대도시를 만들어 이 도시를 중심으로 지역에서 경제활동이 이루어지면 된다는 접근도 너무 순진한 생각이다. 이 격차를 경제지원으로 메꾸어보겠다는 것이 한계이다. 지방에 청년이 돌아와야 하는데 그들이 왜 지역으로 돌아오는 것을 주저하는지를 주목해야 한다.

이해관계를 중심으로 지역에도 패권정치가 팽배해 있는 곳에서 지역으로 내려온 청년들이 새로운 가능성과 기회를 발견할 수 있을까? 수도권에서 각자도생의 치열한 경쟁 구도에 지쳐 다시 지역에서 대안을 찾고 쉼을 찾고 삶의 여백을 찾고 공동체에 속해 상생과 협력활동을 통해 연대감과 소속감을 회복하고자 하는 청장년에게 지역은 대안이 되고 있는가? 수도권과 어떤 차별성이 존재하는가?

만약 지역과 지방에서 이런 가능성과 대안의 기회가 보이지 않는다면 지방과 중앙의 격차는 영원히 좁혀지지 않는 격차사회로 전락할 수밖에 없을 것이다. 이러한 복잡한 실타래를 풀기 위해 가장 중요하고 시급한 것은 지역 혹은 지방에서 민주주의가 새롭게 구현되는 것이다. 소통의 정치, 민주주의가 제대로 설 때 지방의 장점이 새롭게 발견되고 그 과정에서 각 지역의 특색과 장점이 발현되는 것이다. 이런 지역과 마을이라면 새로운 형태의 공동체의 삶을 살고자 하는 청년들에게는 매력적인 장소로 비쳐질 것이다. 화려한 광고 문구로 지역을 홍보하기보다는 어떤 민주주의가 작동하고 있는지를 경험적으로 지역이 보여 줄 때 청년들은 혁신의 장소로 그곳을 찾을 것이다.

지방 붕괴 위험을 호소하는 것도 중요하지만 더 중요한 것은 '풀뿌리 민주주의'가 구현될 수 있는 지역을 되찾는 것이 우선시되어야 한다. 이런 실험과 도전이 다양하게 진행될 때 한국에서 지방과 지역은 새로운 가능성으로 부상할 것이다. 지역 주민 스스로도 이러한 노력 속에서 자학적인 상징과 혐오 표현(지잡대, 지방충)으로부터 벗어날 수 있는 것이다. 그렇지 않다면 지방은 토건세력이 이익을 독점하는 불신의 장소, 소통과 협력이 막혀 있는 패거리와 연줄 정치가 작동하는 곳이라는 낙인에서 쉽게 벗어날 수 없을 것이다.

마을은 오늘날 새로운 공동체의 형태로 도시에서의 개인화와 파편화를 극복하기 위한 대안적 공동체로서 관심을 끌고 있다.이태동, 2017: 42 마을이 하나의 독립적인 체계로서 기능하고 공동체로서 발전하려면 보다 심층적인 차원에서 작용하는 내적인 힘을 가지고 있어야 한다.김기홍, 2014: 102 다시 말하면 마을이라는 사회체계가 제대로 작동하려면 구성원들을 하나로 묶어 주는 근원적인 동력이 필요하다. 이는 마을의 본질로 설명될 수 있다. 마을의 본질은 자발성, 자족성, 지속성이다.김기홍, 2014: 102-111 마을의 본질은 가장 작은 단의 모듬살이를 이루고 있는 공동체 사회이다. 경제적으로는 자급적이고, 정치적으로 자치적이며, 문화적으로 자족적이어서 사회적으로 자립적 구조를 이루고 있을 뿐 아니라, 생태적으로 지속가능한 공동체이다.임재해, 2012

오늘날 마을의 범위가 광역으로 확대되고 주민의 범주도 폭넓게 정의되곤 한다. 따라서 마을 주민과 공간은 확정되고 고정된 개념이 아니라, 지속적으로 변할 수밖에 없는 유동적 개념이 되어 가고 있다. '마을'은 물론 물리적 위치가 아예 무시될 수는 없겠지만, 거주지와 정주지의 개념이라기보다는 '공동체'로 발전할 수 있는 씨앗을 품고 있는 집단이다. 따라서 국가가 마을을 구성하는 것이 아니라 이제는 '마을'을 통해 국가를 재구성하는 아래로부터의 풀뿌리운동이 일어나야 한다. 풀뿌리 지역공동체들의 공동체, 즉 '공동체들의 연합'이 '국가'여야 한다. 마을은 국가의 원형이다. 마을은 국가의 토대를 이루는 단위로서 마을이 확대되어 고을이 되고 고을이 모여 국가가 된다. 마을은 공동체 구성원들의 삶이 이어지는 공간이다. 마을은 사람들이 삶을 유지하는 가장 기초적인 단위로서 작은 국가와 같다. 마을의 모습을 통해 국가의 모습을 유추할 수 있다. 마을의 원리가 이제 세계의 원리가 되고 있다. 국가가 마을자치를 기반으로 하여 형성될 때 튼튼한 국가 공동체가 형성될 수 있다. 마을은 공통적으로 문제를 스스로 해결하면서 국가의 형성과 발전의 원동력이 되었다. 마을은 국가라는 울타리 내에서 존재하지만, 그 자체가 하나의 독립성을 갖기도 한다. 마을공화국은 '공화주의'를 이념적으로 표방하고 있다. 키케로는 『국가론』에서 "공화국은 시민의 것이다. 시민이란 임의로 모인 사람들의 집단이 아니다. 시민이란 법과 정의를 토대로 공동의 이익을 함께 추구하는 사람들의 집합이다"라고 말했다. 여기에서 시민이란 특정 개인이나 계층이 아니라 공동체 구성원 전체를 의미한다. 공동체 구성원인 시민 모두가 권력을 공유하며 경제와 균형을 통해 특정 개인이나 계층의 독점적 지배를 방지함으로써 공동체 전체의 이익과 시민의 자유를 추구하는 정치체제가 공화정인 것이다. 그런 까닭에 공화정에서는 특정 개인이나 계층이 권력을 독점하여 나머지 구성원을 지배하는 것을 반대한다. 구성원 모두가 지배로부터 자유를 누리는 것을 목표로 한다. 민주정이 시민의 통치를 꿈꾼다면, 공화정은 지배가 없는 세상을 꿈꾼다.신용인, 2019: 36 공화주의는 지배가 없는 세상을 세상을 꿈꾸므로 그 핵심 가치는 정치학자 필립 페팃Philip Pettit이 말하는 '비-지배' 자유에 있다.

따라서 마을은 정치·경제·사회·문화 등 마을 주민의 총체적인 생활영역을 이루는 단위로서 그 안에는 자치와 자립을 이룰 수 있는 자족성을 갖추어야 한다.신용인, 2019: 86 마을 안에 나라가 있는 것이다. 따라서 마을공화국이 되기 위해서는 정치적 자치를 이룰 수 있는 기반으로서 마을정부가 있어야 하고, 마을공화국의 연대체인 마을민회가 있어야 하고, 경제적 자립을 이룰 수 있는 마을기금이 필요하다.

그래서 마을은 하나의 공화국, 즉 '마을공화국'이라고 표현되기도 한다. 마을공화국의 힘도 구성원들의 절대적인 관심과 참여에서 나오며, 이는 주민 모두의 필요를 마을 단위로 충족시키며 구성원들의 협력을 통해 유지되는 것을 말한다.김기홍, 2014: 321 국가라는 통치 체제가 구비되지 않았을 때는 사실상 마을 자체가 하나의 국가였던 것이다. 하지만 국가가 마을이 갖고 있던 다양한 기능을 흡수하면서 사실상 마을 공동체는 유명무실해졌다. 이는 국가가 지속적인 성장을 구가하면서 개인들의 다양한 욕구를 충족시켜 줄 때 가능한 틀이다.

그런데 오늘날 민주주의가 지니는 가장 큰 취약점은 직접적 시민참여의 기회가 줄어듦으로써 대표성과 책임성이 약화되는 데 있다. 바로 '선출하는 다수'가 '선출된 소수'에 의해 거꾸로 지배받는 모순이다. 한국의 대의민주주의도 그러한 위임과 대리의 문제에 직면하고 있다. 흔히 아테네의 직접민주주의를 거론하지만, 그것은 소규모 민주주의로서 시민 참여가 직접적으로 보장되기 때문에 대표를 통해 권한을 위임할 필요가 없다. 이것은 아테네의 집회민주주의가 대의민주주의로 전개된 후 거의 모든 현대의 대규모 민주주의가 직면하고 있는 본질적 문제이다. 물론 대의민주주의의 대표성을 보완하여 '거리의 의회'를 통해 직접민주주의에 가까이 갈 수 있지만, 그러한 방식의 의사표현은 정책의 시비를 가리기보다 감

정에 호소하는 파열음을 내는 '소음 민주주의dino-cracy'로 나아갈 수 있다.임현진, 2020

이러한 문제를 보완하는 방안으로서 지방자치와 주민자치를 통한 풀뿌리 민주주의의 강화를 제시할 수 있다. 지역 수준에서 숙의와 공론을 통한 분권과 자치는 시민의 참여를 아래로부터 강화시켜 줄 수 있다. 주민발안, 주민투표, 주민소환 등이 그것이다. 일찍이 토크빌Tocqueville, 1988은 미국의 민주주의가 조기에 정착할 수 있었던 것은 지방에서 주민자치를 통한 시민의 정치참여와 권력공유에 있다고 지적한 바 있다. 민주주의의 기반으로서 지방자치와 주민자치는 국가권력의 전제화를 방지할 수 있다. 분권과 자치를 통한 지방자치의 안정화는 중앙정부의 원활한 국정운영에 도움을 준다.

오늘날 국가는 많은 어려움에 직면해 있다. 국가의 고유 기능, 예를 들면 국토 수호, 국민의 생명 보호, 안전망 구축, 사회간접자본SOC, Social Overhead Capital 기반 강화, 민주주의 실현 등 기본적인 역할을 제대로 수행하는 것도 만만치 않은 일이다. 일부 학자들은 세계화로 인해 국가의 기능이 약화되어 언젠가는 소멸할 것이라고 예견하지만, 국가는 마을이나 공동체가 도저히 감당할 수 없는 역할을 분명히 갖고 있다. 아울러 우리는 국가와 마을의 관계에 대해 균형 잡힌 인식을 가져야 한다. 새로이 제기되는 '마을교육학'을 통해 마을을 강조하는 것은 지금까지 그 가치가 과소평가되었기 때문이다. 마을이 제대로 평가되는 것은 국가의 기능이나 역할을 약화시키자는 게 아니다. 오히려 국가—개인으로 단순하게 연결된 관계가 '국가—마을(공동체)—개인'의 관계로 전환될 때 국가의 역할과 기능은 강화될 수 있다.박길성, 2013; 김기홍, 2014: 322 그 출발점은 바로 심각하게 훼손되었던 마을 본연의 기능을 회복토록 국가가 관심을 갖는 것에서 시작될 것이다.

한편, 마을은 중앙의 정치와 경제, 사회와 문화 시스템으로부터 가장 멀리 떨어져 존재하므로 정보 접근이 차단되는 것은 물론, 새로운 문화와의 접촉도 제한될 수밖에 없다. 그 결과가 마을의 보수성으로 나타나기도 하고, 기존의 낡은 가치가 오랫동안 유지되는 수구적 공간으로 표출되기도 한다. 이것이 마을의 봉건성[41]으로 설명되는 것이다.김기흥, 2014: 82 또는 마을에 토대를 두지 않는 국가는 전체주의 국가로 전락할 수 있는 것이다. 그러기에 마을은 국가의 취약성을 보완하면서 물신성과 경쟁 등으로 지탱되는 자본주의의 문제점들을 효율적으로 보완할 수 있는 방안이다. 이는 곧 자본주의 체제 또는 국가 중심의 사고 속에서 '마을의 재발견'이라고 할 수 있고, 울리히 벡이 말하는 위험 극복 거버넌스를 구축하는 길이기도 하다. 그리고 현 세대는 물론 다음 세대들도 자신을 지키고 미래를 담보할 수 있는 방법을 찾는 데 보다 많은 준비를 해야 한다. 그 준비

---

41. 마을은 신분질서가 중시되던 봉건사회의 습성이 여전히 남아 있는 공간으로 이해된다. 이런 구조적 특성에 의해 상류층은 하류층을 전인격적으로 지배할 수 있었다. 이와 같은 봉건성은 근대성이 확산된 이후에도 국가의 하부 단위인 마을에서 지속되었다. 씨족이나 가문, 문벌 등의 관습과 문화가 그것을 가능하게 했다. 또한 마을의 봉건성은 지배 집단과 피지배 집단, 소수의 기득권층과 다수의 아웃사이더 간에 다양한 결합체를 낳았다. 봉건성의 유지는 그만큼 신분사회의 뿌리가 깊음을 말해 준다. 일부 계층만이 특권을 누리는 신분사회는 근본적으로 비민주적이고 폐쇄적일 수밖에 없다. 내부의 소통을 엄격하게 통제하는 것은 물론, 외부와의 교류도 철저히 차단한다. 이러한 폐쇄성은 한편으로 마을이 존속할 수 있었던 요인으로 작용하기도 했지만, 마을 주민들에게는 그 자체로 올가미이기도 했다. 하지만 탄탄하게만 보였던 봉건성도 자유와 평등, 인권 같은 민주의식이 싹트면서 와해될 수밖에 없었다. 인간이 만든 제도나 관습, 문화에 의해 인간의 위치가 정해지고, 그 위치에 따라 모든 삶이 결정된다는 것은 이성과는 너무도 거리가 먼 것이었다. 태생적 모순을 배태한 봉건성의 해체는 지배 집단의 내부 분열을 가속화하여 결국 마을에 심층적인 변화를 가져왔다. 이는 수많은 종족 마을의 해체에서 어렵지 않게 확인할 수 있다. 천년 이상을 지속해 온 봉건적 마을이 자유·평등·박애 등을 표방하는 민주주의의 성장과 더불어 의외로 쉽게 무너져 버렸다. 민주주의의 성장은 마을에 존재하는 봉건적 의식을 타파했을 뿐만 아니라 많은 구성원들로 하여금 올가미로부터의 탈출을 촉진하는 요인이 되었다.

는 마을의 가치를 재인식하고 마을의 재구조화를 통해 지속가능한 틀을 갖추는 노력에서 시작될 것이다.

마을이 살아야 국가가 산다

신자유주의가 강력하게 작동하는 상황에서도 민간 차원의 다양한 실천이 치열하게 전개되었던 것은 분명하다. 농촌에서도 2000년대 들어 농업농촌기본법이 제정되고 친환경농업 전환이 전면 선언되고 농업의 다원적 기능이 강조되면서 새로운 흐름이 형성되기 시작했다. 시장 만능의 신자유주의적 세계화의 영향을 강하게 받은 한국 사회는 그동안 거시적 차원에서만 그 해답을 찾으려 했다. 1990년대 이후, 사회구조적 문제에 대항하기 위한 사회운동이 각 정책 영역별로 약진했다. 풀뿌리 주민자치운동 영역에서도 주민들이 생활세계를 방어하기 위한 운동으로 크게 성장했다. 풀뿌리 주민자치운동으로서 마을 만들기는 복잡다단한 현대 사회 지역문제의 해결을 위한 방법론으로 등장하고 발전했다.

"마을이 살아야 농촌이 살고, 농촌이 살아야 국가가 산다." 이것이 오래된 슬로건이었다. 이제 마을 안에서 지속적인 만남이 끊임없이 일어나야 한다. '마을교육공동체'가 있으려면 있어야 하는 기본 단위는 '마을'[42]이다. 사회생활의 집합이자 경제활동의 장소로서 '마을'에 주목하는 이유이다. 마을=주민+공간이다. 모든 마을은 기본적으로 두 가지가 있어야 가능하다. 첫째, 주민들은 '우리'라는 공동체 의식을 바탕으로 마을 구성원으로서의 정체성과 소속감을 갖게 되고, 이를 통해 마을의 문제를 자신의 문제로 동일시하며 해결하기 위해 참여하게 된다. 이러한 연대감을 통해 마을이 유지되고 지속가능한 발전을 이루게 된다. 둘째, 마을을 형성하기 위해서는 특정 장소로서의 공간이 필수적이다. 이때의 공간은 자

연환경과 물질적 자원 등 다양한 요소를 포함한다.^{김기홍, 2014: 98-99}

마을공동체의 희망을 가로막는 장벽

현장을 다니다 보면 주민이나 공무원이나 불만이 너무 많다. 안될 이유는 너무 많고, 잘된 사례는 '우연에 우연'이 겹쳐 어쩌다 있을 뿐이다. 제도 개선은 더디기만 하고, 공동학습과 토론, 합의를 위한 정책토론회는 없거나 일회성에 그친다. 현실과 정책 사이의 간극은 너무 넓고 깊다. 결국 정책이 문제다! 정책이 바뀌지 않으면 희망이 없다. 정책의 근본적인 반성이 필요하고, 임기응변 미봉책으로 해결될 문제가 아니다. 정책을 바꾸어야 현실문제에 근본적으로 대응할 수 있다.^{구자인, 2020}

---

42. '마을'의 한자어는 '村'으로서 규칙적으로 나무가 심어진 공간을 의미한다. 순우리말인 '마을'은 ㅁ·ㄹ(村)+ㅅ·ㄹ(谷)'의 합성어이다. 이는 '뭍'이라는 뭍, 땅이라는 공간적이고 지리적인 의미와 함께 사람들이 모여 산다는 '모을'이라는 사회적 의미가 결합된 것이었다. 영어권에서 마을은 'village'인데, 어원은 로마어 'villa'이다. '빌라'는 시골에 정원과 농원을 갖춘 별장, 또는 시골에 위치한 저택을 뜻한다. 중세 시대 들어 'village'는 '시골', '촌락', '농촌' 등의 의미로 굳어졌다. 이때부터 단순한 주거 공간 이상의 의미를 갖게 되었다. 마을의 어원적 기원을 보면 동양에서는 공간이나 자연환경을 반영한 개념인데 반해, 서양에서는 계급이나 사회적 지위의 의미를 부분적으로 포함하고 있다. 이는 동양과 서양의 마을이 역사적으로 다른 상황에서 발전했음을 보여 주는 근거가 될 수 있다. 우리의 경우 마을은 주로 시골에서 여러 집이 모여 사는 곳으로 정의된다. 이는 지리적·물리적 특성의 일부만을 반영한 매우 좁은 관점에서의 정의라고 할 수 있다. 이 같은 정의는 사람들이 일반적으로 갖고 있는 마을에 대한 생각이나 느낌 등을 포괄하지 못한다. 또 다른 정의는 마을을 친밀한 사람들의 특별한 관계에서 형성되는 이념적 구성물로 보는 것이다. 하지만 이 정의는 마을에 대한 생각을 좀 더 포괄적으로 보여 주기에는 적절하지만, 마을을 정교하게 설명하지 못하는 문제가 있다. 그래서 마을에 대한 포괄적이면서도 정교한 정의가 필요하다. 분명한 것은 마을이 단순한 이념적 구성물이 아니라 실재하면서 사람들의 사고와 생존에 직접적으로 연결되는 '사회적 사실(social facts)' 또는 '사회적 실재(social reality)'라는 점이다. 마을을 'community'—장소에 기반을 둔 모듬살이 공간, 직접적인 대안관계 중시, 특별한 연대감과 정체성 — 와 동일시하는 하는 것은 마을에 대한 사회과학적 개념이 미국 중심으로 이루어졌기 때문이다. 그런데 우리의 경우 마을의 규모는 'community'보다 훨씬 작다. 그래서 마을의 역사성을 주목할 필요가 있다. 국가의 최하위 단위인 마을은 자연환경이나 자원은 물론 정치, 경제, 사회, 문화 등의 면에서 마을 간에 많은 차이를 나타내기 때문이다.

'주민 주도, 상향식'의 방법론은 여전히 유효한가? 많은 정책 사업이 지역 역량을 지나치게 높게 평가했거나, 역량 강화 사업을 병행하면 단기간에 성장하리라는 착각이 있었던 것은 아닌가? 마을공동체의 역량 단계별 지원체계는 최소한의 제도적 장치에 불과한 셈이다. 또 교육 방법론을 크게 개선하고 컨설팅 기관의 역량에 지나치게 의존하는 경향에서 벗어나야 한다. 여기에 담당 공무원과 현장 리더의 열정이 결합될 경우에만 성공 사례가 나타나는 정도이다. 중앙정부나 광역 지자체는 교재와 교구 개발에 적극적으로 나서는 등 고유한 역할에 충실해야 한다.

그런데 농촌에서 마을 만들기는 처음부터 행정의 체험마을 사업으로 도입되고 시작되었던 것이 가장 큰 문제다. '잘못 끼워진 단추'인 셈이고, 그 후유증은 지금까지 이어지고 있다. 이런 요구사항이나 정책 의제들 다수가 국가정책으로도 흡수되었다. 하지만 결과적으로 운동의 요구사항이 정책 사업으로 전환되고, 주도권이 관료사회로 넘어가는 순간, 최초의 목적은 상실되고, 칸막이 행정이 민간의 칸막이를 부추기는 결과로 이어졌다.

다양한 체험마을 사업이 2002년부터 본격 도입되었다. 농업의 다원적 기능을 강조했지만 결국 '농업 외 소득 확대'가 가장 큰 계기였던 것은 부인하기 힘들다. 도농교류 사업이 소득증대에 기여할 것이라는 막연한 기대로 정부 정책이 무분별하게 확대되었다. 정책 전문가도 없고, 문제제기를 일부로 치부하면서 도농교류(농촌관광) 사업은 지금도 지속되고 있다. 또 농촌정책에서 '마을' 개념을 행정 일로만 국한하는 오해가 심각하다. '마을 만들기'도 민간에서 출발한 자발적 운동이었는데, 농촌 지역개발의 정책 용어로 흡수되면서 다양한 가치나 방법론이 사라지는 오류가 나타났다. 농촌 사회에서 '마을 만들기'의 이미지는 지나치게 교육이 많고, 건물 짓는 것으로 오해하는 것도 이런 정책 탓이 크다.

농촌 마을이 이미 초고령화 사회이고, 공동체성이 상당 부분 훼손된 상태에서의 마을 만들기 방법론은 크게 다를 수밖에 없다. '기본과 기초'가 부족한 마을에 정부 사업이 지나치게 물량 공세로 시행되었다. 주민 조직, 마을 규약, 재산 관리, 회의 진행 등 기본에 충실하지 않은 마을은 결코 발전할 수 없다.

마을공동체 붕괴가 과연 주민 탓이라 할 수 있는가? 공공행정은 왜 존재하는가? 전국적으로 보자면 마을공동체 복원을 위한 새로운 시도, 희망적인 사례가 적지 않았다. 최근에는 농촌도 귀농·귀촌인이 늘어나고 청년들이 들어와 새로운 사례를 만들기도 한다. 자치단체가 열심히 노력하여 정책 시스템 일부까지 정비한 경우도 없지 않다. 하지만 거기까지이다. 소위 선진사례라고 하는 것도 들여다보면 몇몇 뛰어난 리더가 핵심 그룹을 조직하고, 끝없는 희생·봉사에 시행착오를 겪으며 나타난 특수한 사례인 셈이다. 이들의 노력이 뿌리를 내리고 확산될 수 있는 정책 환경(생태계)은 너무나도 취약하다.

앞으로도 계속 이런 식으로 가야 할까? 농촌 마을에 정말 희망이 없는가? 지역에 뿌리내리고 살아가야 하는 주민住民은 '목숨이 붙어 있는 한' 생존을 위해 다양한 노력을 한다. "굽은 나무가 선산을 지킨다"라는 오랜 이야기도 있다. 비록 기회주의적으로 행동하도록, 그래야 살아남을 수 있도록 만든 국가 정책의 후유증이 심각할 뿐이다. 경제적으로 낙후된 농촌, 파괴된 전통문화와 자연환경, 무분별한 축사와 태양광 시설 등 대부분은 국가정책의 실패를 보여 줄 뿐이다. 열심히 농사지어도 먹고살기 힘들도록 만든 물가정책, 농산물 가격 통제 정책, 칸막이의 낭비성 보조금 정책 등이 대표적이다.

'풍년의 역설'이란 말이 있듯이 열심히 노력해도 땀의 대가를 기대하기 힘든 농촌. 이런 것이 과연 주민 탓이라 할 수 있을까? 행정은 과연 주민들에게 권한을 이양한 적이 있는가? 민간 스스로 성장할 수 있는 기회를 제공했는가? 스스로 반문하고 반성해야 한다. 적어도 농촌에서는 더더욱 거버넌스 시스템이 작동하지 않는다. 여전히 개발주의가 주도하고, 주민들을 동원하거나 줄 세우는 '대상'일 뿐이다.

최근 문재인 정부의 자치분권 종합계획(2018. 8)에 따라 재정분권을 주장하고, 농촌정책에서는 1단계로 마을 만들기 사무가 이양되었다. 주민들이 농촌마을정책의 주인공으로 등장할 수 있는 '기회'이기도 하지만, 지금의 정책 시스템에서는 '위기'가 더욱 가속화될 것이라는 우려도 적지 않다. 자치분권, 균형발전, 민관 협치가 강조되는 시대가 되었다. 적어도 국가 정책의 도덕적 명분은 이러한 사회적 가치로 옮겨 가고 있는 것은 분명하다. 하지만 농촌 지자체는 이런 시대 흐름에 대응할 준비가 정말 되어 있는가? 행정은 주민들에게 권한을 이양할 자세가 되어 있는가? 이런 반문에 대해 답하지 못한다면 우리에게 희망의 출구는 여전히 좁거나 아예 없을 수밖에 없다.

적어도 지방 '자치' 단체라면 자치의 관점에서는 행정 공무원이나 주민이나 지역사회의 주인공으로서 공동의 과제를 가진다. 그렇지만 '자치' 단체이기를 포기하고 중앙정부에 여전히 매달리는 행정, 지침에만 성경 구절 외듯이 되풀이하는 '영혼 없는' 공무원, 여전히 나 홀로 보조사업만 받으려는 민간(마을) 등 문제는 산적해 있다. 하지만 문제해결을 위해 전면에 나서는 사람, 연대와 협력을 통해 함께 풀어 가려는 단체, 이런 활동을 환영하고 지원하는 행정 등은 만나기가 쉽지 않다. 전국에 적지 않은 선진 경험이 있지만 확산은 정말 더디고, 그나마 있던 좋은 사례조차도 오래가지 않는다. 따라서 민·관·학의 진지한 소통과 신뢰가 요구된다.

느슨한 공동체를 만들어야

마을의 '이상적' 모습과 '현실적' 모습은 다르다. 따라서 지역에 대한 강한 소속감과 무거운 책임감을 일방적으로 요구하기보다는 누구에게나 열린 공간이고 약한 연결고리를 통해 보다 수평적인 연대와 협동이 활성화되는 '가벼운 공동체light community'를 지향해야 한다.공석기·임현진, 2020: 244 지방자치를 통해 지역을 되찾기 위해서는 가벼운 공동체를 지향하는 아래로부터의 주민자치가 활성화되어야 한다. 21세기 민주주의는 바로 가벼운 공동체를 지향하는 풀뿌리 주민자치에서 출발해야 한다.

마을교육공동체운동의 기본은 '마을 만들기'[43]라기보다는 수면 아래에 있지만, 아직도 지역에 면면히 흐르는 공동체적 특징을 재발견하고, 때로는 발굴하며, 지속가능하게 가꾸고 지키고, 더 나아가 상호 배워 나가는 것을 목표로 삼는 지역사회운동을 의미한다. 산업화, 정보화, 세계화, 개인화라는 큰 흐름이 이미 우리 삶의 구석구석까지 스며들어 있음을 인정하고, 미시와 거시 맥락의 변화를 고려한 새로운 지역공동체를 모색하는 것이다.공석기·임현진, 2020: 23

다시 말해 우리가 꿈꾸는 지역공동체는 결코 전통적인 형태로 회귀하는 것을 의미하지 않는다. 대신에 지역공동체는 전 지구적 변화 맥락을 충분히 고려하면서 거시와 미시가 수직적으로나 수평적으로 긴밀하게 연결된 상태를 지향하면서 풀뿌리 구성원 스스로 조금은 가벼운 마음으로

---

43. 자본주의 세계 경제체제가 미시적 공간까지 깊이 배태된 상황에서 과거와 같은 강한 연줄에 기초한 공동체는 거의 찾아볼 수 없을 정도로 해체되었다. 그렇다고 전통적 공동체나 이념 서클 또는 종교 공동체처럼 강한 소속감과 규범을 요구하는 '무거운 공동체'나 '견고한 공동체'로 회귀할 수도 없다.

누구나 쉽게 들어가고 적응하고 또 필요에 따라서는 쉽게 옮겨 갈 수 있는 '가벼운 공동체' 또는 '느슨한 공동체thin community'[44]를 이루는 것을 대안으로 생각할 수 있다. 느슨한 공동체가 발전하면 '견고한 공동체thick community'의 형성이 가능할 것이다.

따라서 마을공동체운동 또는 마을자치운동은 공동체를 중심으로 진행되고 있는 사회생활과 경제활동의 지속가능성을 이끌어 내야 한다. 전통적으로 구성된 농촌 마을은 초고령화 아래 젊은이들이 떠나고, 그리고 급격히 형성된 신도시 지역은 주민의 고립과 단절로 인해 건강한 지역공동체를 지속하는 데 어려움을 겪고 있는 현실을 직시해야 한다. 한국 사회의 혁신은 미시 공간인 마을과 지역에서 찾고 개발되어야 하며, 주체는 마을 주민이고 이를 촉진하는 힘은 청년에서 시작되어야 한다.

그리고 코로나 사태의 위기를 맞이하여 생태적 문제의 발생으로 새롭게 마을이 호출되고 있다. 코로나바이러스를 이겨 낼 수 있는 지속가능한 발전의 대안으로서 '마을공동체village community'가 대두하고 있다. '마을

---

44. '느슨한 공동체'는 소속이나 사회적 결속, 또는 협력을 선호한 나머지 개개인의 자유나 권리를 침식하지는 않는다(Olson, Codd & O'Neill, 2015: 368). '공동체'는 관습과 전통 그리고 실제에 따라 그 특색들이 나타날 수 있지만, 공동체를 가로지르는 그리고 그것들을 통한 구조와 신념, 네트워크에서 어떤 공통성이 나타날 수도 있다(위의 책: 411-412). 여기에서 말하는 '공동체'는 어떤 공유된 목적과 가치에 기초한 초국적 민주주의를 가능하게 하는 '교두보'를 허용한다는 말이다. 이런 의미에서 우리가 공동체를 개념화할 때, 특정 공동체의 한계가 곧 정의와 민주주의의 한계를 말하는 것은 아니다. 일반적으로 '공동체'는 개개인이 그들 스스로 선택할 수 없는 사회적으로 붙박인 공동체로부터 자신들의 정체성을 이끌어 낸다. 동시에 공동체의 '정체성' 또한 단일 국가에서만 획득되는 것이 아니기에 지구촌에서 말하는 정체성, 즉 '세계적 정체성'은 더 복잡해진다. 따라서 '다중적이고', '중첩적인' 공동체가 구성될 수도 있는 이상을 인식할 필요가 있다. 모든 공동체가 모종의 공동 관심사를 가지는 것처럼, 그리고 이런 의미에서 '공동체들의 공동체'에 속하는 것처럼, 이런 가치와 필요의 핵심을 표현하는 인류를 위한 '공동선'이 있다. '느슨한 공동체주의'는 '재배분'과 '인정' 모두를 민주적으로 승인하는 방식으로 일정한 한계 안의 '다양성 담론'을 중시한다(위의 책: 376-377).

공동체'란 일상의 사회적 공간을 공유하는 이들 간의 상호의존적인 생활 관계망이다.[이태동, 2017: 42][45] 마을공동체는 '공동체'[46]의 특성을 가지는 동시에 '마을'[47]의 특성을 가진다. 살아 움직이는 공동체로서 생명과 안전을 지켜줄 수 있는 지역의 중요성을 일깨워 주어야 한다. 새로운 국가들은 공동체들을 존중하고 그들에게 권한을 부여할 것이며 그런 공동체들은 그들 안에 있는 작은 공동체들을 존중해야 한다. 우리 앞에 높인 위기를 극복하려면 지역 공동체들을 튼튼하게 만들어야 한다.

마을 만들기와 마을학의 대두

지역의 공간, 시간, 인간의 구성 요소들이 서로 어우러지면 마을의 이야기가 만들어진다. 세상에는 이야깃거리가 풍성하여 소개할 것이 많은 마을이 있고, 그렇지 않은 마을이 있다. 마을공동체가 잘되는 곳에 가 보

---

45. '마을공동체'는 하버마스의 공론장(public sphere)의 기능을 제공한다는 점에서 이론적 의의가 있다. 복수의 개인들이 합리적이고 공개적으로 비판하고 소통하며 공적 영역을 형성 및 유지하고 정치적 행위가 가능하도록 돕는 공론장의 역할은 '마을공동체'에서도 나타난다. 그리고 마을공동체는 개인의 이익과 필요에 따라 참여나 탈퇴가 가능한 점, 민주적으로 결사한 공동체가 공적인 역할을 할 수 있다는 점에서 토크빌의 결사체 민주주의(associative democracy)의 특성을 띤다. 또한 퍼트남의 사회적 자본인 호혜성의 규범과 사회적 신뢰는 개인들이 공동의 목적을 달성하기 위한 활동에 참여하는 것을 촉진한다. 그리고 마을공동체의 운영과정은 공유지의 비극과 무임승차 문제와 같은 집합행동의 딜레마를 방지·극복하기 위해 자치(self-goverance)가 한 방법이 될 수 있다는 오스트롬의 공공재관리제도(common pool resource institute)의 논의를 통해 설명될 수 있다(이태동, 2017: 42-43, 48-64).
46. '공동체'는 공통의 생활방식 혹은 공간 안에서 상호 교류를 통해 연대감이나 소속감을 공유하고 있는 집단이다. 공동체는 개인이 공동체에 속함으로써 동반성장이 가능하다는 인식을 바탕으로 구성원들 간 상호작용을 통해 연대의식을 가지는 집단이다. 또한 공동체의 구성 요소는 지역의 구성원으로서 느끼는 소속감, 욕구의 충족, 연대의식, 지역사회와의 일체감, 구성원들과의 정서적 친밀감 등으로 분류할 수 있다. 공동체를 이념, 실체, 실천의 차원에서 보면 공동체란 상호의존성과 공통의 생활방식에 기반한 동네와 같은 소규모의 집단과 유사하며, 공유된 경험이나 언어, 연고 그리고 공통의 공간적 생활세계에 거주함으로써 소속감을 형성한다.

면 그곳 사람들은 이방인에게 소개해 주고 싶은 마을 이야기를 많이 가지고 있다. 간혹 마을교육공동체를 하고 싶은데 무엇부터 어떻게 시작해야 할지 모르는 경우가 있다. 쉽게 생각하면 동네의 이야깃거리를 만드는 일부터 시작하면 된다. 마을에 있는 이야깃거리를 찾는 것도 중요하고, 주민들이 상호작용하여 어떠한 일을 만드는 것도 중요하다. 그러나 이야기가 주민들 입에 오르내리면 사람들의 참여가 늘어나고, 그러면 마을의 이야깃거리는 더욱 풍성해진다. 이러한 선순환적 재생산이 일어나면 자연스럽게 다른 지역 사람들의 관심을 받게 되고, 그러다 보면 그 사람들이 우리 동네를 '마을공동체'라 부를 것이다.

마을 만들기는 도시에서는 주거권 확보를 위한 운동과 생활문화 운동 차원에서 진행되고, 농촌에서는 생산에 기반을 둔 마을 만들기가 진행되고 있다.김성균, 2015: 70 마을 만들기는 시민 자율적 통치에 기반을 두고 공동체의 원리에 따라 주어진 현안을 자율적으로 관리해 나가는 것에 중요

---

47. '마을'에 대한 명확한 대체로 일정한 지역사회 안에서 공동의 경험을 바탕으로 긴밀한 생활 관계망을 맺고 있는 '포괄적 커뮤니티'라고 할 수 있다. 마을은 물리적 공간의 경계를 따라 네트워크가 구성되는 집단이기 때문에 주거지를 포함한 다양한 생활공간에서 형성될 수 있으므로 '지역공동체'에 비해 공간적인 제약에서 자유롭다. 요약하면 마을이란 지역공동체—지리적으로 한정된 일정한 공간에서 자신들이 거주하고 있는 장소에 대해 상호 간에 사회적·심리적 유대를 가진 사람들의 공동체—와 구분하여 포괄적 커뮤니티이자 네트워크가 구성되는 곳으로 인식하면 마을공동체의 범위는 확장된다. 특정한 거주지를 경계로 형성되는 집단뿐 아니라 거주지에 존재하는 직장이나 학교 등 다양한 생활공간과 영역에서의 관계들이 존재하는 곳은 곧 '마을'이 된다. 도시의 마을이라도 이웃들과 마음을 내서 접속하고, 스스로 선택하면서 관계를 이루며 살아간다면 '마을공동체'가 된다. 따라서 각 개인은 다수의 생활공간에서 자발적 선택을 통해 네트워크를 형성하고 커뮤니티를 구성할 수 있으며, 복수의 공동체에 속할 수 있다. 또한 생활환경을 주민들이 스스로 구성하고, 마을공동체를 이루어 가며, 공동의 문제를 고민하고 해결해 나가는 과정에서 책임감 있게 참여하는 주민들이 생겨나며 마을공동체가 형성된다. 마을공동체는 행위자들이 네트워크에 기반을 두면서도 인정(人情)으로만 연결망을 형성하는 것이 아니라 필요로부터 연결망을 자발적으로 만들어 가는 결사체의 형태를 띤다.

한 의미를 둔다. 마을 만들기는 지역사회 개발의 영역 속에서 주민참여를 정부 주도적인 체제 속에 둠으로써 택지 개발 중심의 사업이 우선시되고 그 안에 움직일 사람의 의미는 찾을 수 없는 상황이었다. 마을 만들기는 전문가와 행정 중심적 마을 만들기가 아닌 실질적인 지방분권과 지역 자치를 만들어 낼 수 있는 생활권 단위의 생활공동체를 만드는 것을 의미한다. 따라서 마을 만들기 지역의 사회·문화·정치·경제를 생태적 원리에 맞추어 마을 단위 공동체적 체계를 이루어 나가는 운동으로서 마을에 대한 공통적 인식 속에서 이미지 공유, 장래 목표의 설정, 상호 간의 충분한 합의에 기초하는 것을 의미한다.

한국에서 마을 만들기가 본격적으로 시작된 것은 1990년대 중반이다. 이즈음 성수대교가 무너졌고 삼풍백화점이 붕괴됐다. 그리고 1997년 IMF 외환위기가 찾아왔다. 성장지상주의의 어두운 단면이 모습을 드러낸 것이다. 국가는 믿을 수 없고 직장은 흔들리며 사회적 관계망은 무너졌다. 무한경쟁 속에서 오로지 앞만 보고 달리던 사람들은 조금씩 '다른 삶', 즉 혼자가 아닌 타인과 더불어 사는 삶을 꿈꾸고 있다.

도시에 사는 대부분의 사람들은 윗집, 아랫집 사람이 누구인지도 모르고 살아간다. 먹고살기 바쁘다는 이유로 '집'은 '잠자는 곳'과 동의어, '이웃'은 의미 없는 2음절의 단어가 되었다. 이런 곳에서 과연 마을공동체 만들기가 가능한가? 21세기 마을의 개념은 근대화 이전의 개념과 다르다. 물리적으로 가까운 곳에 모여 살면서 이웃집 숟가락 개수까지 훤히 알 정도로 '밀착된 공동체'가 아닌, 사생활을 존중하면서 서로의 관심사와 필요한 것들을 나누는 '느슨한 공동체'다.

마을공동체의 종류도 다양하다. 아이를 함께 키우는 돌봄 공동체로 시작해서 대안학교를 만들고 아이와 어른이 함께 할 수 있는 다양한 커뮤니티 활동을 하는 생애주기형 공동체, '원전 하나 줄이기'를 목표로 한 절전운동, 에너지 축제 등을 벌이는 에너지 자립 공동체, 밀고 다시 짓는 재개발이 아니라 오래된 주거 지역을 고치고 단장해서 다시 쓰는 대안개발 공동체, '콘크리트 숲' 아파트에서 함께 텃밭을 가꾸고 먹을거리를 나누는 아파트 공동체, 지역 주민과의 관계망 형성을 통해 전통시장에 활기를 불어넣는 시장 공동체, 마을공동체를 기반으로 먹고사는 방법을 고민하는 마을기업 등이 대표적이다. 물론 마을공동체가 하나의 형태로만 국한되지는 않는다.

마을공동체에서는 사람들의 삶과 배움과 일(노동)이 함께 어우러진다. 삶터, 배움터, 일터, 놀이터가 일치하는 마을공동체에서는 축제, 동네 아이들의 배움, 지역의 만남과 나눔, 사람, 자연 등 모든 것들이 이야깃거리가 될 수 있다. 마을이라는 시간과 공간, 인간들의 묶음을 통해 풍성한 이야깃거리를 만드는 것이 마을을 하나의 생태적 공동체로 성장시키는 첫걸음이 된다.김용련, 2019: 57 '마을 만들기'는 지역 공간을 주민들이 스스로 디자인해 나가는 과정이라고 할 수 있다. 마을 만들기는 인위적인 만듦보다는 함께 고민하고 협동을 통해 해결하는 과정에서의 만듦을 지향한다. 마을 만들기가 계속해서 성공하기 위해서는 끊임없는 성찰과 평가가 필요하다. 드러난 성과뿐만 아니라 사회적 자본과 환경의 변화 등을 확인하고 반영하는 입체적이고 다면적인 평가가 이루어져야 한다. 이를 위한 평가 방법으로 SWOT 분석법을 제기할 수 있다.김기홍, 2014: 160-161

- 마을의 부흥: 이는 마을 자체적으로 축적해 온 사회적 자본을 바탕으로 적기에 마을 만들기를 추진함으로써 마을의 지속적인 부흥을 이끄는 경우다. 마을의 강점과 환경 변화와 같은 기회를 정확히 포착

함으로써 마을의 사회적 자본이 더욱 강화되는 것은 물론 마을 만들기도 성공적으로 추진된다.

- 마을의 정체: 이는 마을의 사회적 자본이 잘 구축되어 있는 데 반해, 마을 만들기가 주민의 자발적인 운동으로 승화되지 못함으로써 마을이 정체된 경우다. 이때는 대외적인 정책이나 행정, 제도의 변화 등에 주목해 기회를 활용할 필요성이 커진다.

- 마을의 부실: 마을의 사회적 자본이 거의 축적되지 않은 상태에서 무리하게 마을 만들기를 시도한 경우다. 결과적으로 마을 만들기가 부실해질 수밖에 없다. 마을 만들기를 마을의 약점인 사회적 자본에 대한 점검과 이를 다지는 노력부터 시작할 필요가 있다. 그 후에 다양한 사업을 전개해야 진정한 효과를 기대할 수 있다.

- 마을 소멸 위기: 사회적 자본도 축적되지 않고 시민들의 움직임도 전혀 없어 마을이 소멸될 위기에 처해 있는 경우다.

마을 만들기에 뚜렷한 성공을 거두는 지역은 공통적으로 세 가지 특징을 보인다. 첫째, 마을의 구성원들이 보다 바람직한 어떤 상태를 함께 꿈꾸는 것이 마을 만들기의 첫걸음이다. 이 꿈(이상)이 없이는 마을 만들기가 시작되기 어렵고, 방향성을 정립하거나 합의를 이루는 게 불가능하다. 경제적으로 윤택하거나, 심미적으로 아름답거나, 사회적으로 화합하거나, 생활을 편리하게 하는 미래의 자화상을 그리는 일이 곧 꿈(이상)을 그리는 작업이다. 둘째, 현장 리더의 활동이다. 마을 만들기의 첫 단계에서부터 모든 사람이 동시에 꿈을 공유하고, 실천에 옮기는 것은 상상하기 어렵다. 그 꿈을 확산시키고, 실천을 추동할 현장 리더가 필요하다. 셋째, 지역 차원의 발견이다. 지역 자원은 곧 지역의 보물이기도 하다. 지속가능한 마을 만들기를 위해 지역 자원을 발굴하고 활동하는 일은 매우 중요하다. 지역 자원을 통해 지역 주민들이 공통 관심을 유지하고, 사회문화적으로 자긍심을 가지며, 경제적으로 호혜적 관계를 발전시킬 수 있게 된다.이종수, 2016: 210[48] 사회적 자본과 마을 만들기를 교차해서 분석하고 평가해 보면 마을의 지속가능성을 점검할 수 있을 뿐 아니라 이웃 마을, 로컬, 지역, 국가 등의 단위로 확장해서 마을 만들기를 전개할 수 있는 기회를 발견하게 된다. 마을 주민들이 중심이 되어 자율적으로 추진하는 마을 만들기라고 해서 그것이 분파적이거나 독단적이어서는 안 된다. 주변 환경과의 연계성 속에서 검토하고 평가되고 보완되어야 한다. 그래야 마을 만들기를 통한 지속가능성이 한층 커지게 된다.

마을학과 마을교육

최근 인류의 지혜가 고스란히 축적된 마을에 대한 폭넓은 연구를 진행하기 위한 종합적 학문으로서 '마을학villiology'[49]이 관심을 끌고 있다. '마을학'에 대한 관심은 마을의 재발견, 마을의 귀환, 마을의 호출 등의 표어와 함께 부상하고 있다.

마을학은 서로 다른 것을 한데 묶어 새로운 것을 잡는다는 '통섭적' 학문을 지향한다. 마을학은 여타의 학문들이 추구하는 이론/원리보다는

---

48. 마을 만들기 과정에서 꿈(이상)이 하나의 지향성이라고 한다면, 현장 리더는 추진력에 해당하며, 지역 차원은 소재와 일감에 해당한다. 지역공동체의 상생과 협동을 이루어 가는 핵심적 가치는 지역 주민의 참을성/끈기(지역공동체의 회복력 재발견), 혁신(개인, 조직, 그리고 커뮤니티 혁신), 협치(개발이익 연합에서 공공선의 협동으로 전환), 소통(소통 정치의 학습과 실천), 참여(주민의 자발적 공동체 참여 활동)이다(공석기·임현진, 2020).
49. '마을학'과 함께 마을교육공동체운동이 활성화되면서 '마을교육학'도 조만간 부상할 것으로 보인다. 마을교육학은 지역사회교육의 성과를 반영하면서 발전되어야 할 것이다.

구분	마을학	일반 학문
목적	마을의 활성화, 지속성 강화	마을의 사실 규명, 문제 해결
연구 주제	전문가, 학자+주민, 일반인 참여	전문가, 학자 중심
접근 방법	종합적, 간학문적, 융합적	전문적, 단학문적, 부분적
가치	가치 부여, 주관적	가치 중립, 객관적
강조점	독특성, 차별성	일반성, 공통성

각각의 마을 단위가 갖고 있는 독창성과 차별성에 주목한다. 또한 전문 가나 학자가 연구의 주체인 다른 학문과 달리 누구나 연구 주체가 될 수 있다. 특히 마을학에서는 마을 주민이 주체가 되어 마을을 지속가능하게 만들고 구성원 스스로 삶의 질을 높이기 위해 기울이는 다양한 노력을 중점적으로 다루게 된다. 마을학에서는 마을을 기존의 학문적 관점과 다른 선상에 놓고 연구한다. 이는 엄밀성, 정확성, 객관성 등에 기초한 접근 만으로는 인류의 오랜 근거지로서 모든 관계적 자원과 지혜가 함축된 마을의 무한한 가치를 제대로 담아낼 수 없기 때문이다.

또한 마을학은 학자들의 연구 결과만이 아니라 마을 주민들 스스로 축적한 기록과 성과를 중시하여 상아탑 중심의 학문에서 과감하게 탈피할 필요성이 있다. 사실 진실과 진리, 참다움은 학자들만의 몫도 아니며, 정도의 차이를 떠나 누구나 추구할 수 있는 목표이기도 하다. 특히 마을학은 본래적으로 마을 사람들을 비롯한 여러 층위의 사람들이 함께 참여하여 만들어 가는 학문이다. 그래야만 고유하고도 독창적인 마을의 가치를 온전히 발현할 수 있다. 마을학의 연구와 실천은 마을의 작은 정치학·복지학·경제학·지리학·문화학·경영학·교육학 등 다양한 영역으로 나누어 접근할 수 있다. 여기에서는 우선 권력 추구가 아닌 봉사와 헌신에 기초한 '작은 정치(학)', 이윤보다 사람과 생명을 더 중시하는 '작은 경제(학)', 세금이 아닌 나눔과 기부를 바탕으로 하는 '작은 복지(학)' 등의 체계를 구성하여 마을의 작동 원리를 탐구할 수 있다. 마을의 작은 정치, 작은 경제, 작은 복지, 작은 문화, 작은 교육과 같은 세부 영역이 잘 맞물려 돌아갈 때 마을 자체의 지속가능성을 확보할 수 있고, 그래야 국가의 민주성은 강화되어 신자유주의적 세계화 문제들을 해결할 수 있다.

마을학교와 마을교육공동체운동의 등장

최근 위기에 직면한 한국 교육계에 '마을교육공동체'라는 개념이 새로운 전략으로 제시되고 있다. 이는 경쟁적 교육에서 벗어나 함께 배우는 공동체적 가치를 지향하고 있다.^{양병찬, 2019: 331} 급속한 도시화로 인하여 마을의 공동체는 약화되었고, 학교는 학생들의 앎과 공동체적 삶을 통합시키지 못하고 있다. 이로 인해서 지역과 학교 공히 여러 가지 교육문제들에 직면하고 있다. 이런 상황에서 최근 활발하게 일어나고 있는 우리나라의 혁신교육과 마을교육공동체운동은 '공교육개혁의 르네상스'이며 '마을공동체의 르네상스'라고 불릴 만하다.[50]

학교와 지역의 연계를 지향하는 혁신교육기구사업이 점차 성숙되면서 나타나는 현상 중 하나는 사업의 이름은 혁신교육지구이지만, 그 내용과 실천은 '마을교육공동체'[51]로 진화하고 있는 것이다. 기존 혁신교육지구사업이 일반자치와 교육자치의 만남을 이어 주었던 계기였다면, 지역사회를 기반으로 하는 마을교육공동체는 일반자치와 교육자치 그리고 주민

---

50. 미국 지역사회학교운동의 학교 개방 운동에서 그 연원을 찾는 견해들을 비롯하여 우리나라 풀무학교의 학교와 지역 연계 실천에 주목하는 관점들, 그리고 최근의 혁신교육감 공약이나 마을공동체운동의 일환으로 그 움직임의 에너지가 나왔다고 보는 관점 등 다양하지만, 대부분 지역과 학교의 협력을 그 이념으로 하고 있다.

자치의 만남을 이어 주는 계기를 만들어 가고 있다.^{김용련, 2019: 42-43} 최근
많은 교육청들이 학교와 지역의 연계 사업으로 '마을교육공동체'를 도입
하면서, 기존의 지역교육공동체운동과 관련된 용어들이 이로 수렴되는
모습을 보이고 있다. 이러한 움직임은 오래전부터 다양한 형태로 존재해
왔다.

급격한 변화의 시대에 적절히 맞서려면 지역사회로부터 고립된 공간에
서 지역사회 중심의 학교로 전환해야 한다. 학교는 지역사회의 일부로서
마을교육의 허브가 될 수도 있고, 촉진자가 될 수도 있다. 마을학교는 관
료적 학교체제의 붕괴, 가족 해체, 지역사회의 파편화를 극복하기 위한
방파제로 기능할 수 있다.^{West-Burnham, Farrar, 2007: 6-7} 마을학교란 '좋은 마
을 만드는 기지'와 같은 것이다.^{박복선, 2017: 35} 마을학교의 핵심은 어떤
삶이 좋은 삶인지를 묻는다. 그것에 대한 대답은 '마을'을 통해 실현해 보
는 실험이다. 흔히 마을은 '작은 우주'라고 말한다. 작기 때문에 그런 변
화를 만들어 낼 수 있고, 작은 우주이기 때문에 작은 변화가 큰 변화를
이끌어 낼 수 있다. 이것이 총체적 위기의 시대에 마을을 찾는 이유다. 따
라서 공동체의 관점에서 본다면 학교는 지금과는 아주 달라져야 한다.

현재 과도한 근대화로부터 비롯된 학교교육의 팽창으로 인한 '공동체성
의 상실'이기에 그것으로부터의 탈출은 공동체교육communitarian education

---

51. '마을교육공동체'는 교육의 영역을 중심으로 활동하는 마을공동체이다. '마을교육공
    동체'란 교육에 대한 공통의 신념과 가치를 실현시키기 위하여 '우리'라는 정서적 친밀
    감과 연대를 통해 서로 협동하고 상호작용하여 그 지속가능성을 유지해 나가는 유기적
    인 집단이다. 마을이 아이들을 함께 키우는 것, 마을이 아이들의 배움터가 되는 것, 아
    이들을 마을의 주인(시민)으로 키우는 것이다. 지속가능한 삶을 위한 교육과정은 지속
    가능한 삶을 추구하는 다양한 공동체 운동(협동조합, 생태공동체 운동, 주거공동체 운
    동, 노동운동, 환경운동, 도시사회운동 등)이 새로운 교육의 흐름과 삶의 터전인 마을에
    서 만나 '마을교육공동체'로 확장될 수 있다.

에서 찾아야 한다. 공동체교육은 경쟁교육을 지양하고 연대교육[52]을 지향한다.강수택, 2019 마을교육공동체가 되어야 하는 이유는 미래 사회에서의 배움이 참고 인내해야 하는 고통의 과정이 아니라, 만나고 부대끼며 새로움을 만들어 내는 창의적이고 관계적인 과정이 되어야 하기 때문이다. 마을교육공동체에서의 이와 같은 배움은 주민으로서 따라야 할 의무라기보다는 시민으로서 누려야 할 권리라고 이해해야 한다.김용련, 2019: 44 지역에서의 삶과 배움 그리고 노동이 일치하는 것이 생태적인 마을교육공동체이다. 아이들에게 공부가 지겹고 힘들고 참아내야 하는 고통인 이유는 그들의 배움이 어떻게 자신의 삶을 풍요롭게 하는지 알지 못하기 때문이다. 그래서 마을교육공동체에서 학교의 울타리를 넘나들고 지역의 경계를 허물면서 실천하는 배움은 그 자체로 삶의 일부가 되어야 한다.

마을교육공동체는 참여 주체, 역할, 교육 내용과 방법 등에서 어느 것 하나 고정되고 정형화되어 있지 않다. 각각의 교육공동체가 자기만의 가치와 전략, 사업 등에서 고유한 환경을 가지고 있기 때문이다. 마을교육공동체의 형태는 그 성격과 배경에 따라 크게 주변부에서 확산되는 교육공동체운동(교육복지형), 학습마을운동의 주민참여형 마을학교(평생학습도시형), 마을 만들기 사업의 마을학교(마을공동체사업형)로 범주화할 수 있다. 이것들은 우리나라에서 독특하게 생성된 지역사회학교community

---

52. 연대하는 인간에 관한 논의는 복합적인 성격을 띤다. 세계 사회과학자들의 주도로 실시하는 세계가치조사(World Value Survey) 자료에 따르면 한국 사회는 연대성 수준이 세계 여러 나라 중에서 하위권에 속하고, 연대성보다는 경제적 가치에 우선순위를 두고 있다고 보고하고 있다. 한국인의 연대성 수준을 향상시키기 위해서는 무엇보다 연대 지향적 교육을 강화할 필요가 있다. 물론 여기서 의미하는 교육은 가정교육을 넘어 학교교육과 대중매체를 통한 사회교육을 모두 포함한다. 사회발전과 더불어 행복증진을 위해서도 '연대'가 중요하다. 특히 연대하는 인간은 지구 생태계의 위기, 신자유주의 경제로 심화된 경쟁과 불평등 문제, 난민 문제, 젠더 갈등 등 전 세계적으로 대두되고 있는 사회적 갈등의 해결책을 모색하는 데도 실마리를 제공할 것이다.

school 개념인 '마을교육공동체'라는 현상과 평생교육이 협력하는 관계를 새롭게 만드는 길이다. 이를 통해서 어른과 아이들이 함께 배우고 성장하는 공동체를 만들어 가야 할 것이다.양병찬, 2019: 355 새로운 시대에 학교와 지역을 연계하는 평생학습의 방향성과 지역교육의 구상이 새롭게 구상되어야 한다. 학교와 지역 연계를 위한 전략적 영역이 필요하다. 이에 적합한 용어로 지역사회교육community education을 제안함과 동시에 학교와 지역 연계의 중간 역할을 보다 명료하게 하는 지역의 '평생학습센터'의 의미를 부여할 필요가 있다.

마을교육공동체가 이루어지는 실천적 상황은 보다 현실적이고 생태적이다. 마을이 하나의 학습생태계가 되면 언제, 어디서나, 그리고 누구와도 배움이 일어나게 된다. 배움이 학교라는 틀에서 정체되거나 고립되는 것이 아니라, 환경과 맥락 속에서 지역사회의 끊임없는 상호작용을 통해 학습자 스스로 경험하고 실천함으로써 배움이 이루어지는 것이다. 이러한 배움의 장으로서의 마을교육공동체는 '마을이 아이들을 함께 키우는 것', '마을이 아이들의 배움터가 되는 것', 그리고 '아이들을 마을의 주인/시민으로 키우는 것'으로 실천될 수 있다.김용련, 2019: 73-78

마을교육공동체 구축은 교육에 대한 사회적 책임을 학교에만 부과할 것이 아니라, 지역과 주민들에게까지 확대할 것을 요구한다. 학교, 지역사회, 지자체와 교육청 등을 포함한 다양한 교육 주체들이 연대하고 참여함으로써 교육을 위한 지역의 토대적 역량(사회적 자본)[53]을 강화하고, 이

---

53. 사회의 토대로서 '공동체'는 중요한 사회적 자본이다. '공동체화' 과정이 사회적 결합 속에 있는 개인들 사이의 정서적 상호 연대관계들과 하나의 공유된 가치 지평을 촉진한다. 신뢰 등을 포함한 사회적 자본으로서 '공동체성'은 확실히 하나의 '체계의 속성'을 나타내며, 경제적·정치적·문화적 협력을 용이하고 유리하게 해 주는 촉매제 혹은 윤활유 기능을 한다.

를 바탕으로 지역생태계를 건강하게 만드는 선순환적 구조를 만들고 있다. 마을교육생태계 안에서 아이들은 마을에서 배우고 마을의 주인으로 성장하게 된다. 이러한 흐름이 지속가능하려면 앞으로 마을교육공동체를 통해 민과 관, 지역과 학교가 유기적으로 연대하고 신뢰할 수 있는 지역의 교육적 역량을 강화해야 한다. 학교가 고립된 섬이 아니라면 교육생태계를 회복하기 위해서는 마을교육공동체운동과 연계될 수밖에 없다. 풀뿌리 지역교육은 혁신교육과 마을교육공동체를 유기적으로 연결하고, 궁극적으로는 일반자치와 교육자치의 통합으로 나아가야 한다. 코로나 팬데믹 이후 더 나은 세상을 위해 '마을교육공동체운동'을 해야 한다. 그리고 수평적 네트워크 체제인 마을학교의 실천 주체인 마을 교사의 역할 정립과 이를 위한 마을 교사의 기본 학습 과정인 '마을교육과정'의 설계도 필수 불가결하다. 세계적 공동체와 지역 공동체를 유기적으로 결합시키는 국가 공동체의 새로운 역할의 요청, 관과 민의 협치를 원활하게 하는 지역사회의 중간 지원 조직 활성화, 교육청과 교사의 원활한 교량 역할을 하는 교장의 수평적/분산적 리더십, 교사의 전문적 학습공동체 활동, 민주적 학생자치활동, 그리고 시민으로서 학부모의 참여활동을 필요로 한다.

마을교육공동체운동은 사회적·시대적 변화—지역균형발전, 마을 만들기, 지역재생, 마을공동체, 사회적 경제, 협동조합, 공유경제, 골목길 자본론 등—와 궤적을 같이하는 교육적 흐름이다. 학교와 지역의 상생을 도모하고 지역의 교육적 역량을 강화하는 것이기 때문에, 그 시작 단계에서는 일종의 교육운동으로 여겨져 왔던 것이 이제는 더 큰 변화를 위한 사회운동으로 확대되고 있는 것이다.김용련, 2019: 79 마을교육공동체운동은 단위학교의 혁신에 국한되는 것이 아니라 지역사회의 교육적 역량을 강화하기 위한 것이다. 아이들을 마을의 주민으로 키우는 것, 그리고 주민을 시민으로 성장시키는 것이 마을교육공동체운동의 궁극적인 목표이다. 이제 교육 문제의 해결을 위해 발상의 전환이 필요한 시점이다. 지난 수십 년간 교육 문제를 풀기 위한 학교개혁에 치중해 왔다면, 이제는 시선을 돌려 지역사회가 어떻게 학교와 상호작용하고 마을의 환경을 어떻게 배움의 기회로 만들어야 할지를 고민해야 한다. 이를 위해 학교와 지역, 민과 관, 기업과 시민, 교육청과 지자체 모두가 함께 하는 교육 연결망을 구축해야 한다. 그리고 그 연결망 안에서 유기적이고 생태적인 상호작용을 통해 배움이 이루어지고, 그 배움의 결과는 경쟁을 통한 우열이 아니라 상생을 통한 공진화로 나아가야 한다. 우리 사회는 경쟁교육, 사회 불평등 재생산 등의 교육 모순을 극복하지 않으면 안 된다. 계속 경쟁하는 교육으로 갈 것인지, 아니면 함께 배우는 공동체로 만들어 갈 것인지 선택의 기로에 서 있기 때문이다. 특히 코로나 이후 학교와 마을 결합형 교육공동체가 더욱 중요한 대안으로 자리매김하고 있기에 위기 국면에서 우리 아이들의 행복한 삶을 지켜 낼 수 있는 종합대책을 세워야 한다.

4장
문명의 거대한 전환과
지속가능한 생태적 교육학 요청

코로나 바이러스와 생태문명의 요청

세계는 지금 인류사에서 가장 심대한 문명 전환의 격랑 속으로 빠져들고 있다. 한편으로는 코로나 시대의 감시사회의 위험, 인류 및 지구 생태계의 종말을 야기할 인류세/자본세의 위기, 세계공황과 자본주의 문명의 파국을 경고하는 거대 담론들이 쏟아져 나오고 있다. 다른 한편으로는 디지털 전환과 그린 뉴딜, 보편적 기본소득 또는 보편적 복지를 대안으로 제시하는 새로운 정책들이 쏟아져 나오고 있다. 그런데 어느 경우든 자연환경과 사회환경의 거대한 변동이 인간에게 미칠 영향만 강조할 뿐, 인간 활동의 변화가 환경에 미칠 영향, 즉 환경과 인간 활동의 복잡한 상호작용에는 주목하지 않고 있다.심광현, 2020[54]

---

54. 환경(사회구성체)의 혁명적 변화가 '사회혁명'이라면, 인간 활동(개인구성체)의 혁명적 변화는 '인간혁명'이며, 양자의 일치만이 온전한 혁명적 실천이다. 따라서 사회혁명 없는 인간혁명은 과거의 종교혁명처럼 공허하며, 인간혁명 없는 사회혁명은 20세기 사회주의 혁명들처럼 맹목적인 것이라 할 수 있다. 양자의 일치를 위해서는 사회구성체와 개인구성체의 복잡한 상호작용의 전모를 밝혀 줄 학문적 형식지(形式知)와 일상 속에서 형성된 대중들의 개인적 암묵지(暗默知) 사이의 연결과 순환이 필요하다(심광현, 2020: 25-26). 그리고 자본이 주도하는 '위로부터의 인공지능혁명'을 민주적으로 통제할 '아래로부터의 인간혁명'의 문화정치적 토대와 함께 이런 잠재력을 활성화하면서 사회적 연대를 수평적으로 촉진해 나가는 '아래로부터의 인간혁명'을 통한 '새로운 사회혁명'을 필요로 한다(심광현, 2020: 21, 24-26).

세계적인 미래학자인 제러미 리프킨은 인류가 고민해야 할 단 한 가지의 화두가 있다면 그것은 '기후변화'이며, 나아가 코로나는 기후변화가 낳은 팬데믹이라고 지적했다. 그는 "코로나 위기에 대응하듯, 기후변화에 대응하라"Rifkin, 2020라고 충고한다. 기후변화는 더 이상 먼 미래의 문제가 아니라, 현재 우리의 일상에서 직접 맞닥뜨리고 있는 가장 심각한 문제다. 남극 빙하, 동굴의 석순 그리고 나무의 나이테에서 얻을 수 있는 과거 기후 정보들은 지구의 기후가 끊임없이 변동하고 있음을 알려 주고 있다. 과거에도 기후는 자연적인 변동성을 가지고 있었다. 기후가 따뜻한 시기도 있었고 차가운 시기도 있었다. 그러나 과거의 기후는 일정한 평균값에서 변동했고 그 크기는 지구의 자연과 인류가 충분히 감내할 수 있는 범위에 국한되었다.

그런데 오늘날 과학자들은 최후의 생물 대멸종이 목전에 와 있다고 경고한다. 지구 역사 45억 년 동안 다섯 번의 생물 대멸종이 있었다. 소행성 충돌, 빙하기 도래 등 자연현상이 원인이었다. 이제 2050년으로 예상되는 6차 대멸종은 인간이 자초한 최초의 대멸종이요, 지구의 종말을 초래할 최후의 대멸종이 될 것이다. 경제학자는 인류가 기원후 1,800년 동안 5배의 물적 성장을 이루었지만, 자본주의가 본격화한 지난 200년간 무려 100배의 물적 발전을 이루었다고 우려한다. 그런데 물적 발전은 무엇인가. 자본주의의 경이로운 생산력의 이면은 자연에 대한 무자비한 파괴력이다. 우리나라도 예외는 아니다.

2016년과 2018년 여름철 열파, 2019년 봄철 열파, 2019년 겨울철 난동 그리고 2020년 6월 이상고온, 7월 이상저온, 50여일의 긴 장마, 8월 한 달 내 연속 접근한 3개의 태풍과 같이 이상기상이 빈번하게 발생했다. 이상기후가 우리나라 기후의 '뉴-노멀'이 되고 있음을 보여 주고 있는 것이다.

지구온난화로 전 지구의 물 순환이 교란되면서 생태계가 붕괴하였고, 이로 인해 서식지가 파괴된 야생동물의 몸에 올라탄 바이러스가 인간 곁으로 다가와 에볼라, 사스, 메르스 그리고 코로나와 같은 팬데믹이 발생했다고 주장했다. 팬데믹만이 아니다. 지금 38%의 동물이 멸종위기 상태다. 상위 10%가 절반 이상의 부를 점유하고 한 기업의 임금 격차가 300배에 이를 정도로 불평등은 극대화했다. 여기에 4차 산업혁명이 더해지면, 자동화/로봇화 한 가지만으로도 일자리 감축은 오히려 작은 문제이고 노동자들이 인공지능이 남긴 부스러기 일이나 하는 유령노동자ghost worker로 전락하여 노동운동 자체가 무력화할 것이다. 우리는 인류사 700만 년 사상 가장 큰 위기를 맞고 있다.

산업혁명 이후 지난 150여 년 동안의 짧은 기간에 지구의 기후는 지속적이고 유의한 변화 경향성, 즉 '기후변화' 현상을 뚜렷이 보여 주고 있다. 국립기상과학원의 〈한반도 100년의 기후변화 보고서〉에 의하면 지난 100년간 우리나라 평균 기온에서도 이러한 자연적인 기후 변동성과 함께 지속적이고 유의하게 기온이 상승하는 기후변화가 뚜렷하게 나타나고 있다. 기후변화의 심각한 문제 중의 하나는 지구가 원래 가지고 있었던 기후 변동성이 자연적인 범위를 벗어나 이상기후와 극한기후 현상과 같은 급격한 기후 변동성을 불러일으킬 가능성이다. 최근 경험했듯이 급격한 기후 변동성은 집중호우나 열파와 같은 극한기상과 이상기상을 동반하게 되며, 이들의 빈번한 발생은 경제, 사회, 산업 분야뿐만 아니라 국민 보건과 에너지 분야에도 막대한 피해를 유발한다.

과학기술 문명에 의한 자연 파괴가 기후온난화를 불러왔다고 할 수 있다. 특히 코로나 팬데믹의 장기화로 인간이 고립·격리되면서 자연이 되살아나는 역설적 현상도 발생하고 있다. 자연 없이 인간은 없다고 할 수 있다. 생태적 상상력과 생태사회의 필요성이 절실해지고 있다. 코로나 사태는 초유의 전 세계적 상황이었을 뿐 아니라, 거꾸로 인류에게 이제 정신을 차리고 살아남는 새로운 문명의 길을 모색하라는 경고로 들린다. 코로나19는 우리에게 무엇이 진정한 참문명인지를 묻고 있는 것이다. 많은 질병들은 문명과 사회의 모순이 깊어질 때 대규모로 발생하며, 문명과 사회의 개혁에 의해 감퇴되어 왔다는 것은 생생한 문명사를 통해 알 수 있다.

이제 자연 생태계 파괴를 멈추지 않으면 인류는 종말을 면할 수 없다. 21세기 세계는 지금 '빈틈虛'이 사라진 시대를 마주하고 있다. 우리에게는 더 이상의 자연파괴와 불평등을 완충시킬 빈틈이 없어졌다. 빈틈이 있어야 자연은 스스로 정화를 하고 순환을 한다. 모든 생명과 상호작용하며, 그렇게 존재하면서 생태계를 유지한다.이도흠, 2020: 268 앞으로 10년 안에 빈틈을 만들어 내지 못하면 인류의 미래는 없다. 그러나 한국 사회엔 여전히 물질주의, 발전주의, 성장주의 담론이 공론장을 지배하고 있다. 그러기에 물질문명에서 생태문명으로 전환하지 않으면 안 된다. 역사상 유례가 없는 이 거대한 전환에 인류의 생존이 걸려 있다. 지금 인류는 문명사적 전환점에 서 있다. 아도르노는 이를 '계몽의 변증법'이라 했다. 계몽, 즉 인간의 자연지배가 자연의 파괴, 인간성의 파괴를 초래했다. 근대는 이러한 역설 위에 세워진 건물이다. 이제 인류가 살아남으려면 '계몽의 계몽'을 통해 계몽의 자기파괴를 멈춰 세워야 한다. 이것이 시대의 명령이다. 이 세상을 아름다운 유토피아로 만들지는 못할지언정, 이 지구가 완전한 지옥이 되는 것은 막아 내야 한다.

그러면 급격한 기후 변동성과 함께 예고 없이 불어닥친 이상기후에 어떻게 대처해야 하는가? 빠르고 선제적인 검진이 케이(K)방역의 핵심인 것처럼 정부는 국민에게 이상기후와 기후변화의 위험성에도 선제적으로 대처해야 한다. 한발 더 나아가 국가 주도의 기후변화 과학 전문 싱크탱크를 만들고 우리 곁에 다가온 뉴 노멀을 극복하기 위한 기후변화 과학 연구를 서둘러야 한다. 이상기후가 뉴 노멀인 시대에는 날씨 예측과 기후 예측의 정확도는 떨어질 수밖에 없다. 우리가 이미 알고 있는 과학적 지식을 뛰어넘는 새로운 과학적 이론과 접근 방법이 필요하다.

과거 인류가 산업혁명으로 산업적 전환을 이루었다면, 이제는 또 다른 혁명, 즉 '녹색전환green transformation'이 필요한 것이다.구도완, 2020 녹색전환은 자원·환경의 문제를 해결할 주체가 국가라는 인식에서 벗어나 '녹색 가치'가 정치, 경제, 산업, 문화, 과학기술, 교육 등 국가의 모든 정책 부문과 시민사회의 전 영역에서 주류화·내면화될 때 이루어지며, 녹색전환을 통해 새롭게 등장할 사회가 바로 '녹색 사회'이다. 녹색 가치는 인간의 생존을 존중하면서 자연과의 상생 관계 속에서 지키고자 하는 생태적 가치, 즉 생명 가치를 의미한다. 녹색 가치는 아직 제대로 정형화되지 않았으며 앞으로 우리가 자연·환경과의 관계 속에서 만들어 가야 할 가치이며, 녹색 사회는 어떤 고정된 상을 상정하는 유토피아가 아니라 혁신과 발상의 전환으로 끊임없이 진화해 가는 변증법적 사유와 실천 속에서 생성하고 발전해 나가는 사회이다. 녹색전환은 바로 이러한 녹색 가치를 전제로 녹색 사회를 추동하는 이념이자 전략적 수단이다.

녹색전환 전략은 그린 뉴딜, 보편적 기본 소득 제도, 미래 세대를 고려한 정치 시스템, 토지의 공유 자원적 성격 확대, 생태계 용량을 고려한 개발, 개발 패러다임에서의 도시 편향성 시정 등이다. 이러한 전략을 통해 신자유주의적 개발 국가에 의한 이중의 수탈, 즉 자연과 사람에 대한 수탈을 동시에 해결해야 한다. 우리나라 사회 발전의 주류 영역이라고 할 수 있는 정치, 경제, 문화, 과학기술, 국토 계획, 남북한 환경 협력 등에서 녹색전환을 위한 전략을 세워야 한다. 녹색전환의 전략으로 경제 영역의 녹색화는 환경을 파괴하면서 성장하는 경제에서 환경을 보전하면서 풍요로움을 실현하는 경제로 녹색 경제의 방향을 설정한다. 그리고 경제의 녹색화를 위해서는 녹색 삶의 원칙을 내면화하고 실천할 것을 강조한다. 또한 저탄소 대안 경제의 실현을 위해서는 탄소 포인트 적극 도입, 기본 소득 도입, 탄소 배출권 거래제와 탄소 금융의 활성화, 환경세(탄소세) 도입, 독일에서 적용된 재생 가능 에너지법을 도입할 필요가 있다.

또 한국 사회의 녹색전환을 위해서는 의회정치의 녹색화가 중요하다. 특히 기후변화 등 환경 문제에 다수대표제(소선거구제)보다 비례대표제를 선택한 나라가 더욱 민감하게 반응한다는 점을 고려한다면, 한국 정치를 녹색화하는 수단으로 비례대표제를 도입할 필요가 있다. 즉, 각 정당의 득표율에 따라 의회 의석을 배분하는 비례대표제가 녹색 의제를 중심으로 한 정당의 의회 진출에서 유리하다. 비례대표제에서는 새로운 정책을 중심으로 정당 투표를 모을 수 있으며 젊은 세대, 여성, 녹색 가치를 추구하는 집단의 의회 진출 가능성이 증가할 것이다. 녹색 사회로의 이행을 위한 다양한 수단 중에서 법이 매우 유용하면서도 중요한 수단이다. 기존의 인간중심주의적 헌법이 아닌, 생태주의적 관점과 타협 가능성이 있는 헌법의 녹색화(녹색전환기본법의 제정)가 필요하다.

그리고 시민 참여에 기반을 둔 토의 민주주의가 어떻게 환경 갈등의 해소에 기여할 수 있는지를 논의할 필요가 있다. 토의 민주주의는 대의 민주주의가 안고 있는 민주주의의 결핍 문제를 해결 또는 보완하려는 정치적 실험으로 꾸준한 관심을 받아 왔다. 특히 참여자들 사이의 평등과 강제 없는 자율적 대화를 핵심 원리로 하고 있기 때문에 경제성장 및 시장 논리에 의해 주변화된 생태 환경, 비인간 생물종, 미래 세대, 지역 주민, 사회적 소수자들의 이해를 공적 논쟁에 참여시키는 장점이 있다. 따라서 지역사회에서 실행된 공론 조사 사례를 통해 환경 문제 해결에서 토의 민주주의의 가능성을 확인해야 한다. 이러한 방식은 녹색 사회로의 이행에 기여할 것이다.

끝으로 농촌 사회 조직화를 통한 녹색 사회 이행이 필요하다. 한국 사회는 급속한 산업화 과정을 거치면서, 농촌은 국가와 시장, 도시에 의존하는 사회로 전락했으며, 자연과의 관계에서도 단절된 상황에 놓이게 되었다. 따라서 자립성 및 자치성을 키우고 자연과 공생하는 농촌 사회를 만들기 위해서는 지역사회의 다양한 주체들이 협력하여 선도적인 자치단체 모델을 만들 필요가 있다.

과학기술 문명과 인권 사상의 한계, 그리고 자연과의 관계 회복

인류는 자연 속에서 위협과 불안에 대처하면서 물질적·신체적 생존을 유지하기 위해 과학기술의 발달을 추구해 왔다. 그런데 이제 자연이 위협에서 벗어났다고 생각하는 순간 역설적이게도 환경오염이나 인체피해 등으로 인류의 생존 자체를 다시 위협당하는 현실에 직면해 있다. 이것은 인류 생존의 딜레마, 즉 물질적·경제적 생존과 환경적·신체적 생존 간의 딜레마를 보여 주는 것이다.정태석, 2014: 746-747 물질적으로 빈곤했던 과거에 과학기술의 발달을 통한 개발과 경제성장은 인간의 생존을 위한 유일한 목표였다. 자연은 자연스럽게 개발과 착취의 대상이 되었고, 환경오염은 생존을 위해 대수롭지 않은 문제로 여겨졌다. 하지만 새로운 과학기술이 인간의 생명을 위협하기도 하고, 공업화로 인해 발생한 환경오염 물질들은 자연의 수용 능력의 한계를 넘어서서 인간에게 구체적인 피해를 입히고 있다. 과학기술을 통해 인류는 부유하게 되었고 절대 빈곤에서는 벗어났지만, 자연 파괴로 인류의 생존을 위협하고 있는 것이다.

코로나19는 생물학적이고 의학적인 사건인 동시에 문명의 총체적 문제들이 드러난 산업문명의 부산물이기도 하다.[허남진, 2020: 202] 기술 문명의 세계관은 사람 중심주의인데, 이것은 신과 자연에 대한 사람의 관계에서 사람을 중심에 두고 다른 것을 가장자리로 내모는 것을 가리킨다. 이는 기술 발전을 낳았지만 결국 자연 파괴로 이어졌다. 그러나 사람 중심주의에 들어 있는 또 다른 뜻은 사람과 사람의 관계를 가리킨다. 사람이라면 인종이나 신분, 고향과 출신 학교, 직업 따위에 관계없이 귀하게 보는 세계관이다. 뿌리나 신분을 중심으로 보지 않고 사람 중심으로 보겠다는 이야기다. 만델라가 남아프리카 공화국 취임 연설에서 사람 중심주의 사회를 건설하겠다고 했던 것은 바로 그 뜻으로 한 말이다.

결국 사람 중심주의는 모두 현대 사회를 성취했다. 현대 사회는 휴머니즘을 바탕으로 하고 있고, 휴머니즘의 안팎을 두 개의 사람 중심주의가 감싸고 있다. 앞의 것은 자연과의 관계에서 기술 문명을 낳았고 자본주의 경제를 이루었으며, 뒤의 것은 사람과 사람의 관계에서 인권을 확립하고 민주주의를 이룩했다.[양명수, 1997: 7] 이 둘은 서로 별개의 운동이 아니라 하나의 운동이었다. 인권은 국민 주권을 필요로 하지만, 국민 주권보다 앞선다. 인권은 국민 주권과 연결되어 있고, 국민 주권은 한 사람의 주체됨과 연결되어 있다. 한 사람의 주체됨이 정치집단인 국민의 주권으로 발전했다. 국민 주권은 강자에 대한 약자의 주체성을 보장하는 작업이다. 모든 사람을 주체로 세운다는 것은 결국 약자도 주체로 세운다는 이야기다. 약자의 개념을 끊임없이 넓혀 가는 것, 곧 인권의 영역이 확장되는 것은 남을 생각하는 정신이 깊어지는 것이다.[양명수, 1997: 58] 인간의 존엄성에 따라 신과 자연에 대해 인간 주권을 선언하고, 그다음에야 상호성에 따라 사람에 대한 사람의 주체성을 확립하며, 그것을 보장하기 위해 국가 권력에 대한 국민 주권을 선언했다.

다른 한편으로 근대의 인권사상[55]은 사람과 사람의 관계 개선만을 고려한다. 사람이 자연을 객체로 만들면서 사람이 주체로 섰다. 주체는 주권으로서 다른 존재에 무엇을 요구하고 다룬다. 자연을 사람의 수단으로 만들면서 사람이 중심이 되고 주체로 섰다는 이야기다. 사람이 권리의 주체이며 목적이 되기 위해 사람 바깥의 존재는 수단이 되면서 사람과 자연의 관계는 주체와 객체 사이가 되었다. 주객 관계는 이용과 지배의 관계이다. 그것은 관계가 아니라 관계 단절이다. 인권이 중심에 서면서 사람과 자연의 관계는 단절되었다. 그동안 사람 중심에서 자연은 환경에 불과했다. 환경은 중요하지만 주인공은 아니었다. 주인이 된 몸, 곧 주체가 아니라 객체, 곧 수단이었다. 사람이 목적이고 자연은 수단이었다. 인권을 이룩한 인간관은 자연을 객체로 보는 자연관과 연결되어 있다는 점에서 문제를 야기할 수밖에 없다. 인권을 인정한다고 하여 자연 파괴까지 인정할 수는 없는 것이다.

그런 점에서 자연 파괴는 인권 신장의 부작용으로 볼 수도 있다. 근대화라는 이름으로 들어온 자본주의, 서구 민주주의가 생태계 파괴를 낳으면서 인권은 한계에 부딪친 것이다. 근대 인권사상은 인간관계에서 주체 대 주체를 만들었지만, 그것은 자연을 객체로 밀어내는 기술 세계관의 도움을 입었다. 근대 이전에는 사람이 객체였다. 자연이나 신과의 관계에서 사람은 객체였다. 그래서 자연과 신을 섬겼다. 근대는 그 도식을 거꾸로

---

55. '인권'은 사람과 사람의 사이를 중시한다. 사람은 목적이요 주체이다. 그래서 사람과 사람 사이를 주체 대 주체의 관계로 만들려는 것이 인권 사상이다. 일단 사람/인류를 주체로 세우고 그다음 한 사람 한 사람을 주체로 세워 사람과 사람의 관계를 평등하게 만들려 했다.

뒤집은 것이다. 사람은 수단에서 목적으로, 객체에서 주인으로 자리를 옮겼다. 근대/근대성modernity에서 말하는 사람은 '사람이라면 누구나' 또는 '한 사람 한 사람'을 가리킨다. 자연과 신을 객체로 밀어낸 것은 근대인이 이룩한 해방의 과정이었다.양명수,1997: 10

그렇다면 근대 기술문명을 부정할 것인가, 아니면 인정하면서 넘어갈 방법을 찾을 것인가? 크게 볼 때 나는 근대 기술 문명을 역사 발전 과정의 한 단계로 수용하면서 중도적 대안을 모색해야 한다고 본다. 근대가 이룩한 인권사상은 인류의 중요한 유산이다. 동시에 이제 자연도 주체로 세우고, 그래서 자연도 주체로 보아 사람과 자연이 주체 대 주체의 관계를 맺어야 한다. 따라서 세계관, 인간관, 자연관을 바꾸고 차차 여러 규범을 새로이 만들어야 한다. 자연을 새롭게 보고 새롭게 대해야 한다. 신과 사람의 관계, 사람과 사람의 관계도 그렇고, 사람과 자연의 관계도 마찬가지다.

이러한 측면에서 인권을 옹호하면서도 동시에 자연을 새롭게 보아야 한다. 인권은 단지 관계의 유지가 아니라 '관계 회복' 차원에서 바라볼 필요가 있다. 관계 회복은 모든 존재의 관계 회복으로 이어져야 한다.양명수, 1997: 10 근대 사회는 사람과 사람의 관계만 생각했다. 그러나 이제 사람과 사람의 관계만 가지고는 관계 회복이 어렵다는 것을 알게 되었다. 따라서 사람은 자연과 새로운 관계를 맺어야 한다. 과거의 동양에서는 인간이 자연에 순응하는 삶을 살면서 신과 마찬가지로 섬기고 중시했다. 하지만 기술문명의 발전과 함께 서서히 그들의 관계는 달라져 갔다. 인간은 환경을 조절하고 지배할 수 있다고 믿었고 자연을 함부로 다루었다. 그 결과, 자연은 인간에게 괴롭힘을 당한 만큼 인간에게 갚아 주고 있다. 환경오염이라는 한 형태로 말이다. 인간들은 스스로의 생명을 위협한 것이다.

물론 자연과 인간의 관계가 중요한 것도 사실이지만 인간 사이의 관계 역시 새로운 환경을 만든다는 점으로 보아서 중요한 의미를 갖는다. 같은 인간 사이의 갈등으로 인한 심각한 환경오염이 현재, 사회의 현실이다. 어떻게 보면 인간과 자연과의 관계 회복은 인간 사이의 관계 회복 없이는 불가능하다.[56] 그리고 인간과의 관계 회복뿐만 아니라 인간과 자연의 관계도 회복되어야 한다.

현대 사회에서는 자연을 지배하려는 인간들의 의식이 주를 이루었지만 환경의 영구한 보존을 위해서 패러다임을 바꿔어야 한다. 이런 사고방식과 태도를 '생태학적 관점'이라고 할 수 있다. 자연이 인간의 목적을 구현하는 대상이자 인간과 유기적인 연관 관계를 갖는 전체라는 관점은 자연의 인간화와 인간의 자연화를 모두 가능하게 할 것이다. 자연의 인간화와 인간의 자연화를 종합하는 것은 '생태적 노동'을 하거나 '지속가능한 발전'을 하는 것이다. 따라서 우리는 자연과 인간이 하나임을 인식해야 한다. 그리고 지배와 피지배가 아니라 동등한 위치에서 자연과 인간의 공존을 모색해야 한다. 이런 공존·공생·상생 관계를 만들어 내지 않으면, 서로의 균형이 쉽게 깨지기 쉽기에 이런 중도적 관점을 취하는 것이 가장 현실적이고 이상적이다.

지속가능한 미래를 위한 교육

지금과 같은 형태로 자본주의가 작동한다면 지속가능한 문명은 도래하지 않을 것이다. 따라서 이제는 인간의 얼굴을 가진 자본주의를 필요로

---

56. '인권'을 사람의 사람다움을 실현할 권리라고 한다면, 사람다움의 문제는 또한 사람과 사람 사이의 관계 회복의 역사라고 할 수 있다. 근대 인권의 역사는 사람과 사람 사이의 평등한 관계를 통해 관계 회복을 위한 환경을 조성했다고 할 수 있다.

한다. 자본주의는 인간과 사물의 관계를 전도시켜 인간을 소외시키고 불평등과 실업으로 사회를 붕괴시키며 무한생산과 무한경쟁으로 자연을 파괴하고 있기 때문이다. 따라서 인간만의 '소아적 공동체'가 아니라 인간과 인간, 인간과 자연이 화해하고 공존하는 근본적으로 새로운 사회모델, 즉 '대아적 공동체'를 구축하지 않으면 안 된다.

오늘날 세계는 기술적 진보의 성과에 비례한 만큼 도덕적 진보를 이루지 못했다. 거꾸로 말하면 도덕적 진보는 학문적, 기술적 진보와 보조를 맞추지는 못했다.Jonas, 1994: 274-281 원자폭탄이 가져온 피해, 살상가스의 개발 등이 그것을 단적으로 말해 준다. 오늘날 생명과 자연환경의 파괴, 지구적 위기, 생태계 위기는 통합 대신에 분열을 부추기고, 성공과 경력을 과장하고, 이론과 실무를 분리하고, 지성과 감정을 떼어 낸, 자신이 무지하다는 것을 모르는 정신의 소유자들을 세계에 풀어놓게 만들어 온 교육에서의 자승자박의 결과를 초래했다. 우리 사회 또한 여전히 개발 중심의 근대화 패러다임을 벗어나지 못하고 있다. 많은 경우 기술공학적 차원에서 증상을 처방하거나 결과 중심의 사고에 머물러 있다.

우리가 살고 있는 신자유주의의 맹주국인 미국뿐 아니라 전 세계적 차원에서 인간과 자연의 관계가 갈수록 뒤틀리고 있으며, 그리하여 마침내 인간 생존의 토대가 온통 위험에 처해지고 있다. 더욱 불안한 것은 세계 시민들의 대응이다. 코로나 국면에서 드러났듯이 세계 시민들은 바이러스라고 하는 자연현상/재난 앞에 근대적 학교의 민낯을 드러냈다. 코로나는 인간과 자연의 문제이기 이전에 인간과 인간의 문제라고 할 수 있다.

따라서 근대화가 파괴한 이전 문명으로 되돌아갈 수는 없다. 미국 클레어몬트 신학대학원 존 캅 교수는 "우리가 근대성이 대체했다고 여긴 이전의 사상과 토착 문화들로부터 배울 것이 많지만 '과거로의 회귀'는 도움이 안 된다"[57]라고 역설한다. 오히려 근대화로 인해 철저하게 변화된 세계를 물려받은 우리는 반교육적인 근대성/근대 교육으로 물든 이 세계의 모든 특징을 다시 성찰하면서 한 걸음씩 전진해야 한다. 2000년대 이후, 특히 지난 몇 년 동안 서구의 민주주의 및 근대적 학교교육은 한계를 드러내기 시작했다. 1995년 5·31 교육개혁[58]이 신자유주의적 신문명 프로젝트를 기획했다면, 이제는 생태적 신문명 프로젝트로 전환되어야 한다. 그것이 진정한 시대정신을 반영한 미래교육이다.

오늘날 지속가능성[59]의 위기는 우리가 독립적으로 해결할 수 없는 복

---

57. 존 캅 교수는 한신대 개교 80돌 기념 심포지엄(2020년 8월 15일)에서 「코로나19 이후 문명의 전환과 한국 사회」를 발표했다. 한신대는 코로나19로 국민이 절망과 두려움으로 힘들어하는 동안 일부 극우 개신교 지도자와 교인들의 반사회적 행동에 대한 반성과 회개를 촉구하고 "코로나19 한국 신학은 인간과 자연이 공존하는 '생태 신학'이어야 한다"라는 「코로나19 이후 한국 교회와 신학의 미래를 위한 선언문」을 발표했다.

58. 1995년 5·31 교육개혁의 주창자들은 이 개혁의 시대적 배경으로 변혁의 시대를 풍미했던 민주화, 세계화, 정보화 그리고 지식사회화가 서로 영향을 주고받으며 봇물처럼 진행되었다고 진단한다(안병영·하연섭, 2015). 특히 김영삼 정부는 정치적 민주화와 세계화에 역점을 두었는데, 양자는 자유, 다원성, 경쟁, 참여 등의 가치를 공유하고 있었다. 5.·1교육개혁은 신자유주의 교육개혁에서 표방하는 변화의 방향과 교육의 성격 변화에 대한 논의를 확산시켰다. 5·31 교육개혁으로 불리는 문민정부 교육개혁 방안(1995~1997)은 지난 20년간 한국 교육의 중심축이었다고 볼 수 있다. 김영삼 정부 초기의 〈신교육 구상〉과 이후 수차례 발표된 교육개혁안들의 기본적 틀은 열린 교육체제, 수요자 중심 교육, 교육의 자율성, 다양화와 특성화, 정보화라고 할 수 있다. 신자유주의 교육개혁을 비판하는 주된 이유는 인간의 다양한 활동을 자본축적의 수단으로 전환시킴으로써 교육활동 역시 이윤 획득을 위해 교환되는 상품의 생산과 소비 논리에 따르도록 한다는 점 때문이다. 그렇다면 문제는 교육개혁의 이런 방향 설정은 새로운 사회상에 적합한 교육 변화인가 하는 것이다. 문민정부 때부터 우리 사회의 변화를 주도해 온 핵심개념은 세계화, 정보화, 지식기반사회이며 교육개혁, 구조조정, 행정개혁과 같은 변화의 논리는 신자유주의이다. 이런 사회변동 속에서 교육부문 역시 신자유주의 적용에서 예외일 수 없다는 인식의 반영이 시장주의 이데올로기에 기초한 교육개혁과 교육제도의 시행으로 나타났다고 볼 수 있다. 지난 30여 년에 걸친 전 지구를 지배한 신자유주의 세계화 전략은 극심한 양극화를 초래하면서 민중들의 분노가 커져 가는 와중에 최근에는 설상가상 코로나 팬데믹으로 역-세계화 현상이 발생하면서 퇴행기를 맞고 있다.

59. sustain←sustenir=to withstand/endure=sub(from below)+tenere(to hold)

잡하고 다면적인 일련의 역동적인 문제들이라고 할 수 있다. 세계의 지속가능성 위기는 곧 정치적, 경제적, 사회적 위기이다. 따라서 이런 위기를 극복하고자 하는 지속가능한 발전 및 교육은 경제개발을 위한 '경제적 지속가능성', 생태공간을 위한 '생태적 지속가능성', 사회정의를 위한 '사회적 지속가능성', 그리고 민주주의를 위한 '정치적 지속가능성'을 서로 연동시켜 공존되어야 한다.Huckle, 2012

지속가능성을 위한 발전의 핵심 개념과 주제Huckle, 2012

생태적 지속가능성	사회적 지속가능성	경제적 지속가능성	정치적 지속가능성
생명 다양성 거주지 적재량 보존 생태적 흔적 생태학 생태 공간 생태 체계 종간 평등 자연적 사이클과 체계	인간의 기본적 필요 문화적 다양성 문화적 유산 인권 세대 간 평등 참여 평화 위기관리 사회정의	비용-이득 분석 경제개발 생태 효율성 생명 사이클 분석 자연적 자본 자연적 자원 계산 지속적 국가 경제 지속가능한 소비 지속가능한 생산 기준 (기업 이익, 환경 보전, 사회적 책임)에 의한 경영	시민권/시민성 민주주의 결정 관용 권력 존경 갈등 해결

지속가능한 미래sustainable future[60]와 관련된 환경적 이슈는 종종 복잡하다. 생태교육의 간학문적 가르침과 배움에 대한 접근은 환경 문제의 증상보다는 원인을 다루는 환경교육을 해야 한다. 즉, 환경오염 등의 문제가

---

60. '지속가능성'은 자연과 인간의 필요 그리고 열망을 유지하면서, 깨끗하고 건강한 독특한 환경이다. 이런 비전은 공기, 물, 흙 그리고 생태체계의 생명을 지원하는 능력이 보호되고, 생물학적 다양성과 장엄한 장면이 보존되고, 현재와 미래 세대의 필요를 충족시키는 지속가능한 발전을 위한 토대가 제공되고, 사람들은 그들의 필요, 특히 취업, 음식, 의복, 주거, 그리고 교육을 위한 요구를 충족시킬 수 있어야 하고, 그것은 안전하고 건강해야 하고, 재생할 수 있는 자연적 자원은 너무 빨리 소비하지 않아야 하고, 자연적 보물은 보호되어야 하고, 환경과 관련된 원주민의 문화적 자원은 마련되어야 하고, 여가와 오락의 기회는 야외에서 즐길 수 있는 사람들을 위해 제공되어야 한다.

발생했다면, 그것이 초래된 사회정치적 원인을 살펴보아야 한다. 지역사회의 상품화된 측면을 탈상품화시키고, 소비주의에 사로잡혀 갈수록 일상적 필요 충족에만 의존하는 성향도 바로잡아야 한다. '지속가능한 발전을 위한 교육'에 대한 비판적 성찰은 환경교육의 문제로부터 비롯되었다. 환경교육environmental education은 종종 시민교육citizenship education과 분리되어 나타났기 때문이다.Hayward. 2012[61] 우리 사회의 환경교육은 또한 아직 기술공학적 환경교육에 머물고 있기에 이런 민감한 주제들을 잘 처리하지 못하고 있다. 그것은 곧 '생태적 문맹ecological illiteracy' 수준에 머물고 있다는 방증이다.[62]

최근 '그린 뉴딜Green Newdeal'에 대한 정책이 많이 거론되고 있다. 최근 문재인 대통령은 '한국판 뉴딜' 종합계획안을 야심차게 발표했다. '그린 뉴딜'이 아니라 '디지털 뉴딜'이 중심이다. 그린 뉴딜이 기후 위기에 대한 기술적 처방과 일자리 창출이라는 맥락에서 기획된다면 새로운 길이 될 수 없다. 코로나 사태로 새로이 제기된 심각한 생태주의 시대정신을 반영하지 않고 있는 것이 문제이다. 한국판 뉴딜은 경기부양(투자, 일자리)에 치우쳐 있고, 기후(지구온난화) 대책, 그린벨트 정책, 4대 강의 재-자연화(보의 제거) 사업, 지역균형발전 및 농촌정책, 돌봄노동 및 미래교육 정책과는 거리가 멀다. 바이러스 발생 원인에 대한 근원적 대책은 제시하지 않기에 그렇다는 말이다.

---

61. 헤이워드는 '환경교육'과 '시민교육'의 기본 원칙을 서로 결합하는 것이 중요하다고 주장한다. 환경교육과 시민성교육의 연결을 통해 법적으로 정의된 정치 공동체의 구성원일 뿐 아니라, 국경을 넘어 확장하고 인간을 넘어 세계의 내재적 가치를 인정할 수 있는 공동체에 소속되고, 소속감을 느끼고, 참여하는 상태라는 것을 인식시키고 있다.
62. 우리의 환경교육에서 보듯 에너지 절약하기, 배터리 수집하기, 혹은 쓰레기 분류하기 수준에 머물러 있다는 말이다. 이러한 수준은 우리 사회가 아직 근대화 개발 이데올로기에 머물고 있기 때문일 것이다.

문재인 정부는 국가의 방역 정책에서 공동체주의,[63] 공화주의,[64] 세계시민주의[65] 세계관은 어느 정도 구현했지만, 코로나 사태에서 가장 중심적이어야 할 '생태주의 세계관'이 경시되고 있다. 그렇게 되면 이와 연동된 방역 효과조차 없어질 수 있다. 이러한 징후를 방지하려면 포스트 코로나

---

63. '공동체주의(communitarianism)'는 '정의(justice)'에서 '선(good)'을 고려하지 않아도 된다는 자유주의 철학에 이의를 제기했다. '권리'가 어떤 특정한 시대나 특정한 사회에서 우세한 가치나 선호도에 근거해야 한다는 사실을 함의하는 한, 오해를 불러일으키기 쉽다고 판단한다. '권리'가 중요한지 여부가 아니라, '좋은 삶'에 대한 특정한 관념을 전제로 하지 않는 방식으로 정당화될 수 있는지 여부다. 즉 개인의 요구와 공동체의 요구 가운데 어느 것이 더 큰 영향력을 지녀야 하는지 여부가 아니라, 사회의 기본구조를 다스리는 정의 원칙이 시민들이 지지하는 여러 도덕적·종교적 신념에 관해 중립을 지킬 수 있느냐가 문제인 것이다. 달리 말하면, 근본적인 문제는 '옳음(rightness)' 또는 '공정(fairness)'이 '좋음(goodness)'에 우선하느냐 하는 것이다. 이러한 생각의 바탕은 결속력이 강한 우애와 연대의 가치 그리고 공동체의 복지를 소중하게 여기는 데서 비롯된다. 공동체주의자들은 국가라는 공동의 삶에서 부당하게 제외된 같은 시민들의 시민 자격을 완전히 인정해 주는 것을 정당화한다. 공동체주의자들은 자유주의 프로그램들이 비교적 작은 형태의 연합에서 더욱 포괄적인 연합으로 정치를 바꾸어 놓는 경향이 있다는 것을 못마땅하게 여긴다. 공동체주의자들은 기업경제와 관료국가에서 발생하는 힘의 집중에 대해 우려하고, 더욱 활발한 공공생활을 지속가능하게 했던 중간 단계의 공동체들이 부식될 것을 걱정한다.

64. 코로나19 사태에도 불구하고 유독 한국에만 사재기가 없는 이유는 일차적으로 정부에 대한 신뢰나 유통 시스템의 발달을 꼽을 수 있지만, 그것을 근저에서 받쳐주고 있는 것은 공화주의적 인간관/공공적 개인관에 입각한 한국인의 공공의식일 것이다(조성환, 2020: 140). 공화주의적 전통은 자치를 특정 장소에 기반을 두고 있는 활동이자, 그 장소와 그에 깃든 공통적인 삶의 방식에 충성하는 시민들에 의해 수행되는 활동으로 여겨졌다. 오늘날의 자치는 이웃에서 국가, 전 세계에 이르기까지 다양한 환경에서 작동하는 정치를 필요로 한다. 그리고 그러한 정치가 가능해지기 위해서는 분산된 주권과 결부된 애매한 상황을 찾아낼 줄 알고, 다중적인 연고적 자아로서 생각하고 행동할 수 있는 시민들이 필요하다. 공화주의는 민주주의의 조건으로서 '공동체(community)'와 시민적 덕성으로 '정치참여(political participation)'를 중시한다. 공화주의 정치철학의 다양한 분파들은 시민적 덕성으로서의 정치참여의 본질과 특성 및 중요도에서 서로 차이가 있지만 정치참여를 시민적 덕성으로 본다는 점에서는 크게 다르지 않다. 공화주의 정치는 민주적 공동체에서 정치적 행위자들이 시민으로서 행위 속에서 전개하며 작동시키는 하나의 참된 공통감각을 발전시킨다. 우리 시대에 특히 두드러지는 시민적 덕성이란 때로는 중첩되기도 하고 때로는 서로 충돌하는 우리의 의무들 사이에서 자신의 길을 협상하는 능력이자 다중적 충성심이 불러일으키는 긴장감을 견딜 수 있는 능력이다(Sandel, 2016: 62).

시대의 새로운 사회적 협약으로서 디지털 뉴딜과 그린 뉴딜 그리고 사회적 뉴딜의 대융합을 반드시 이루어야 한다.

생태적 마을로의 재탄생

인류가 이전처럼 화석 에너지에 의존한 성장 욕구와 탐욕을 버리지 않는다면, 인간에 의한 자연 생태계의 파괴와 이로 인한 신종 바이러스의 창궐은 앞으로도 빈번하게 일어날 가능성이 크다. 이런 의미에서 코로나19는 어쩌면 이러한 일상적 대재앙의 서막에 불과한지도 모른다. 왜냐하면 코로나19 발생의 근본적 원인인 환경파괴와 기후변화의 영향 때문에 서식지habitat를 잃은 야생동물이 인간사회 가까이로 접근해 올 확률이 매우 높기 때문이다. 그 과정에서 야생동물과 인간의 접촉을 통해서 바이러스들이 인체로 건너오는 현상이 더욱 빈발할 것이기 때문이다.

그러므로 코로나19 사태가 우발적인 일이 아니라 좀 더 근본적인 생태위기의 한 증후에 불과하다는 점을 유념해야 한다. 과도한 산업문명의 발전이 서식지의 깊이와 넓이를 무한히 팽창해 나가면서 생겨난 생태적 위기는 빙하 소멸, 빈번한 산불, 홍수, 기근, 기후위기 등 무수히 다양한 모습으로 나타나고 있다. 그래서 설령 코로나19 치료약과 백신이 조속히 나

---

65. '세계시민교육(global citizenship education)'은 우리가 살아가는 글로벌한 생활세계에서 필수 불가결한 교육으로서 국민국가 내부의 '시민' 테두리에 갇히는 것이 아니라, 국경을 넘어서 평화와 도덕적 가치를 실현하고 '세계시민'으로서 지구공동체의 협력과 공공선을 추구하는 교육을 지향하고 있다. 세계시민교육은 국민국가의 경계를 넘어 다양성, 상호 의존, 지속가능한 개발, 사회정의, 갈등 해결, 평화와 인권의 가치로 나아가는 교육을 중시한다. 위험의 세계화에 적극 대응할 수 있는 국제적 거버넌스를 강화해야 한다. 글로벌 위험사회에 공동으로 맞서는 '세계시민주의(cosmopolitanism)'의 상상력과 실천은 21세기 미래에서 더없이 중대한 과제다. 세계시민교육은 국가의 경계선을 넘어서는 글로벌 공동체의 시민으로 기르기 위해 평화, 인권, 민주주의 교육을 포함시키고 있다. 생태적 안보는 일국주의를 넘어선 글로벌 평화와 연대의식을 강화하는 세계시민주의와 함께하지 않으면 안 된다.

온다고 해도, 그와 비슷한 혹은 능가하는 예측 불능의 재앙은 계속 생겨날 수밖에 없다. 그러므로 끊임없이 출현할 신종 병원체들 때문에 하루도 편할 날이 없는, 항구적인 비상 상황에서 살아가지 않을 수 없다.

사실 코로나가 발생한 원인을 들여다보면 인간과 자연의 문제이기 이전에 인간과 인간의 문제임을 알 수 있다. 그렇다고 흑사병 시대나 산업주의 시대로 돌아갈 수도 없다.[66] 따라서 근대화로 인해 철저하게 변화된 세계를 물려받은 우리는 이런 근대성으로 물든 이 세계의 모든 특징을 다시 검토하면서 한 걸음씩 전진해야 한다. 인간이 자연과 분리되고 자연을 착취하던 근대성과 달리 통전적 생태holistic ecology는 인간을 자연에 온전히 포함된 존재로 이해하는 것으로서 새로운 문명의 기초가 되는 것이다. 그러므로 문명적 전환의 길목에 위치한 우리는 코로나 이후의 문명적 변화를 겪고 있는 세계에서 탈인간중심주의, 지구의 생물과 무생물, 그리고 우주를 모두 하나로 보는 생태주의ecologicalism/ecology에 관심을 갖지 않을 수 없다.

환경을 진지하게 고려한다는 것은 우리의 정치와 시민 생활이 우리가 사는 장소에 어떻게 들어맞는지를 재고한다는 의미다. 태어나고 자란 지역의 특성이 여러모로 우리의 인격 형성에 중요한 영향을 미치므로 우리는 어쩔 수 없는 '장소 중심적 존재'다. 장소 중심의 정치를 재건하는 일은 지역공동체에 뿌리를 둔 시민권 개념을 부활시키라고 요구할 것이다. 존 듀이가 간파했듯이, "민주주의는 고향에서 시작해야 하며, 민주주의의 고향은 동네 공동체다".Orr, 2009 사람들에게 자기 장소를 찾아 뿌리를 내리는 능력을 갖추어 주기 위해 할 수 있는 일이 많다. 현재 지평선에 어른

---

66. 근대성이 대체했다고 여긴 이전의 사상과 토착 문화들로부터 배울 것이 많지만, '과거로의 회귀'는 문제해결에 전혀 도움이 안 된다.

거리는 생태적, 기후적, 사회적 추세의 예상 효과로 인해 우리는 도시와 교외로 모여드는 일을 더는 안전하고 사려 깊게 계속할 수 없다. 그리고 우리는 현재 상태의 시골 지역으로 대규모로 돌아갈 수도 없다. 따라서 지속가능한 시골 공동체를 건설하고, 그 일을 수행할 국민적 합의를 이끌어 내는 전국적 운동을 벌여야 한다. 특정 장소의 생태와 함께 일해야 하며, 장기적으로 땅과 자원을 보전해야 하며, 그것들에 영향을 받은 사람들이 이해하고 감당할 수 있어야 하며, 민주주의와 참여를 장려해야 한다.

생태민주주의의 요청과 국가의 생태민주적 전환

생태민주주의ecological democracy는 민주주의의 강점을 적극적으로 살리면서 이를 생태적으로 변형하고 재구성해서 약한 사람들과 비인간 존재가 함께 잘 사는 세상을 만드는 정치적 과정과 체제를 의미한다.구도완, 2020: 90 사회경제적 약자와 미래 세대는 물론이고, 비인간 존재의 내재적 가치를 인정하고, 이들이나 이들의 대리인 혹은 후견인들이 이들의 권리와 복지를 실현하기 위해 소통하고 숙의하고 행동하는 정치라고 정의할 수 있다.구도완, 2018: 99 민주주의는 생태주의 문명 건설에 매우 중요하다. 생태민주주의[67]의 건설은 산업주의 문명이 자행한 근대적 병폐, 즉 과대성장을 극복하고 저지하기 위한 민주주의의 갱생을 시도한다.Morrison, 2005: 205-206[68] '민주주의'는 단순히 경제를 다루는 방식이 될 수 없으며, '생태주의' 또한 단순히 해야 할 행동을 안내하는 방식일 수밖에 없다. '생태민주주의'는 인간이 만든 하나의 정치 형태인 민주주의가 갖는 문제를 고

---

67. '생태민주주의'는 개인의 자율성이 자유롭게 실현되는 것을 지지하는 민주주의와 개인 간의 상호작용을 드높여 건전한 공동체를 이룩하려는 생태주의가 의미 있게 복합된 체제라고 할 수 있다.

처서 자연과 인간이 함께 잘 사는 세상을 만들기 위한 생각이고 실천이다.구도완, 2018: 195 따라서 생태민주주의는 자유의 실현과 공동체의 건설을 추구하는 데 필수적인 민주적이고 생태주의적인 가치들에 초점을 맞춤으로써 목표를 달성할 수 있다. 현재의 산업주의 체제를 생태민주주의 체제로 전환하기 위해서는 연합, 협동, 연대의 개념을 기본적 토대로 삼아야 한다.Morrison, 2005: 206-244

생태민주주의자들은 평등, 생태적 지속가능성, 생명, 협동, 숙의, 자치와 같은 가치를 지향한다. 평등, 생태적 지속가능성, 생명이 생태민주주의의 주체와 가치 지향과 관련된 것이라면, 협동, 숙의, 자치는 생태민주주의를 실현하는 정치경제적 과정 및 제도와 관련된 것이다.구도완, 2018: 105 따라서 이를 구현할 수 있는 국가의 생태민주적 전환을 위한 국가, 즉 '생태민주주의 국가'를 필요로 한다. 국가는 밝은 면과 어두운 면을 모두 가지고 있다. 국가는 생태민주주의의 도구가 되기에는 억압적 성격이 너무 크고, 그것을 해체하기에는 공공적public and common 역할이 너무 크다.구도완, 2018: 167 공동의 삶을 조직하고 공동의 자원을 관리하기 위해서는 국가를 하루아침에 해체할 수는 없다. 우리는 국가를 생태민주적으로 전환하여 억압적·권위적 특성을 없애면서 정치 공동체의 충실한 일꾼으로 만들어 가야 한다.

생태민주주의 국가는 국가, 개인, 공동체가 함께 참여하고 발전하면서

---

68. '생태민주주의'는 정치사회적인 측면을 경제적인 측면과 의식적으로 융합시킨다. 생태민주주의를 설명하기 위해서는 생태주의와 민주주의라는 두 개의 강력한 이념에 대한 고찰이 중요하다. 생태주의와 민주주의 각각은 정치, 경제, 사회, 환경 등의 모든 문제를 완전히 해결해 줄 수 없다. 그보다 생태주의와 민주주의가 잘 조합된 생태민주주의야말로 사회구성원의 다양한 의견을 창조적이고 건설적으로 수렴하여 정치, 경제, 사회, 환경 등의 문제를 잘 해결해 나가는 데 기여할 수 있다(Morrison, 2005: 52-54).

공업/산업 패러다임을 넘어서서 유연하고 종합적으로 문제를 해결하는 유능한 국가라고 할 수 있다. 우리는 부드러우면서 강한 국가를 통해 생태위기를 해결하면서 불평등 문제를 개선하며 개인과 공동체의 자유를 보장하는 모델을 발전시킬 필요가 있다. 생태민주국가 또는 녹색국가는 생태적 지속가능성을 우선으로 하면서 불평등을 최소화하고 개인과 공동체의 자유를 높이기 위해 억압적 권력과 폭력을 최소화하면서 '공동의 것commons'을 늘려 나가는 민중들의 자치체라고 할 수 있다.구도완, 2018: 173

생태적이고 민주적인 세상을 만들 수 있는 생태민주적 전환 비전은 다음과 같다.구도완, 2018: 176-185

- 경제의 전환이 필요하다. 경제 시스템을 산업자본주의 중심에서 지속가능한 생태경제로 전환해야 한다.
- 생산의 전환을 해야 한다. 생산 부문에서 자원을 덜 쓰고 폐기물과 오염을 줄이며 효율을 높이는 정책이 필요하다.
- 환경을 파괴하고 자원을 낭비하는 산업에서 자연을 덜 파괴하며 모든 이들의 삶의 질을 높이는 방향으로 산업구조를 전환해야 한다.
- 노동의 전환이 필요하다. 노동시간을 줄이고, 교육, 돌봄 등 자원을 덜 쓰면서 행복을 높이는 일자리를 만들고 일과 생활의 균형을 이루는 경제사회 정책으로 전환해야 한다. 모두를 위한 일과 여가가 필요하다.
- 소유의 전환이 필요하다. 자연환경은 지구상 모든 생명이 살아가는 터전이므로 국가와 유엔은 이를 공적 자산으로 수탁하여 관리할 책무가 있다. 모든 것이 개인, 기업, 시장에 맡겨져 있는 상황에서 자연을 다시 함께 지키고 관리하는 공동화commoning를 위한 노력이 필

요하다.

- 기술의 전환이 필요하다. 오늘의 풍요는 과학과 기술의 발전에 크게 의존하고 있다. 과학기술은 우리에게 풍요를 안겨 주었지만, 불평등과 환경파괴도 가져다주었다. 따라서 환경이 생명을 파괴하고 생명을 도구화하는 과학기술을 통제하고 에너지와 자원을 덜 쓰면서 폐기물과 온실가스를 덜 배출하며 그 혜택이 모든 이들에게 돌아가는 환경 친화적 기술을 개발하고 이를 사회가 통제해야 한다.
- 소비의 전환이 필요하다. 오늘날 한편에서는 너무 많이 소비하고 다른 한편에서는 너무 적게 소비한다. 개인이나 공동체가 지속가능한 소비를 위해 실천하는 것은 매우 중요하고 필요한 일이다.
- 시민사회의 전환이 필요하다. 시민은 사적이면서 공적인 정치적 주체들의 집합이라고 정의할 수 있다. 시민사회는 사적 이익의 결사체를 넘어 생태적 한계 안에서 자기성찰적인 능력을 키우고 이를 제도로 전환시키는 힘을 키워야 한다. 시민사회는 권리의 주체이면서 동시에 성찰의 주체로서 자치의 힘을 키워 나가는 것이 필요하다.
- 국가권력을 생태민주적으로 전환해야 한다. 시장의 힘이 커질수록 국가의 공적 책무는 더 무거워진다. 이제 국가는 시민들의 참여 속에서 불평등을 줄여 나가며, 기후변화 대응, 생물종 다양성 등을 위해 호혜적 교류와 협력을 확대하는 생태민주국가로 전환해야 한다.
- 한국은 남북한과 동아시아의 지속가능한 발전과 영구평화를 정착시키는 생태민주적 코즈모폴리턴cosmopolitan 평화국가로 전환해야 한다. 남북 상호 협력을 통해 신뢰를 확장하고, 이를 바탕으로 남북한이 함께 협력·발전하는 '한반도 지속가능발전' 모델을 만들어야 한다.

코로나로 인해 환경이 이례적으로 깨끗해졌다는 '코로나의 역설'을 계기로 자연환경의 소중함을 깨닫게 된다.[69] 자연환경은 우리를 만들고, 우리 또한 자연환경을 만든다. 우리가 도시와 마을을 만들 듯, 새로운 환경은 우리를 만들고 우리 또한 그것을 계속 변형시킨다. 최재천 교수는 바이러스와 친하게 지내야 한다면서 공생적 인간Homo symbious의 탄생을 촉구한다.[70] 그렇다면 이제 근본적으로 나라 정책이 '국가안보national security'에서 '인간안보human security' 개념으로, 나아가 '생태안보ecological security' 개념으로 변화하지 않으면 안 된다. 코로나 시대의 녹색국가는 '생태적 시민성ecological citizenship'을 필요로 한다. 교육적 인간상으로서 생태적 시민을 요청하고 있다. 생태적 시민성은 생태적 인식틀로 세상을 이해하려는 새로운 시민성으로서 정의와 배려라는 덕성을 동기로 하고, 시공간의 경계를 넘어 다른 존재에 대해 책임 있는 공적·사적 삶을 하려

---

69. 우리의 현실에서 목격하듯 여전히 구체적 삶의 조건에서 발생하는 환경 이슈들(4대강 사업, 원자력/핵 개발, 골프장 사업, 도시 개발 등)은 복잡한 가치가 맞물려 있는 엄청난 논란을 일으키는 민감한 주제들이다. 원자력의 대안적 에너지인 친환경 에너지는 태양광, 풍력, 수력, 지열 등 지역의 자연자원을 이용해 에너지 자립을 이룬 곳이 유럽 등에는 많이 있다.

70. 생태학자 최재천 교수는 기술적 전환과 정보의 전환도 필요하지만, 생존이 걸려 있는 마당에 다른 어떤 전환도 무의미할 수밖에 없으며, 그래서 호모 사피엔스(Homo sapiens), 즉 현명한 인간이라는 자화자찬을 접고 다른 생명과 공생하겠다는 뜻의 '호모 심비우스(Homo symbious)'로 거듭나야 한다고 주장한다. 생태학자들은 그동안 자연환경을 훼손하지 않고 보전하는 것이 궁극적으로 더 이득이라고 줄기차게 부르짖었다. 환경경제학이라는 분야까지 만들어 기후변화와 생물 다양성 고갈이 불러올 경제 손실을 금액으로 환산해 꺼내 놓았건만 아무 소용이 없었다. 그러나 이 모든 상황이 지금 눈에 보이지도 않는 바이러스로 인해 근본부터 뒤집히고 있다. 몇 년마다 한 번씩 불어닥치는 대재앙에 휘둘릴 수는 없기에 이제 기업도 환경 친화적(environment-friendly)이라는 소극적 변명으로는 부족하다. 생태를 경제활동의 중심에 두는 생태 중심적(eco-centered) 기업으로 거듭나야 한다. '생태적 전환'만이 살길이다. 최 교수는 자연 훼손을 막는 '생태백신'과 마스크·사회적 거리 두기 등의 '행동백신' 없이는 어떤 방역체계와 화학백신도 바이러스 대유행 재발을 근본적으로 막을 수 없다고 주장한다.

는 자질이다. 분절적/분과적 환경교육[71]이 아니라 지속가능한 세상을 위한 교육, 그리고 생태민주주의에 입각한 '생태적 세계시민주의ecological cosmopolitanism'[72]를 요청한다고 할 수 있다.Noddings, 2016: 221-250

코로나의 창궐과 생태적 교육학의 요청

오늘날 고도로 편리해진 문명화된 근대 사회는 중세의 신본주의 일원론에서 인간의 이성을 분리해 내는 데서 출발했다. 유기체적 세계관에 입각한 고대와 중세의 철학은 자연을 하나의 생명체로 파악하면서 모든 생명이 거미줄처럼 서로 연결되어 있다고 믿었다. 그것이 신이 관장하는 신성한 세계이며 인간이 감히 어쩌할 수 없는 대상이었다.

그러나 근대에 들어서면서 인간은 세계를 신 중심의 일원론으로 파악하던 데서 벗어나 이성을 통해 세계의 지배자로 나서기 시작했다. 중세의 신 중심적 세계관은 근대에 들어와 계몽주의적 인본주의사상의 영향을 받아 이성 중심으로 전환되었다. 자연과학의 발달로 중세와 선을 그은 근대는 기계적 세계관을 갖게 된다. 기계적 세계관 속에서 자연은 신이 정해 준 법칙에 따라 스스로 움직이는 기계이기 때문에 그 작동하는 방법을 알게 되면 필요에 따라 얼마든지 분리하거나 조립하며 변형시킬 수 있는 대상이 된다. 이성에 대한 신봉은 관찰 가능한 객관적 사실에 근거를 둔 과학적 연구방법론의 기반 속에서 그 외의 것들을 미신, 혹은 불합리

---

71. "우리는 기후변화를 과학적 현상으로 배울 뿐 사회적으로 그게 어떤 의미이고 앞으로 어떻게 나아가야 하는지에 대해선 배우지 않는다. 온실가스 감축계획, 재생 에너지로의 전환 같은 정책이 뒷받침되지 않으면 개인적 실천은 의미가 없다"(2019 유엔 청년기후정상회의 한국청년대표).

72. 21세기의 새로운 패러다임으로서 '생태적 시민교육'은 국가적 애국심이라는 전통적 생각을 고수하려는 사람들의 분노를 자극하지 않으면서 세계적 시민성을 논의하는 '생태적 애국심'을 중시한다.

한 것으로 치부하는 경향을 형성하게 된다.

근대 사회는 중세 시대의 봉건적이고 억압적인 상황 전체를 비판하고, 개인의 행복을 담보할 수 있는 합리적 사회의 실현을 지향했다. 이에 따라 교육도 미성숙한 인간의 이성을 일깨워 새로운 시대 발전의 주역을 만드는 일을 가장 중요한 과제로 삼았다. 이때 등장한 교육 목적이 '자아실현self-actualization'[73]이었다. 그런데 인간 중심 교육관은 지나치게 학습자 개인의 내적 힘과 능력에 집중하고 있어 그 개인의 생태적이고 사회적인 삶의 맥락을 도외시하는 면이 있다. 자아실현이라는 개인의 능력과 힘을 최대로 키워야 한다는 교육 본래의 입장은 각 개인이 성취할 수 있는 성적 및 능력[74]을 최상으로 끌어올려야 한다는 것으로 전도되었다. 당연히 학생의 삶에서의 생태적 연관성에는 무관심할 수밖에 없다.

근대 교육modern education은 근대 시민사회를 가능하게 한 인간 중심 사상에 토대를 두고 있는데, 생태적 세계관[75]은 자아실현에 중심을 둔 근대적 교육학의 인간 중심 철학에 대해 비판적 시각을 보인다. 오늘날 발생

---

73. '자아실현'은 개인의 힘과 능력을 최대한 계발·발전시켜 새로운 인간적 시대를 담보하려는 근대철학자들의 요청이었다. 이것은 근/현대 교육학 성립의 토대가 되어 지금도 여전히 학습자의 자아실현을 이끌어 더 나은 시민사회를 건설한다는 교육관으로 지속되고 있다.

74. '능력(merit)'은 개인이 갖고 있는 특징이지만, '능력주의(meritocracy)'는 사회가 갖고 있는 특징이다. '능력주의'란 개인의 노력과 능력에 비례해 보상을 해 주는 사회 시스템을 뜻한다. 사회적으로 생산적이고 합리적이며 유익한 이유들로 인해 학교와 일의 관계가 형성되었다고 상정한다. 또한 사회경제적 성공은 특권 계급, 성별, 인종 등 선천적 요인보다는 성공을 누릴 만큼 노력한 사람들에게 주어진다고 주장한다. 그동안 능력주의는 이상적인 시스템으로 여겨졌으며 사람들은 능력주의를 숭배하기까지 했다. 그 누구에게도 차별적 특혜를 주지 않으며, 모두에게 공평한 기회를 제공하며, 타고난 계층 배경이나 부모의 사회경제적 지위와 상관없이 오로지 개인의 능력에 따라 보상을 제공한다는 논리는 수많은 사람들을 현혹시켰다.

75. '생태주의적 세계관'은 형평과 정의, 평화와 협력, 보편적 책임, 건강과 회복탄력성, 한 도에 대한 존중, 자연과 연계, 세방적(世方的/glocal=global+local), 상호연계성 등이다 (Nolet, 2016: 71-79).

하고 있는 심각한 환경·생태 문제를 해결하기 위하여 무엇보다도 생명을 대하는 태도 변화가 우선되어야 한다. 하지만 인간 중심적 사고의 뿌리가 너무도 깊기 때문에 그 해결책을 모색하는 것이 결코 쉽지 않은 것이 현실이다. 인간 우월적 인간 중심주의를 바탕으로 한 생명에 대한 이해는 심각한 오류를 발생시키고 생명의 관계에 많은 문제를 유발해 왔다.Taylor, 2020[76] 그래서 생태주의 교육은 근대 교육제도에 대한 비판을 통해 교육에 대한 새로운 인식을 제시한다. 근대적 교육학은 기본적으로 인간과 자연을 이분법적으로 분리하고, 인간과 자연의 상생 관계를 인식하지 못하게 한다고 보고, 자연과 인간이 공존할 수 있는 생명 중심적 평등론을 통해 관계에 대한 민감성을 확보할 수 있는 교육으로 발상의 전환이 이루어져야 할 것을 제창한다.고병헌 외, 2009: 219 자본 중심의 교육을 지양하고 생태교육으로의 전환을 요청하고 있다.

생태교육은 근대 교육이 학습자로 하여금 생태적 삶의 중요성을 깨닫지 못하게 한다고 본다. 인간 중심 교육철학의 한계는 근대철학의 한계에

---

76. 테일러는 『자연에 대한 존중』(2020)에서 철저히 인간의 관점, 즉 인간의 선을 판단의 기준으로 보기 때문에 인간이 우월하다고 보는 것이라고 주장한다. 생명이 창조되었다는 고정된 틀을 깬 진화론의 발표는 생명의 이해에 큰 공헌을 했지만, 다윈의 진화론은 진화에 개체들 간의 경쟁을 강조함으로써 사람들로 하여 생명들 간의 관계를 경쟁 위주로 오해하도록 만들었다. 우리는 경쟁하는 생명관에 익숙하지만 실제로 생명은 때로 경쟁하지만 더 많은 경우 협력한다. 그것은 상호 이익을 위해서 친밀하게 함께 살아가는 것이 따로따로 생존하는 것보다 더 효과적인 경쟁자가 되기 때문이다. 인간 우월주의의 역사는 깊고도 고질적이다. 서양을 비롯한 대다수의 문명은 인간을 가장 고등한 존재로 생각하며 다른 생명체는 하등한 존재로 취급해 왔다. 이는 그리스의 고전 인본주의를 시작으로 하여 전통적 기독교 유일신 사상, 그리고 정신이 없는 동물은 자동 기계에 불과하다는 데카르트에 이르기까지 일관되게 이어져 왔다. 따라서 우리는 '인간에게는 다른 생명체에게 없는 특정 능력이 있다'는 이유로 인간을 우월한 존재로 구분하는 데에 익숙하다. 이에 테일러는 그 능력이 우리가 그들보다 우월한 표시로 간주되는 이유가 무엇이냐고 반문한다. 덧붙여 다른 생명체에게는 인간에게 없는 저마다의 능력이 있다고 말한다.

서 비롯된다. 근대적 학교체제는 산업화의 성과를 거두었으나 그것의 최종적 귀결은 위험한 결과를 초래했다. 맹목적인 개발로 생태계의 파괴를 가져왔으며, 생태계 파괴는 다시 순환되어 인간의 삶을 위협하는 형태로 되돌아오고 있다.

신자유주의적 역사가 거의 30년 만에 사양길에 들어서는 와중에 설상가상으로 코로나 팬데믹의 발생은 코로나바이러스의 퇴치를 어렵게 하고 있다. 신자유주의적 세계화의 과잉화는 곧 자연환경을 무한 파괴함으로써 코로나 바이러스를 창궐하게 했기 때문이다. 따라서 이제 코로나 바이러스의 퇴치는 자연과의 공존으로 풀어야 한다. 아니 바이러스 퇴치가 아니라 바이러스와 함께 더불어 살아가야 한다. 이러한 사고의 전환은 산업사회로부터 생태사회로의 거대한 전환으로 풀어야 함을 말해 준다. 이것은 문명의 거대한 전환, 즉 생태적 문명으로의 전환, 그리고 이를 위한 생태적 교육학의 탄생과 확산을 통해 해결해야 한다. 그것만이 유일한 해결책이다.

그래서 새로이 부상되고 있는 생태주의[77] 관점을 취하는 '생태교육학 ecological pedagogy'은 인간과 인간, 인간과 자연의 상생적 관계를 새롭게 인식하고 자연을 존중하는 교육 실천에 관심을 두고 있다.노상우, 2015: 179-190

---

77. '생태주의'는 그 자체가 이미 다양한 스펙트럼을 지닌 사상이므로 어느 하나로 정리하는 것에는 무리가 따르지만, 생태교육과 관련된 담론들이 공통적으로 담고 있는 것은 모두 새로운 교육이 필요함을 인식하고 있다는 사실이다. 여기서 새로운 교육이라 함은 기존의 교육 패러다임을 전환하는 차원을 뜻한다. 생태주의는 미시적, 근시적, 단편적, 분석적인 근대의 인식론을 거시적, 원시적, 총체적, 통합적으로 전환할 것을 주장한다. 과학적이고 객관적인 것으로 믿어져 온 근대의 지식들이 사실상 권력 관계 속에서 만들어진 것이라는 비판 속에서 지식을 관계 중심적으로 재구성해야 한다는 필요성과 맞닿아 있다.

산업주의보다 생태민주주의를 중시하는 '생태교육학'은 인간과 자연의 유기적 관계를 인정하면서도 교육의 대상인 인간의 이성적 행위 자체를 무시한다면, 그것은 상생을 위한 구체적이고 실천적인 교육관을 성립시키지 못할 것이다.노상우, 2015: 295-300 생태학적 담론은 지금까지의 개인주의적 교육관이 낳은 경쟁적인 인간의 생각과 감정, 가치와 태도를 문제삼는다. 생태적 세계관은 신자유주의 교육개혁 이념에 관한 근본적인 문제제기, 즉 학생이라는 인간교육적 담론에 바탕을 두고 경쟁력과 수월성 확보를 위한 경쟁이라는 방법의 문제와 한계를 제기한다. 생태적 교육개혁은 과학기술의 확대 재생산에 집중하는 교육현실에서 과학적 지식과 도덕심 그리고 자연에 책임을 지는 생태교육학의 성격을 강화하는 방안을 마련한다. 현대 사회의 주류 가치에 비판적으로 접근하면서 공존과 평화의 길을 모색할 수 있어야 하며, 이것이 단순히 교실 내에서의 지식으로 학습되는 것이 아니라, 실천적 학문으로서 행동의 변화를 이끌어 낼 수 있는 의미와 과정을 조직하는 것이 생태주의 교육이 수행해야 할 핵심적인 과제이다. 한마디로 생태주의 교육은 그 자체로 하나의 '프락시스praxis'[78]여야 한다.고병헌 외, 2009: 222

생태교육학은 자아실현을 인간이 자연과 상호작용을 통해서 자아를 이해하게 되는 과정으로 본다. 큰 자아인 '생태적 자아실현'을 목적으로 하는 생태교육학은 환경 전략으로서 지속가능성sustainability을 목표로 설정하고 있다.[79] 굶주리고 있는 아이, 즉 아이가 굶주리도록 내버려 둔다는 것은 인간에게 부여할 수 있는 모든 책임들 중에서도 가장 원초적이

---

78. '프락시스'는 이론과 실천이 하나로 녹아 있는 상태를 말한다. 이론과 실천이 조화를 이룬 상태가 아닌 애초부터 그 구분이 불가능한 상태를 말한다. 현대 사회에서는 이론을 연구하는 사람은 실천 현장에 대해서 무지하고, 또 실천 현장에 있는 사람은 이론의 부족함을 느낀다.

고 가장 근본적인 책임을 회피하는 일이 된다.Jonas, 1994: 232-233 그러므로 국가는 자국 내에 있는 어린 아이들에 대해서는 국민(아이들)의 복지에 대한 일반적 책임과는 다른 특별한 책임을 져야 한다. 태어나는 모든 아이들과 함께 소멸성에 직면하여 있는 인류는 다시 새롭게 시작하며, 그런 의미에서 인류의 존속에 대한 책임과 연관되어 있다.

근대의 끝자락에 와서 우리는 생태적 원리에 기반을 둔 삶만이 지속가능하다는 것을 깨닫게 되었다. 농업혁명, 산업혁명에 비견하는 거대한 전환, 즉 근대적 기술문명에서 생태 문명[80]으로의 전환이 있어야 한다는 것을 말이다. 이와 같은 '생태적 전환ecological turn'[81]은 생태사회로 전환하고자 하는 교육혁명이다. 생태적 전환은 '통전적 생태계通全的 生態界, holistic eco-system'[82]의 유지를 통해 이룩된다. 기후 및 생태 위기는 민주주의의 위기이고, 민주주의의 위기는 정치공동체의 위기이므로 이 위기를 사회구조적인 문제로 인식하고, 자연의 변화로 발생하는 사회적 결과물에 대해

79. http://efs.tki.org.nz/Curriculum-resources-and-tools/Environmental-Education
   -Guidelines/Introduction
80. '생태문명'은 자연생태계와 인간사회의 조화로운 유지를 가능케 해 주는 다양한 삶의 방식에 기초한다. 이 문명은 두 가지의 기본 속성을 지니고 있는데, 첫째 속성은 역동적이고 지속가능한 균형성에 입각하여 인간의 삶을 바라본다. 인간은 자연 속에 존재하는 소-자연으로서 자연과 대립·투쟁하지 않는다. 둘째의 속성은 인간 삶의 근본적 변화를 전제로 한다. 인간 삶이 근본적으로 변화해서 생태문명이 성립되는지의 여부는 인간의 능력에 달려 있다(Morrison, 2005: 38).
81. 사회학자들은 우리 사회의 변화를 종종 '전환(turn)' 개념으로 설명한다. 20세기 초 철학을 비롯한 여러 인문학 분야에 '언어적 전환(linguistic turn)'의 바람이 불었다. 언어와 언어를 사용하는 사람들의 관계가 세계를 이해하는 관건이라고 믿었다. 1970년대에는 문화가 모든 것의 핵심이라는 인식에 기반을 둔 '문화적 전환(cultural turn)'이 일었다. 밀레니엄 시대를 맞이하여 새 천 년에 인간에게 가장 필요한 전환은 '생태적 전환(ecological turn)'이라고 주장한다. '생태적 전환'이 좋은 세상, 좋은 삶을 구현하는 것임을 잘 이해하고, 지금, 여기서 구체화할 수 있는 역량을 가진 두터운 시민층을 형성하지 않는다면, 그 전환은 거대한 기만이나 다름없다. 이렇게 볼 때 생태적 전환은 우리가 만든 세상에 대한 반성과 우리가 생각하는 좋은 세상과 좋은 삶에 대한 구체적 상상으로 기획하는 혁명이라고 할 수 있다.

정의로운 대응 전략과 체계를 마련해야 한다. 기후 위기와 코로나 재난 사태를 전면화하여 생태적 전환이 가능한 교두보를 설정해야 한다. 문명적 전환의 길목에 위치한 우리는 코로나 이후의 문명적 변화를 겪고 있는 세계에서 탈인간중심주의, 지구의 생물과 무생물, 그리고 우주를 모두 하나로 보는 생태주의ecologicalism/ecology에 관심을 가져야 한다. '생태주의 사회'는 '지속가능한' 사회이다. 이러한 사회는 인간사회와 자연생태계를 보호·유지하는 것에 입각해서 성장·변화·발전을 도모한다.

지그문트 바우만이 예견하듯 코로나 사태를 계기로 고체적 근대성solid modernity을 넘어 '액체적 근대성liquid mdernity'[83]으로 나아가는 거대한 전환점이 되어야 한다. 고체적 근대 교육은 '액체적 근대 교육'으로 발전되어야 한다. 탐욕이라는 기존의 주춧돌을 과감히 빼 버려야 비로소 새로운 집을 지을 수 있다. 교실과 학교 건물 안에 틀어박힌 교육에서 벗어나는 '생태교육'을 해야 한다. 국가의 목표는 '생태적 소양ecological literacy'을 기르는 것에 중심을 두어야 한다.Orr, 2009 생태교육은 단지 생물학에 관한 것만이 아니다. 생태교육은 생명 피폐의 더 깊은 원인에 관한 것이기도 하며, 그 원인들은 이런저런 식으로 정치적 행동, 기관, 철학과 관련이 있다. 생태교육은 교과과정에 담긴 교육의 내용과 과정, 교육기관이 일하

---

82. '통전적 생태계'를 연구하는 '통전적 생태학(holistic ecology)'은 인간과 자연이 하나로 통합된다고 본다. 인간이 자연과 분리되고 자연을 착취하던 근대성과 달리 '통전적 생태'는 인간을 자연에 온전히 포함된 존재로 이해하는 것으로 새로운 문명의 기초이다. 통전적 생태 유지를 위해 새로운 문명의 기대가 세계 곳곳에서 나타나고 있다.
83. 바우만은 『액체 근대』에서 안정적이고 견고한 '고체'와 달리 끊임없이 변화하는 성질을 가진 '액체' 개념에 기초하여, 우리가 어떻게 '무겁고', '고체적이고', '예측/통제가 가능한' 근대에서 '가볍고', '액체적이고', '불안정성이 지배하는' 근대로 이동해 왔는지 탐구한다. 지금 여기 '액체 근대' 세계에서는 정말로 모든 것이 녹아 사라지고 아무것도 남아 있지 않게 된다. '액체 근대'의 도래는 인간 조건(해방, 개인성, 시/공간, 일, 공동체)의 모든 측면에 심오한 변화를 불러왔다. 그 변화는 인간 조건을 해명해 주던 낡은 개념들을 재고하도록 요청하고 있다.

는 방식, 교육이 이루어지는 건축물, 무엇보다도 가장 중요한 학습의 목적을 바꾸는 것을 말한다. 우리가 세계에 대해 저지른 잘못된 짓의 상당수가 인간의 지배라는 미명 아래 우리를 생명과 멀어지게 하고, 통합 대신 분열을 부추기고, 성공과 경력을 과장하고, 지성과 감정을 떼어내고 이론과 실무를 분리하고, 자신이 무지하다는 것을 모르는 정신의 소유자들을 세계에 풀어놓게 만들어 온 교육의 결과임을 인정해야 한다.

'환경교육'[84]과 대조되는 '생태교육학'[85]은 첫째, 외부 자연환경과의 직접 접촉은 어떤 식이든지 개인의 인격 형성에 영향을 미친다. 둘째, 자연환경은 그 자체로 존중되어야 하고, 비도구적으로, 미학적/도덕적으로 애호되고 또한 반응해야 한다.Carr, 2004[86] 이것은 대아적 관심[87]이 인간의 의식적 삶 속으로 되돌아오게 해 주고, 또 의식적 삶 자체가 보다 넓은 도덕적/영

---

84. 박이문은 '환경'과 '생태계'라는 용어가 가진 인식론적 차이를 제기하면서 자연에 대한 패러다임 변화를 요청한다. '환경'은 인간 중심적인 개념으로서 인간을 원의 구심에 놓고, 환경을 인간을 둘러싼 원심으로 파악한다. 그러므로 인간과 환경의 이원론적 형이상학 속에서 인간과 환경의 각각은 파편화되어 원자적이고 단편적으로 파악된다. 반면 '생태계'라는 용어는 관계의 개념에 집중하면서 인간을 포함한 모든 종이 서로 끊을 수 없는 고리로 연결되어 있다는 일원론적 형이상학을 통해 생명의 상호의존성을 강조한다. '생태계(eco-system)'는 생물과 무생물적인 환경으로 구성된 생태학적 단위로, 이 단위에 담긴 생물과 환경 간의 긴밀한 관계와 연결성이라는 의미를 빌려 쓴 것이다. 기후 위기, 생물다양성 파괴 등 다양한 환경 문제를 이야기할 때에 생태계가 자주 등장한다. 이제 생태계 개념은 인간 자신의 안위와 번영을 위한 활용되어야 할 사고체제일 뿐 아니라, 나아가 인류가 직면한 현실적 문제를 해결해 나가는 열쇠로 발전해 나가야 한다.
85. '생태교육학'은 '지속가능발전교육'의 한 차원이다. '지속가능한 발전 목표(SDGs)'는 변화에 책임이 있는 모든 국가에 초점을 맞춘다. '지속가능발전교육'은 주로 환경교육자들—과학과 지리학에 기반한—에 의해 처음으로 채택되었다. '지속가능발전교육'은 "모든 사람들이 교육의 혜택을 받음으로써 지속가능한 미래와 긍정적 사회변혁을 위해 필요한 지식, 가치, 태도, 삶의 방식을 학습할 수 있는 기회를 갖는 세계를 지향하는 교육"으로 정의하고 있다(《유엔 지속가능발전교육 10년 국제 이행계획 초안》).
86. 예술에 대한 몰입은 학생들이 자연에 대한 애착을 갖도록 도와줄 수 있다. 자연에 대한 애착이 없다면 도덕적 관심을 가지고 자연을 배려할 수 없다. 이러한 관점에서 최근 우리나라는 미학적 차원의 '학교 공간/건축'에 대한 관심이 높아지고 있다.

성적 의미를 갖도록 하는 강력한 방법이다. 우리의 감성이 함양·세련됨으로써 '내재적 가치'에 대한 진정한 인식이 가능하게 된다.[88] 더 늦기 전에 환경-친화적 사회 및 학교의 건설을 위해 생태주의 전략을 시급하게 구축해야 한다. 생태주의 교육은 자연, 사람, 마을, 학습의 네트워크로 이루어져 있다고 할 수 있다.

오늘날 교육의 총체적 위기를 불러온 것은 근본적으로 '근대 프로젝트' 때문이다. 근대 프로젝트의 폐해를 가장 날카롭게 지적하는 집단은 '대안교육' 진영이다.[89] 대안교육의 지향은 첫째, 지속가능한 가치를 지향하면서 다른 인종, 민족 그리고 자연과 공존하여 살아가는 공동체적 인간 양성에 중점을 둔다. 둘째, 지역사회에 뿌리내린 '작은 학교'를 지향한다. 셋째, 학습자와 교사, 학부모 사이의 상호 협력적 관계를 중시하면서 교육 주체의 원상회복을 위한 노력을 한다. 안성균 산마을고등학교 교장은 포스트 코로나 시대의 교육과제로서 기후 위기시대의 10대 교육정책을 제시한다.

---

87. '대아'는 관계의 총체로서의 전체를 내세우는데, 나의 존재가 '전체 속의 개체'라는 새로운 존재론적 개념이다. 대아의 실현은 인간이 스스로를 인간 이외의 자연과 철저하게 상호결속적인 것으로 이해하고, 자연 속에서 자기를 실현하려는 과정이라고 할 수 있다. 대아는 자신만의 쾌락에 사로잡힌 '소아'가 아니다.

88. 이것은 인간 이외의 자연적/동물적 실체들이 내재적 가치를 갖는가, 또는 도덕적 가치를 갖는 것으로 간주할 것인가(자연권, 생명권, 동물권 등)에 대한 물음의 논의로 확산이 된다.

89. 우리나라에서는 1980년대부터 대안교육(alternative education)이라는 용어가 보편화되었다. 제도권 교육에서의 제한적 교육이 아닌 자유롭고 다양한 교육 경험을 제공하며 인간성 회복이라는 교육 목표를 지향하는 대안교육이 관심을 받기 시작했다. 과도한 입시 경쟁에 치우친 학교교육, 획일적인 교육과정에 대한 비판, 공교육에서 소외되는 학생들의 문제가 부각되면서 국가 차원에서도 대안교육에 대한 논의가 진행되었다. 이러한 사회적 분위기에 맞추어 1997년 교육부는 「초·중등교육법 시행령」을 개정하면서 학생의 소질과 적성에 맞는 교육을 위한 특성화고교제도를 도입하였고, 이 가운데 각종 학교 형태로서 대안교육 특성화학교를 수용하게 되었다. 대안학교는 공교육제도의 문제점을 보완하였고, 학교교육에 제대로 적응하지 못하는 학생, 학업을 중단한 학생, 기존 제도권 교육에 대해 다른 생각과 목소리를 지닌 학생들과 학부모들에게 다양한 교육 기회를 제공했다.

- 교육체제의 생태적 전환: 지구/인류 생존과 인간 안보 의제
- 기후변화 교육 의무화: 생태교육확대, 탄소중립기후행동 지침 수립
- 탈학교화 추진: 평생교육, 학습의 경로 다양화, 마을학교 활성화
- 가정, 마을, 학교교육의 유기적 연계: 중간지원조직 확대 양성
- 교육자치와 지방자치의 통합 추구, 지방균형발전 정책 가속화
- 청년을 위한 지역정책/귀촌·귀농 지원 정책의 적극 추진(중앙정부+자지체)
- 의식주의 적정한 자급·자족·자립을 도모하는 생활기술 보급
- 채식 위주, 육식 지양의 식단 및 로컬 푸드를 권장하는 급식체계 수립
- 성장, 경쟁, 자본의 이데올로기를 탈피하는 정의로운 전환 추구
- 수능 폐지, 학비 무상, 학벌 타파, 고용 안정, 공적 돌봄, 그린 뉴딜 추구

공존과 상생의 평화시대를 모색해야 하는 새로운 교육체제는 단순히 공교육만을 통해서 실현될 수 없다. 공교육에서 민주적·세계적·공화적 시민성 교육의 강화, 그리고 이와 더불어 지역 시민사회의 정의롭고 민주적인 마을공동체 네트워크의 강화로부터, 나아가 21세기 시대정신에 근거한 상생·공존의 구체적인 실천 네트워크 구축 및 확산으로 가능할 것이다. 이때 새로운 민주적인 정치경제 사회공동체로 나아가는 가장 핵심적인 요소로서 21세기 교육 패러다임 전환과 풀뿌리 민주주의 기반 정립과 여러 지역과의 교류 활성화, 그리고 수평적 네트워크가 확산되어야 한다.

생명 사랑을 위한 교육

지금까지 우리의 교육은 학생들에게 가치 대신에 이론을, 인간보다 개념을, 의식보다 추상을, 질문 대신에 대답을, 양심보다 이념과 효율을 강조하는 오류를 저질러 왔다. 따라서 이제 우리 교육의 목표는 단지 전문교육을 희석시켜 주입하는 것이 아니라, 학생에게 땅을 보고, 자신이 보는 것을 이해하고, 자신이 이해하는 것을 즐기게끔 가르치는 것에 두어야한다. 생명 공동체의 원리, 공존의 원리를 중심으로 하는 인류의 재교육이 필요하다. 우리들 주위에 현재 전개되는 전 지구적인 비상사태는 기술의 위기를 넘어선 사고, 가치, 지각, 사상, 판단의 위기이다. 동시에 기술의 위기는 사고, 가치, 지각, 사상, 판단을 개선할 목적으로 존재하는 제도의 위기, 즉 '교육의 위기'이다. 이들 위기는 교육, 어느 한 분야가 아니라 교육 그 자체의 위기이다. 그리하여 인간 존재는 쉽사리 대상화 내지 물화되거나 대량생산 체제에 내몰리거나 이기주의적·경쟁적 존재로 자라나거나 타자와 자연에 대해 적대적인 태도를 가지도록 이끌리기 십상이다.

따라서 이런 상황에 대한 근본적인 물음이 필요하며, 그러려면 생태교육학의 핵심에 자리하는 생명 사랑을 위한 교육, 즉 '생명교육학'[90]에 대한 적극적 성찰이 요구된다. 생명교육학은 자연 존중 태도를 뒷받침한다. 생명에 대한 책임이 개인적인 것이든 공동체적인 것이든 생명의 직접적 현재를 넘어서서 관계를 맺는 것은 무엇보다 미래이다.Jonas, 1994: 192 인간은 지구 생명 공동체의 일원이다. 생명 중심 관점에서 자연을 바라보면 우리는 인간의 생명을 지구 생물권의 자연 질서를 구성하는 부분으로 본다. 따라서 우리는 다른 종들의 지위를 생각하는 것과 동일한 방식으로 자

---

90. '생명' 개념은 생철학이나 개혁교육학 또는 진보주의 교육학, 생태적 교육학의 흐름 속에서 발전되어 갔다.

연계 내 인간의 지위를 생각한다.Taylor, 2020: 110 생명교육학은 인간을 무감각한 기계류 같은 것이 아니라, 그 자체 본질상 살아 있는 특수한 존재로 그 자체 마음에서 뜻과 사유 행위를 산출하고, 의미와 가치를 추구하되, 또한 살덩어리를 가지고 전체적으로 살아가는, 즉 몸으로서 살아가는 존재로서 일상생활이라는 맥락에 기초해 공부하고 개개 삶을 우주 만물의 타자적 삶들과의 유기적 관련성 속에서 발전시키기 위한 교육학이다.고병헌 외, 2009: 390

요컨대 생명교육학이란 학생들 하나하나를 생명체로 인식할 뿐 아니라 교사 자신 또한 그러한 존재임을 인식하고자 하는 교육학이며, 우주 안의 다른 생명체들과의 교류와 대화, 그리고 공생을 추구하는 교육학이라고 할 수 있다. 따라서 생명교육학은 지금의 상황에서는 일정 정도 투쟁적 성격을 가질 수밖에 없음에 주목할 필요가 있다. 그러나 그 투쟁은 무력을 통한 것일 수는 결코 없고, 생산적이며 창조적인 대화와 대안을 추구하는 방식이어야 한다.고병헌 외, 2009: 390-391 이런 점에서 생명교육적 안목은 과학적으로 작업되는 과제 내용의 습득이 아니라, 우주 자연 안에 가득한 생명에 대한 느낌과 경험, 그리고 이런 시각을 통해서 해석된 과제의 습득을 주된 과제로 삼는다.

'교육education'의 어원인 '이끌어 내다educare'에서 필요한 것은 우리의 '생명 애호심'이다.Orr, 2009 생명 애호심에 토대를 둔 교육은 산업적-실용주의적 정신에서 대체로 쓰이지 않은 잠자고 있는 가능성과 잠재력을 일깨우는 각성제 역할을 할 것이다. 그래서 오어는 생태적이고 지속가능한 열린 공동체와 사회질서를 세우는 방법을 가르치는 교육을 현대 교육의 새로운 패러다임으로 제시한다. 지속가능한 공동체의 원리에 입각한 교육론은 경쟁의 기술이 아니라 '공존의 기술'을 가르치는 교육이다. 사람과 사람, 사람과 자연이 서로 평화롭고 우애로운 관계를 맺는 데서 의미를 찾아야 한다.

　시스템을 새롭게 디자인하는 일, 사랑과 지혜와 미덕 같은 참된 인간의 가치, 생명의 가치를 통해 '사람과 사람', '사람과 자연'의 관계를 완전히 새롭게 디자인하는 일, 그러한 새 디자인 위에 새로운 현실을 창조하는 일, 이것이 바로 우리가 차분히 해야 할 과제이다. 인간이 잠재의식적으로 추구하는 다른 생명체와의 연대성, 생명에 대한 사랑(생명친화력)을 기초로 한 교육을 통해 이루어지는 혁명을 강조하는 것이다. 이것을 오어는 '바이오필리아biophilia(생명사랑)'라 부른다. 프롬은 '더 폭넓게 삶과 살아 있는 모든 것에 대한 열정적인 사랑'이라고 정의했다. 오어는 "우리가 곧 지구이며, 우리의 살은 풀"이라는 인식이 우리의 미래를 위한 최선의 희망이기에 교육을 통해 "생물권을 갖춘 행성에 위험을 끼치지 않도록 우리들의 마음과 인식을 바꾸어 나가야 한다"Orr, 2009고 주장한다. 이런 이유로 교육이 학생들을 '생태학적 문맹인'으로, 성공만을 열망하는 그리고 세계경제에서 경쟁력만을 우선하는 호모사피엔스로 만들어 버렸다고 지적한다. 오어는 현대 교육이 시장 원리 속에서 나 혼자만이 살아남는 '경쟁의 기술'에 매여 성공만을 열망하며 세계경제에서 경쟁력만을 갖춘 호모사피엔스를 양산하고 있다고 비판한다.

　교육이란 도대체 무엇인가? 그것이 잘못된 것일 때 얼마나 위험한 것인지를, 교육이 사업이 되어 돈벌이를 추구해도 부끄러워하기는커녕 뻔뻔스럽게 자랑하는 현실, 아이들에게 꿈과 희망보다는 상처와 좌절을 안겨다 주는 현실, 바로 이런 현실을 바꾸기 위해 완전히 새로운 접근이 필요하다. 교육 문제는 교육의 문제로만 풀려고 해서는 안 되며, 사회 전 영역의 총체적 관계 속에서 풀어 나가야 한다. 또한 교육은 개인과 사회를 연결해 주는 고리로서 기능해야 한다. 교육과 사회가 '한통속'이 되어야 하는 이유는 사회가 교육을 받은 개인이 그 구성원으로서 자신의 욕망을 실현해 나가는 공동체 터전이라면, 교육은 그 개인과 사회를 연결해 주는 고리 노릇을 하기 때문이다. 그런데 이를 주의하지 않으면, 교육은 사람들을 그저 지구를 더 효과적으로 파괴하는 자로 만들 수 있는 '양날의 칼'이기도 하다. 따라서 교육과 환경 그리고 인간에 대한 우리의 기본적인 관점을 보다 차분하게 그 뿌리로부터 다시 고찰해야 한다.

따라서 시스템을 새롭게 디자인하는 것, 사랑과 지혜와 미덕과 같은 참된 인간의 가치, 생명의 가치를 가지고 사람과 사람, 사람과 자연 사이의 관계를 완전히 새롭게 디자인하는 것, 그러한 새 디자인 위에 새로운 현실을 창조하는 것, 이것이 바로 우리가 차분히 해야 할 과제다. 그래서 시장 원리 속 나 혼자만이 살아나는 '경쟁의 기술'이 아니라, 공동체 원리 속 나와 타인이 함께 살아가는 '동거의 기술'을 가르쳐야 한다. 교육의 문제를 교육의 문제로만 풀려고 해서는 안 된다. 교육과 더불어 경제, 생명/환경, 노동, 정치, 문화 등 모든 영역이 맞물려 있기에 총체적 관계 위에서 풀어야 한다. 따라서 학교 건물의 설계, 건축, 운영에서 무엇을 배울 수 있을 것인지에 대한 대안은 그동안 우리가 간과해 온 '교육학으로서의 학교 건축'이 갖는 의미를 지니고 있다. 나아가 학교 공간은 우리의 아이들로 하여금 기술에 의한 자연 정복과 우주 정복이 아니라, 생태적으로 지속 가능하고 열린 공동체와 사회질서를 세울 수 있게끔 준비되어야 한다. 개인과 공동체, 인간과 자연의 공존과 상생이 가능한 생태적 관계망을 형성하는 학교 공간이 필요하고, 그래야 학교 공간은 생태적 관계망을 만들어 갈 수 있고, 나아가 인간과 자연이 공존하고 상생하는 생태교육학이 가능할 것이다.

생태주의적 교사교육의 요청

생태주의 교육을 지향하는 교사는 세계를 인식하는 태도로부터 그 전환을 모색하기 시작해야 한다. 인간과 자연이라는 이분법적인 사고를 견지한 채 단순히 자연보호의 측면으로 접근하는 것은 과학주의의 한계에 빠지기 쉽다. 나와 우리의 삶이 생태계의 일부분이며, 우리가 전 우주적 존재로서 자연의 순환 속에 존재한다는 사실을 깨닫고, 새로운 생태주의적 인식 속에서 세계를 새롭게 인식할 수 있어야 한다. 교육은 눈앞에 보이는 위기를 알려 주는 것에 머무르지 않고, 그것의 원인이 되는 좀 더 심층적인 기원을 살피는 것이어야 한다. 따라서 인간이 지구상에 존속할 수 있을 것인가의 문제와 관련해서 생태적인 패러다임을 인지할 수 있는 '생태학적 문해력ecological literacy'을 길러야 한다.고병헌 외, 2009: 226-227

인간의 발달은 각 부분의 합으로서 이루어지는 것이 아니다. 따라서 현재처럼 분절적인 학문 인식으로는 통합적인 인간을 길러 내기 어렵다. 간학문적인 태도에 기초해서 교육을 실천함으로써 온전한 인간을 길러 내려는 노력이 필요하다. 교사는 자기 전공과목에 대한 전문적인 지식이 다른 학문과 어떻게 관계를 맺으면서 아이들의 성장에 기여할 수 있는지를 고민하고 토론할 수 있어야 하며, 또한 아동에 대한 이해와 교육적 지식을 통해 모든 정보와 지식, 경험 등을 종합할 수 있어야 한다.[91]

인간은 공동체를 이루며 관계망 속에서 살아간다. 따라서 개인은 개별적으로 존재하는 것이 아니라 공동체 속에서 수많은 관계를 맺으며 존재

---

91. 교사는 자신 안에 내면화된 인간을 이해하는 일(인간관), 세상을 바라보는 관점(세계관), 그리고 교육철학(교육관) 등을 정립해야 하며, 교사의 전문지식이나 교수방법론은 바로 인간관, 세계관, 교육관 위에 기초해야 한다. 올바른 교육을 하려면 올바른 인간관, 세계관, 교육관이 새 발로 단단하게 지탱해 주어야 한다. 인간관, 세계관, 교육관이 정립되지 않고서는 결코 바람직한 교육이 가능하지 않다.

한다. 개인은 독립적이면서도 관계 중심적이다. 원자화된 현대 사회가 갖는 여러 가지 문제를 극복하기 위해서 공동체주의가 갖는 관계 중심적인 가치를 회복하는 것이 필요하다. 이때의 관계는 아래로의 수직적 관계가 아니라 각각의 존재가 주체가 되는 수평적 의미에서의 관계이며, 전체 관계망 속에서 파악하는 자아의 문제다. 이 관계는 인간관계에서뿐만 아니라, 인간과 사회, 인간과 생태 속에서의 관계이기도 하다.고병헌 외, 2009: 227-228 인간이 생태망을 형성하는 한 부분임을 깨닫고 그 속에서 공존의 삶을 추구하는 태도가 필요하다. 따라서 교사는 작은 생명체 하나도 허투루 여기지 않고 소중하게 다룰 수 있는 교육을 실천할 수 있어야 한다. 또한 아이들과 함께 우주적인 생태계 속에서 우리가 어떻게 생태계의 일원으로 살아갈 수 있는지 학습할 수 있는 방법을 찾아야 한다.

미래를 대비하는 학교 및 교육은 모든 생명체가 공생·공영하는 생태계 지구를 지켜내야 하는 시대적 요청에 부응하기 위해, 우리가 사는 세상이 앞으로 계속될 코로나 위기에서 인간다운 삶을 지켜내고, 갈수록 심각해지는 생태적 위기를 극복하고 지속가능할 수 있게 하는 회복탄력성을 일찍부터 가르쳐야 한다.고병헌, 2020: 82 우리의 미래교육은 궁극적으로 '먹고사는' 경제의 문제에 관심을 두는 '산업주의'에 기초한 기술공학적 근대성 및 근대 교육의 한계를 넘어 '죽고 사는' 환경 문제에 관심을 두는 지속가능한 '생태사회'[92]로 나아가야 한다. 학교의 미래는 '산업주의'[93]

---

92. 생태주의 사회는 지속가능한 사회이다. 이러한 사회는 인간사회와 자연생태계를 보호·유지하는 것에 입각해서 성장·변화·발전을 도모한다.

93. '산업주의(industrialism)'는 단순히 기계생산 체제만을 의미하는 것이 아니라 세계를 조직하는 방식이며, 또한 사람들의 삶을 조직하는 방식이다. 산업주의 문명은 전 세계적인 경제, 정치, 사회 체제로서 생산과 소비의 극대화, 그리고 이익과 권력의 극대화에 초점을 맞춘다. 이러한 산업주의는 전 세계적으로 약진을 계속하고 있으며, 이로 인한 병폐 또한 전 세계적으로 만연되어 있다(Morrison, 2005: 34).

를 넘어 개인과 공동체, 그리고 인간과 자연의 공존과 상생[94]이 가능한 '생태민주주의'를 구현해야 한다. 이것이 코로나19가 강제하는 새로운 변화에 대한 요청이다.

---

94. '상생'은 생태민주주의 실현의 선험적 조건이다. 상생을 위한 교육학은 생태윤리학을 반드시 수반한다.

3부

코로나 시대,
미래교육과 시민적 학습

5장
미래교육의 향방과 변혁 교육으로의 전환

근대의 모순

중세는 신성이 지배하는 시대였다. 신이 우주 삼라만상을 창조하고, 이를 주재했으며 인간의 삶도 신의 뜻에 따른 것이다. 신은 곧 진리였고 이데아idea였다. 신성에 도전하는 것은 이단이었다. 왕조차도 이에 도전할수 없었다. 해가 뜨고 지는 천체의 운행에서 한 나라가 흥하고 망하며, 한개인이 죽고 사는 문제는 모두 신의 섭리에 따라 이루어지는 것이었다. 이성이 없는 것은 아니었지만, 이는 신의 빛을 더하기 위한 방편이었다. 신의 말씀을 합리적으로 분석하고 보편적으로 설득할 수 있도록 해석하는데 한하여 이성은 동원되었다. 중세에 인간의 자아는 신에게 복속되어 있었으며, 자신을 공동체에 소속된 구성원으로 생각했다. 신의 사랑과 관심속에서만, 공동체의 일원으로서만 인간은 생의 활력을 찾고 행복할 수 있었으며, 삶의 전일성全一性(하나의 전체로서 통일을 이루는 성질)을 이룰 수있었다. 이 세계, 우주와 자연, 인간의 운명은 신의 섭리에 따라 운행하는것이며, 이에 인간이 간섭할 수 없다. 공동체의 규약과 제도, 관습과 문화를 유지하는 구성원으로서만 삶과 노동이 가능했으며, 개인적인 행위는공동체로부터 추방을 의미했고, 추방된 자는 거의 죽음에 이르렀다.

하지만 페스트와 면죄부, 그리고 마녀사냥[95] 등 신성에 회의를 품을 만한 일들이 중세 말기에 연이어 발생하면서 사람들은 이 세계가 신비롭고 불가사의한 초월적 존재에 의해 움직이는 것이 아님을 깨달았다. 근대에 들어서자 사람들은 이성에 의해 자연과 세계를 인식하고, 이해하고, 판단할 수 있으며, 더 나아가 인간의 목적대로 세계를 만들 수 있다고 생각하기 시작했다. 근대 인간은 개체 인간으로서의 고유한 권리를 지니면서도, 이 개체성을 보증할 어떤 보편성을 추구하게 된다. 근대의 이성은 더 이상 신적 이성, 존재론적 이성이 아니라, 인간의 이성으로 이해된다. 근대인은 신이 아니라 이성에 의해 이데아에 이를 수 있음도 확신했다. 근대에 들어 합리성은 진리에 이르는 길일 뿐 아니라 인간 사회가 나아갈 지표였으며, 인간의 거의 모든 행위와 제도를 규정하는 기준이 되었다.

근대의 정신은 일차적으로 인간의 자기 이해에서 발견된다. 근대의 인간은 중세와는 달리 자신을 타자와 구별된 자아, 나누어질 수 없는 개체 individual로 이해했다. 아예 데카르트는 "나는 생각한다. 고로 존재한다"라며 주체를 불러냈고, 니체는 신의 죽음을 선언했다. 주체로서의 인간은 인식론적 주체이면서 합리성의 원리를 소유함으로써 존재의 주인으로 자리할 터전을 확보하게 된다. 근대에 들어 인간은 신의 구속에서 탈출하여

---

95. 페스트와 마녀재판에서 인류를 구원한 것은 기도가 아니라 이성과 과학이었다. 마녀는 애초부터 없었다. 성직자들이 페스트로 정당성을 상실하자 이를 만회하고 권력을 되찾기 위해 이민족의 여성과 과부를 타자화하여 희생양으로 삼은, 대중의 공포를 이용한 환술(幻術)일 뿐이었다. 세상이 암흑과 무지몽매함 속에 빠져 있을 때 이성은 계몽의 빛이자 해방의 빛이었다. 그러나 또 다른 한편에서 이성은 도구화되었다. 지배자가 국민을 더욱 조작하고 통제하는 제도와 정책을 강요하면서 국가 전체의 효율적 발전이란 이름을 빌려 합리성을 가장할 때, 오로지 가장 빠른 시간 내에 가장 적은 원료와 인력을 투입하여 가장 많은 생산을 이루고자 노동자의 작업리듬, 동선, 심리 등을 정확히 계산한 시스템을 운영하여 노동자들의 자율성과 연대를 깨고 그들을 스스로 복종하는 기계 부속품으로 삼을 때, 소비자들의 욕망과 무의식을 체계적으로 분석하여 그들을 유혹하는 이미지와 상징으로 과잉소비를 이끌어 낼 때 이성은 더 이상 계몽의 빛이 아니다. 인간을 통제하고 억압하는 도구에 지나지 않는다.

주체를 형성하고 자신의 의지와 비전에 따라 기존의 세계를 무너뜨리고 새로운 세계를 구성했다. 인간 존재는 자신을 타자와 구분한 개체로서 이해하며, 이 세계를 신의 소명이나 공동체의 원리가 아니라 자기 나름대로 자율적으로 인식하고 해석하고 판단하여 선택하고 결단하며 행동하는 존재이며, 그 결과에 대해서는 스스로 무한책임을 지는 존재다.이도흠, 2015: 442-443

20세기 인류는 이성의 빛에 따라 중세의 야만과 무지에서 벗어나 합리적이고 과학적이며 인간 중심적인 현대 사회를 건설했다. 인간은 본질적으로 무無이기에 무엇이든 될 수 있다. 인간은 자신의 목적과 이를 위한 의지에 따라 자기 앞의 세계에 대응하고 이를 재구성할 수 있다. 인간 존재는 세계를 인식하고 판단하고 해석하는 주인만이 아니라, 자신이 지향하는 바에 따라 자연과 세계를 자신의 의도대로 변화시키는 실천의 주체다. 인간 중심적이며 도덕적이고 실천적인 주체가 형성된 것이다. 이에 인간 주체는 자신의 비전과 이성적인 판단에 따라 새로운 법과 제도를 만들고 민주주의를 건설했으며, 이 틀 아래서 엄청난 생산의 혁신을 이루었다. 주체는 프랑스 대혁명과 볼셰비키 혁명을 통해 중세를 해체하고 근대를 건설했다.

그런데 주체의 동일성은 일원성의 원리에 따라 다원성을 부정하고 차이를 포섭하여 이를 없는 것처럼 꾸미고, 주변이나 다른 집단을 만들어 타자화하며 이에 대한 배제와 억압, 폭력을 통해 동일성을 강화한다. 이에 탈근대는 동일성의 영역으로 포섭되지 않은 차이 그 자체를 지향하거나 타자와 공존이 가능한, 주체와 대상의 경계와 구분이 해체된 상호주체성 내지 타자성을 추구한다.

중세의 삶은 이승이 천국과 대립되는 생의 공간이었다. 삶의 진정한 목적은 생의 공간에 있은 것이 아니라, 내세인 천국에 가서 영원한 구원을 받는 것이었다. 반면에 근대에 사는 우리가 광신도가 아니라면 현세의 삶을 포기하지 않는다. 근대인은 지금 현재 생을 영위하고 있는 이 순간의 구체적 장을 현실이라 인식한다. 하지만 탈근대에 와서 이는 전복된다. 현실은 구체적으로 현존하기 않거나 이의 재현은 불가능하다. 현실을 영화나 소설로 재현하는 것이 아니라, 그 반대로 대중이 영화나 소설 속의 허구적 이야기를 모방하여 자신의 삶을 구성한다. 우리가 텔레비전 뉴스에서 보고 있는 영상들은 현실 그 자체가 아니라 미디어가 구성한 현실이다. 이처럼 가짜가 진짜로, 모본이 원본을, 가상이 현실을, 이미지가 실재實在, reality를 대체한다.이도흠, 2015: 444 현실이란 근원적으로 허상이고 집착이다. 현실은 허상이지만, 연기緣起(모든 존재는 다른 것과 서로 관계 즉 원인因과 조건緣을 맺어 일어남)를 드러내는 것은 실상實相이다. 현실을 완벽히 재현再現, representation[96]한다는 것은 불가능하지만, 연기성을 드러내면 그 텍스트는 현실에 담긴 진리를 비춰준다. 이 경우 현실과 해석, 진리의 관계를 '화쟁和諍'[97]으로 해결할 수 있다.이도흠, 2015: 733

탈근대적 현실에는 과거의 흔적이 되먹임하면서 미래의 지향성에 따라 퍼즐처럼 재구성되고, 실제 구체적이고 객관적으로 현존하는 것 같지만, 그 자체가 환상이며, 원본이라 착각하지만 실은 복사본이다. 우리의 삶,

---

96. '재현'은 현실을 '다시 존재하게(re-presense)' 한다. 재현은 결코 미리 존재하는 현전의 반복이 아니다. 재해석의 기능으로서 재현은 언제나 의미에 따라 재구성되는 것, 미래의 사건으로 주어진다. 재현의 위기는 현실, 현존, 실체에 대한 사고의 위기다. 현실은 지금 여기에서 객관적, 구체적으로 존재하는 현존이 아니라 해석에 지나지 않는다. 현존이란 생각한 것이 실은 '차이'이거나 가상이다. 실체란 모든 사물의 근본이 되는 요소로 자립적으로 존재하는 것이 아니라 차이에 따라 드러나고 끊임없이 연기되는 것으로 현전과 부재가 끊임없이 교차하여 일어나는 유희에 불과하다. 이처럼 재현의 위기는 타당성을 갖는다. 그리고 재현은 본질적으로 정치성을 지닌다. 따라서 재현이 이데올로기를 통해 왜곡된다면 그 이데올로기를 비판하고 극복해야 한다.

더 나아가 인류의 역사와 생명의 탄생과 지구의 형성 자체가 복사본인지도 모른다.이도흠, 2015: 720 개인은 어떤 미래를 지향하느냐에 따라 다양한 현실을 선택한다. 현실을 형성하는 현재의 선택과 행위, 그리고 실천에 미래가 겹쳐 있다. 주체가 미래를 어떻게 바라보고 의미를 만들고 실천하느냐에 따라 현실은 다양한 이본異本을 갖는다.이도흠, 2015: 738 사실과 텍스트, 흔적을 놓고 취사선택하여 해석하는 기준은 현재나 과거가 아니라 미래에 있다. 어떤 미래를 지향하느냐에 따라 읽는 주체는 텍스트를 해석하여 하나의 사실에 대해서도 여러 '이본異本'을 만들어 낸다. 물론 과거를 기억하고 미래를 상상하기도 한다. 한마디로 현재는 여러 과거를 새롭게 해석하는 맥락인 동시에 과거를 통해 새롭게 해석되는 텍스트이며, 미래를 지향하는 상상이 구체화되는 장이다. 따라서 텍스트를 제대로 해석하려면, 읽는 주체는 쓰는 주체의 세계관으로 들어가야 한다. 근대 인간은 가상과 실상, 원본과 복사본, 현실과 비현실 사이에서 진동하면서, 그 때문에 끊임없이 고뇌하고 방황하지만 순간순간 간신히, 그러나 절실하게 의미를 찾아 생을 이어 가는 존재라고 할 수 있다.

근대성의 밝은 면과 어두운 면

중세성은 물론이고 근대성modernity[98]과 탈근대성post-modernity의 개념

---

97. 화쟁은 대립되는 쟁론을 소통을 통해 서로 같은 뜻에 맞추는 것이다. '쟁(諍)'은 의견, 견해, 이론과 논리 사이에 대립이나 다툼을 뜻한다. 화(和)란 어울림으로서 조(調)와 통한다. 어울리려면 다름을 차이로 인정해야 하고, 나를 상대방에 맞추어야 한다. 화(和)는 회통(會通: 만나서 통하게 함)과 화통(和通), 화회(和會: 화해시켜 만남)과 화합(和合)이다. 화쟁은 자신의 주장에 진리가 담길 수 있도록 하는 '쟁(諍)'과 타인의 주장에 담긴 일단의 진리에 귀를 기울이는 '청(聽)', 그리고 둘의 주장에 담긴 일리(一理: 어떤 면에서 그런대로 타당하다고 생각되는 이치)를 모아 보다 나은 결론을 이끌어 내고자 하는 '화(和)'의 세 과정으로 이루어진다.

은 차이의 맥락에서 총체적으로 규정되어야 한다. 중세가 장원경제와 농업을 기반으로 한 봉건사회라면, 근대는 산업혁명을 기점으로 중기기관, 전기 및 연소기관을 동력으로 하여 산업의 획기적 발전을 이룬 산업사회다. 탈근대는 화석연료, 전기, 연소기관을 중심으로 산업생산을 이루는 데서 벗어나 전자와 컴퓨터, 인터넷과 첨단 과학기술을 바탕으로 정보와 지식을 생산하고 상호 교환하는 탈산업사회다.

그리고 산업자본주의는 해묵은 제약과 제도, 속박 관계, 기존의 가치관과 세계관, 낡은 문화와 관습을 해체하면서 기존의 세계와 전혀 다르게 새로운, 이른바 '근대 사회'를 구축했다. 정치적으로는 사회의 전면에 나선 부르주아가 봉건적인 정치질서 및 왕정 체제를 해체하고 왕족과 귀족을 몰아내고 주인으로 군림했으며, 모든 제도와 법, 가치, 생산과 분배 체제를 국가에 통합하는 근대 국민국가를 형성했다. 경제적으로는 장원을 무너뜨리고 공장에서 대량으로 생산이 이루어지는 공장제 생산, 시장에서 모든 재화의 수요와 공급이 이루어지는 시장 체제, 자본의 소통을 통한 이윤 축적이 가능한 금융자본 체제를 형성했다. 도시에 대규모의 공장이 세워지고 수많은 농부가 고향을 떠나 이곳에서 일하고, 그 대가로 임금을 받고 소비 행위를 하면서 거대한 도시와 시장이 형성되었다.

그런데 산업화와 근대화, 이와 결합한 과학기술과 진보주의는 굶주림

---

98. '근대성'은 근대적 사고 습관들이며, 서구 문화에 깊이 뿌리박혀 있는 것이다. 근대적 사고 습관의 핵심은 자기와 다른 것들을 대상화하는 이원론적인 인식 구조다. '근대성 (近代性)'이라는 말은 직역하면 '가까운 시대'라는 뜻으로 '근대(modern age)'는 새로운 것의 시작이다. '현대'는 근대의 발전된 형태이다. '근대'라는 말은 봉건시대에 상대되는 말로서 근대화를 이념으로 하는 역사의 발전 단계를 말한다. 사회문화적으로는 새로운 공적 상징물·이미지·공공의례·관행 등이 새롭게 창조되기도 했다. 근대의 새로운 것들은 새롭게 만들어진 것이기도 하지만, 동시에 특정한 목적에 따라 전통이 수정되어 제도화된 것이기도 하다.

과 빈곤, 질병과 미신, 신분과 제도의 억압으로부터 인류를 구원한 대신, 자연과 인간성을 파괴하고 공동체를 해체했으며, 소외를 심화하면서 인간을 자본의 노예로 만들고 새로운 억압을 형성했다. 이제 돈이 신이 되어 인간답다고 추구했던 아름다운 가치, 우애, 협력, 정의를 야금야금 포식해 버렸다.^{이도흠, 2015: 25-26} 그리하여 대중은 신과 고향을 잃었고, 자신의 존재 의미마저 상실했다.

20세기 인류는 합리성을 통해 '주술의 정원'에서 해방되었지만, 그 주술의 정원으로부터 인간을 해방시켰던 이성은 계몽啓蒙, Enlightenment[99]의 빛을 상실한 채 합리성의 이름 아래 도구화하여 이런 야만에 제동을 걸기보다 외래 정당성을 부여하면서 억압을 더욱 강화하고 있다. 근대성을 강화하면 할수록, 과학기술이 발전하면 할수록 이성의 도구화 또한 더욱 심화된다. 그래서 인간은 탈근대에 들어 이성이 오히려 도구화되고 있음

---

99. 칸트에 따르면 '계몽'이란 스스로의 이성을 사용하여 미성숙 상태에서 빠져나오는 것이다. 계몽정신의 계승은 미신이나 구습이 아닌 교육을 통해서만 가능하다. '계몽'은 신화를 해체하고 지식에 의해 상상력을 붕괴시키려 한다. 인간해방을 위한 탈신화화/탈마법화를 통해 인간은 주인이 되고, 이를 통해 진보한다는 사상이다. 탈마법화를 꿈꾸는 계몽은 자신의 세계와 신화에 내재된 주술적 세계를 비교하고, 주술 세계로부터 멀어짐으로써 계몽의 세계를 완성하려 한다. 주술세계에서 주체와 객체, 인간과 자연은 명확하게 구별되지 않는다. 인간은 자연의 일부이며, 인간의 세계는 자연세계로 투영되기 때문이다. 그런데 계몽의 세계에서는 인간과 자연의 관계는 전도된다. 주체인 '인간'의 객체인 '자연'에 대한 지식 추구는 주체의 목적과 의도에 의해 지배된다. 인간은 자연을 지배하기 위해 객체인 자연을 인식하기 때문이다. 주체와 객체 사이의 거리 유지를 꿈꾸는 계몽은 주체와 대상세계와의 모방을 금지한다. 계몽주의 철학은 모든 시민이 법 앞에서 평등한, 자유롭고 정의로운 사회의 이상을 옹호했다. 이성과 합리주의를 내세우는 계몽주의는 반봉건주의라는 혁명적 성격을 지닌 이념이었다. 하지만 계몽주의의 이성과 합리주의의 진보성은 퇴색하기 시작했다. 1차 세계대전 발발은 반봉건 부르주아 혁명을 이끌었던 이성과 합리성의 진보적 의미에 대한 지식인들의 회의를 불러일으키기에 충분했다. 20세기에 나타난 이러한 상황에 대해 『계몽의 변증법』을 제창한 비판철학자들은 야만의 징후를 드러내고 대중을 기만하는 계몽의 도구가 된 20세기의 문화산업과 과학주의에 대해 신랄한 비판을 가했다. 과학이 진보의 수단이 아니라 지배의 도구로 전락했기 때문이다(Adorno & Horkheimer, 2019).

을 간파하고, 이런 합리성을 목적적 합리성이라 비판하고 소통적 합리성을 추구하게 된다. 이를 감시하고 견제하는 마지막 보루인 대학과 종교조차 자본과 제국의 식민지로 변했으며, 도덕과 윤리, 신의 말씀은 탐욕과 천박함을 고상함으로 감추는 위장술로 전락했다.

결국 근대성[100]은 합리적 사고와 가치관, 물질적 풍요, 자유로운 개인, 정당성을 갖는 국가가 근대 사회의 밝은 면이었다면, 빈부 격차, 공동체의 해체, 소외와 불안의 심화, 국가와 자본의 유착에 따른 국가의 정당성 위기, 전 지구 차원의 환경 위기 등이 어두운 면이라고 할 수 있다.이도흠, 2015: 432 이른바 '근대과학의 아버지'라는 프란시스 베이컨이 자연을 죽어 있는 불활성의 물질로 환원하며 '남성적인 시간의 탄생'을 경축했다. 르네 데카르트는 다른 생명체를 마구잡이로 채굴되어도 상관없는 기계로 보았다. 존 로크는 공유재인 땅에 대한 약탈과 소유를 정당화했다. 이렇게 부상한 근대의 환원주의적이고 기계론적인 세계관은 곧 자본주의와 결합했다. 애덤 스미스는 "자신의 환경을 개선하려는 우리의 욕구는 자궁에서 태어나 무덤에 들어갈 때까지 계속된다"라고 주장했다. 스미스에게 영향을 받은 찰스 다윈은 경쟁과 적자생존을 생물학과 진화의 원리로 보았다. 이 관점들은 모두 인간을 이기심을 본성으로 하는 존재, 부족한 자원을 놓고 서로 경쟁해야만 하는 원자화된 존재로 본다. 그런데 이런 관점들이 보지 못한 것은 인간에게는 자원을 재생할 수 있는 잠재력, 공동으로 부를 창조하고 그것을 공평하게 나눌 수 있는 잠재력이 있다는 사실이다. 이제 과학자들도 발견하기 시작했듯이, 진화를 이루어 온 것은 경쟁이 아니라 협력이다. 분자 세포, 유기체, 생태계, 지구 전체에 이르기까지 모든

---

100. '근대성(近代性/modernity)'의 문제는 역사적 시기 구분의 차원을 넘어 특정한 사회 문화적 경향을 총칭하는 의미로 사용되고 있다.

삶을 조직하는 기본 원리는 협력과 상호성이다.

따라서 근대성이나 탈근대성은 세계관[101]에서 정치, 경제, 사회문화, 예술의 경향, 대중의 일상을 아우르는 총체적이고 복합적인 개념으로 이해되어야 한다. 근대의 미완성과 함께 새로이 도래한 탈근대성이 중첩된 시대를 살고 있기 때문이다. '계승해야 할 근대'와 '극복해야 할 근대'가 있는 것이다.아키라, 2020 근대는 '성취함직한 특성'과 '부정해야 할 특성'이 있다. '근대 적응'을 제대로 하기 위해서는 '근대 극복'을 겸하지 않을 수 없고, '근대 극복' 또한 '근대 적응'을 겸해야 온전히 수행할 수 있다.백영서, 2021: 115

따라서 무엇보다도 의도하든 의도하지 않았든, 대부분의 포스트모더니즘이 자본주의와 신자유주의의 시장 체제를 옹호하는 데 이용되었음을, 자본주의 체제가 거의 모든 근대성의 이기를 낳은 동인임을 직시하고 근대성을 벗어나는 진정한 포스트모더니즘으로써 자본주의를 해체하는 실천에 나서야 한다.이도흠, 2015: 496-497

포스트모더니스트들의 주장대로 이성 중심주의가 지금의 위기를 불러온 한 원인지만, 그렇다고 해서 인간의 이성을 무시한다면 '지금 여기에서' 생명을 무차별로 학살하고 있는 죽음의 문화를 비판할 근거는 어디에서 찾을 것인가? 탈근대의 담론이 그 비전에서는 타당하지만, 한국 사회의 모순을 호도하고 자본가와 문화산업가의 이데올로기를 옹호한 것이

---

101. '세계관'이란 세계를 인식하고 의미를 만드는 바탕 원리다. 세계관은 세계에 대한 대응 양식이자 의미체계의 바탕 체계이다. 또한 세계의 도전과 위기에 대해 집단무의식적으로 대응하는 양식이라고 할 수 있다. 그러므로 세계관을 알면 그 시대 사람들의 마음으로 그 시대의 문화와 텍스트를 해석할 수 있다. 읽는 주체는 자기 나름의 세계관의 구조 아래 텍스트를 해독하며 이것은 쓰는 주체의 세계관과 일치하지 않을 수 있다. 세계관이 다를 경우 원칙으로 해석이 불가능하다.

문제인 것이다. 데리다의 해체론은 이성중심주의와 함께 서구 중심주의, 기존의 지배 블록 중심의 이데올로기, 이를 떠받들고 있는 폭력적인 서열 제도 자체를 해체하고자 한 것이지만, 우리나라에서는 해체의 칼날이 그 힘을 잃고 엉뚱한 것만 베어 버리는 아이러니만 범했다.^{이도흠, 2015: 482} 근대화=서구화라는 관점이 오랫동안 한국의 학계를 풍미했는데, 한국사에서 근대의 기점을 한국 사회가 서구적으로 개혁하거나 서구를 향하여 문호를 개방한 시기인 개항이나 갑신정변으로 잡기도 했다. 그러나 이 시기는 자생적인 근대화가 일본의 제국주의적 침략에 꺾이고 자본주의 시장에 편입되어 중심국의 수탈 때문에 저발전의 나락에 빠진 기점이기도 하다.

근대적 모순까지도 탈근대적 접근을 감행하는 것 또한 위험하다. 해체할 것은 이성 그 자체가 아니라 자연을 파괴하고 인간마저 비인간화하고 소외시키고 있는 특정 개념의 이성, 곧 목적 지향적이고 도구적인 이성이다. 물론 한국 사회에 탈근대적 모순이 나타나기 시작한 것은 사실이다. 그러나 압축적 근대화를 추진한 한국은 중세성과 근대성, 그리고 탈근대성이 중층적으로 결합된 '비동시성의 동시성'의 사회다.^{이도흠, 2015: 483} 더구나 근대성의 상당 부분은 서양과 일본으로부터 이식된 것이다. IT 강국으로 탈근대적 문화가 번성하지만, 아직 봉건 잔재가 남아 있고 식민지 근대성을 극복하지도, 근대성을 완성하지도 못했다. 근대성의 모순과 부조리가 극심하다. 그리고 사상과 표현의 자유가 제한되는 국가보안법이 상존하고, 교원의 정치적 자유가 부재하다. 노동3권이 보장되지 않을 뿐 아니라, 재벌이 정권과 유착관계를 맺고 노동자를 과도하게 배제하고 탄압하고 있다. 이성이 없이 한국 사회에 상존하는 중세적 주술과 봉건성은 야만을 극복할 수 없고, 계몽적이고 소통적인 합리성을 갖춘 주체 없이 권력에 대해 저항할 수 없다.

이 점에서는 근대의 담론이 여전히 유효하다. 다만 근대성의 모순과 위기를 비판하되 그 너머를 사유해야 한다. 근대성을 부정하고 탈근대적 패러다임으로 전화하되 근대성의 성과는 수용해야 한다. 의미의 해석과 판단과 실천의 주재자로서 주체는 살리되, 동일성의 배제와 폭력은 지양하여 타자의 고통에 공감하고 연대해야 한다. 이성의 도구화는 부정하되, 계몽성을 계승하여 소통적인 '가로지르는 이성Transversale Vernunft/ transversal reason'을 추구할 필요가 있다.신승환, 2003: 79

제국과 제3세계, 중심과 주변, 나와 타자, 자연과 인간, 주체와 객체 사이를 끊임없이 오고 가며 성찰하는 이성이 필요하다. 전 지구 차원의 환경 위기를 낳은 근대를 성찰하고 자연 및 온 생명과 상생하는 지구촌을 만들어야 한다. 지구는 지금도 우리를 기다리고 있다. 우리는 우리가 숨 쉬는 공기, 우리가 마시는 물, 우리가 먹는 음식, 우리의 의식을 통해서 모든 생명과 연결과 연결되어 있다. 다른 존재들과 단절되어 있는 원자화된 존재가 아니다. 따라서 우리는 우리 자신의 의식을 확장하여 다른 존재들에게 가닿을 수 있도록 노력해야 한다. 그렇게 할 때 우리는 우리 안에 잠재적으로 존재하는 경제적, 공감적, 협력적 지성을 통해서 지금과는 다른 새로운 세계를 상상하고, 이 시대의 긴급한 위기들을 풀어 나갈 수 있다. 현재 인류가 걷고 있는 길을 계속 간다면 우리는 생태적으로도, 사회적으로도 붕괴할 수밖에 없다. 따라서 진리가 곧 권력이고, 이의 절대성이 폭력임을 인식하고 진리의 상대성이나 불가지성을 인정하면서도 지금 여기에서 진리와 허위를 구분하고 허위와 투쟁해야 한다. 과학으로 주술과 미신을 퇴치하되, 과학이 야기한 역기능을 성찰하고 자연과 같은 과학, 무질서와 불확실성을 포용하는 과학을 추구해야 한다. 세계화와 다국적 흐름을 인지하면서 제국과 국가의 부조리와 야만, 폭력에 맞서서 진정

민중을 위한 세계체제 및 공화국으로 개조하는 운동을 해야 한다. 지금 여기에서 구체적으로 의미를 해석하고 판단하되, 너와 내가 함께 더 참답게 실존하면서 공존할 수 있는 미래를 위하여 결단하지 않으면 안 된다.

근대 교육의 양면성

서구적 근대성western modernity은 18~19세기 이래 비서구 지역으로 확산되었고, 서구적 모델에 근거한 '근대화modernization'[102]는 20세기 후반까지도 유력한 이데올로기로서의 역할을 했다고 볼 수 있다. 이러한 근대 사회의 특징에 따라 근대 교육modern education은 기존의 사교육적 형태로부터 공교육으로, 엘리트 중심적 교육으로부터 대중 교육으로, 자유인의 교육으로부터 기능인의 교육으로, 특정 집단의 신념·가치 체계의 일반화 혹은 종교적 내용으로부터 과학적 합리성을 주된 내용으로 하는 교육으로 변모되어 왔다. 근대성 이념에 기초한 근대 교육은 중세 봉건 교육에 대립되는 개념으로서 근대적 민족/국민 국가nation-state의 형성과 자본주의 사회의 발전에 따라 국민적 자질의 함양과 생산자로서의 능력을 배양하기 위해 행해지는 교육[103]이라고 할 수 있다.

근대 교육의 준거는 흔히 교육 기회의 보편화, 교육의 세속화, 교육의 민족화/국민화[104]의 세 가지로 요약할 수 있다. '서구적 근대'는 철학적으로는 이성적 합리주의에 기반을 둔 계몽사상, 경제적으로는 산업화, 사회

---

102. '근대화(modernization)'라는 것은 사회변동의 한 유형으로서 정치, 경제, 사회, 문화 등의 각 분야가 서로 관련되면서 전체적으로 그 사회가 합리주의적이고 인간 중심적인 방향을 변혁되는 것을 가리키는 것이다. 경제적으로는 새로운 생산방식에 의해 상품이 생산되기 시작했으며, 정치적으로는 자유와 평등을 기조로 한 시민권이 새롭게 규정되었고, 교육적으로는 신분에 관계없이 모든 사람이 교육받을 수 있는 새로운 공교육체제가 형성되기 시작했다.
103. 서울대사대 교육연구소 편(1981), 『교육학용어사전』, 배영사.

적으로는 귀속주의[105]로부터 능력주의[106]로의 지위 배분 구조 변화, 그리고

정치적으로는 민족국가/국민국가nation-state로 표현되는 근대 사회의 제

---

104. 우리가 근대 교육의 정의할 때에는 근대적 정신 또는 근대화의 정신을 중시해야 할 것이다. 여기에서 비로소 전통적 봉건 교육에 대비되는 반(反)봉건 근대 교육의 성격이 드러나게 될 것으로 보인다. 이러한 관점에 선다면 근대 교육을 정의함에서 교육의 기회 균등, 근대적 지식의 전달 등과 더불어, 교육에서 합리주의적, 인간중심적 사상, 자유와 평등에 기초한 민주·민권 사상 등을 강조하게 된다.

105. 콜린스는『학력주의 사회(*Credential Society*)』(1979/1989)에서 개인의 사회적 지위 가 주로 가정의 사회적 배경 등에 의해서 지배되는 귀속주의(ascription)로부터 능력주 의(meritocracy) 또는 성취주의(achievement)로 이행하는 과정을 보여 준다. 학력주의 (degree-cracy/credentialism)란 개인의 사회적 지위가 학력에 의해서 결정되는 것을 의미한다. 학력이 만일 기회의 평등을 결여하게 될 경우, 이 학력은 사회이동의 통로로 서 기능하는 것이 아니라, 오히려 지배계급을 재생산하고 정당화하는 제도로서 작용할 가능성이 있다. 1960년대에 들어서면서 학력주의 제도는 명백한 위기 상태에 돌입했다. 직업에 필요한 학력의 가치 상승은 수십 년 동안 계속되어 왔는데, 현시점에서 이 변화 는 인플레이션 현상으로서 이해되기 시작했다. 거의 보편화된 고등학교 졸업, 그리고 청 소년의 절반 정도가 대학에 진학함에 따라 과거에 누렸던 좋은 직을 보장받을 수 없게 된 것이다. 진보주의 교육론의 혁신적 변형으로서 '탈학교론'은 이런 문제의식의 연장선 에 있다(Collins, 1989: 261-266). 저자는 이런 문제의식을 가지고 탈학력주의 혁명을 요청하고 있다.

106. '능력주의(Meritocracy)'는 개인의 능력에 따라 사회적 지위나 권력이 주어지는 사회 를 추구하는 정치철학이다. 능력이 있으면 있을수록, 더 좋은 대우를 받으며 더 많은 보 상을 받아야 한다는 사상이다. 흔히 '실력주의'라고도 한다. 역사적으로 능력주의는 족 벌주의, 정실주의, 엽관주의를 거친 뒤 나타났다. 능력주의 사회에서는 기회의 평등이 확실하게 이루어진다. 이는 아주 공정하며 깨끗한 사회를 만들 수 있다는 것이고, '개천 에서 용 난다'를 가능하게 만들어 준다는 것이다. 산업화 초반에는 세습보다는 교육이 지위 이동의 사다리 역할을 담당하였으나, 이제는 직접 상속, 소득 양극화, 사교육 이용 하기, 거주지 분화, 학교 서열화 등 직간접인 방식으로 부의 대물림이 일어나고 있다. 부 모 세대의 사회경제적 지위가 그대로 자녀세대로 대물림되고 있고, 그 반대의 경우 매 우 극소한 경우에만 나타나고 있다. 그래서 능력주의는 기존의 차별의 본질을 호도하며 공고화하는 데 쓰이기도 한다. '능력주의'라는 이데올로기는 자칫하면 직업, 계층, 계급 간 차별이 능력에 따라 정해진 것이니 정당하다는 허위의식을 심어 줄 위험이 있다. 능 력만을 지나치게 우선시한 결과 능력 있는 사람은 능력 없는 사람을 상대로 무슨 짓을 하든 모두 정당화될 수 있다는 '경쟁만능주의적' 사고방식으로 변할 수 있는 위험이 있 다. 한국에서의 능력주의는 유교적 근대화와 깊은 관련이 있다. 서구 자본주의 발전과 정에서 프로테스탄트 윤리가 수행했던 역할을 한국에서는 '유교적 입신양명'이 대신했 다(장은주, 2011). 급속한 산업화 과정에서 유교적 근대화는 능력주의 윤리와 결합하여 한국 자본주의를 발전시키는 원동력이 되었다.

특징과 문화, 제도적 경향을 지칭하는 개념이라고 할 수 있다.

학교교육이 '교육적'이어야 한다는 생각이 널리 퍼진 것은 사실 '근대'의 일이다. 분명 학교교육의 역사는 길지만 그동안 대체로 구세대의 거울 이미지를 갖는 신세대로 세대를 교체하는 것이 학교교육의 목표였다. '교육'이라는 아이디어는 역사도 길지만 세상에 잘 알려지지는 않는 것 같다. 그것은 바로 교육에는 아동이 선생을 초월할 수 있다는, 즉 신세대가 구세대를 능가할 수 있다는 개념이 들어 있기 때문이다. 그리고 이것은 학교교육의 역할로 널리 수용되지 못했다. 적어도 근대 이전까지는 학교교육에 대한 소크라테스의 비전조차도 새로운 것을 급진적으로 변화시키기보다는 이해와 지혜에 있어서 기존의 완벽한 형태를 기억하는 것으로 되돌아갔다. 학교교육이 교육적이어야 한다는 생각이 싹트게 된 것은 우리가 근대 유럽의 특징으로 생각하는 사상, 실제, 법률, 조직, 공학, 민족국가 등이 있었기 때문이다. 대략 1700년에서 1900년 사이에 유럽인에 의해 구성된 새로운 생활방식은 두 가지 이유에서 '근대적modern'이었다. 첫째, '최근·최신의' 것이라는 점에서 근대적이었다. 둘째, 자신들이 살고 있는 시기를 명명할 필요성을 느낀 사람들이 자신들의 세계, 그리고 중세와 중세 이후 세계 간의 차이를 깨달았기 때문이었다.Young, 2003: 29

새로운 유럽의 근대성은 확실히 과장되었다. 그 이후의 학문은 유럽 문화가 얼마나 많이 과거와 연속된 것인지를 신세대에게 상기시키는 일이 되었다. 그러나 새로운 것에 대한 과장, 칭송 그 자체가 근대성의 핵심 특징 중 하나이다. 왜냐하면 근대성은 새로운 것, 진보, 변화 등을 찬양하는 문화이기 때문이다. 근대성의 핵심적 은유에 점진적인 경제적 축적, 점진적인 기술적 혁신이라는 이미지는 없다. 그 대신 '혁명re-volution(re=again+volvere=to roll: 완전히 한 바퀴 돌아가는)'의 이미지가 있다.Young, 2003: 30 옛 질서의 중심 기둥들은 무너졌고 가부장적인 신은 이성의 궁전에서 추방되었다. 신학은 인류학에 자리를 양보했고, 새로운 예배의식은 직기와 선반계의 노래로 축복되었다. 새로운 신조는 천문지리, 도시의 사업가 복장이었다.

그러나 종교적 충동은 새로운 질서 형태의 안과 밑에 여전히 남아 있다. 인간의 완전 가능성 사상은 사라지지 않고, 한때 그것이 보편적이던 전통적인 교회에 잔존해 있다. 그것은 하늘을 향하는 정적인 모습에서 역동적인 역사적 가능성으로 변형되었으며, 개인의 전기에만 국한되지 않고 사회와 진보의 세계로 전환되었다. 그리고 그것은 새로운 예언자적인 이성의 사유로 바뀌었다. 과학과 공학의 가능성에 대한 지식인의 믿음은 인간 이성의 도덕적, 정치적 가능성에 대한 믿음과 결부되었다. 이러한 가능성은 '국민'이 통치 과정에 민주적으로 개입함으로써, 그리고 인간사에 적용된 과학의 안내를 통해서 된다.

사실 처음에 개혁가들은 20세기식의 대중적인 정치참여는 생각하지 못했다. 프랑스혁명이 끝난 후 유산계급에게만 참정권이 확대되었다. 소작인은 대부분 선거권을 가질 수 없었다. 교육의 역할은 이들 유산계급이 효과적으로 정치에 참여할 수 있도록 준비시키는 것이었다. 교육에 대한 이와 유사한 제한은 영국에서는 19세기까지, 그리고 미국에서도 상당 기간 보편화되어 있었다. 민주적인 과정에 대중이 포함된 것은 세금에 의한 교육 기회가 대중에게까지 확대된 때와 일치한다.

칸트1770~1821는 『교육론』1803에서 이런 근대적인 믿음과 교육의 가능성에 대한 신념을 나타냈다.

교육은 지속적으로 향상될 수 있고, 후속 세대는 인간의 완전성을 향해 한 걸음씩 전진할 것이다. … 이런 방향에서 무언가 할 수 있는 것은 오로지 지금뿐이다. 왜냐하면 처음으로 사람들은 실제로 좋은 교육이 어떤 것인지를 옳게 판단하고 분명하게 이해하기 시작했기 때문이다.

새로운 천 년의 도래와 더불어 중요한 것은 교육의 가능성, 그리고 인간 행복의 진화를 위한 교육의 역할에 대한 믿음이다. 이는 문화적 근대성의 본령에 들어 있는 합리적 낙관론의 일부이다. 근대성은 처음부터 비난을 받았다. 그러나 2세기 넘게 계속된 비난은 영향력이 없었다. 전통적인 관점에서 나온 비판들이 대부분이었고 극소수만 내부에서 나왔다. 오늘날 우리는 신보수주의의 형태로 다시 살아난 전통주의에서 나오는 새롭고 더욱 위협적인 외부의 공격을 목격하고 있고, 자기 회의의 형태로 싹터서 이제는 포스트모더니즘이라는 장례식 꽃으로 만개한 내부의 위협도 목격하고 있다.

하버마스는 근대성의 일방적이고 왜곡된 자기 이해를 인정하고 근대성의 반대자들이 행한 비판 중 많은 부분을 공유한다. 그러나 신보수주의나 포스트모더니스트와는 다르게 하버마스는 근대성이 내부적으로 개선될 수 있다고 믿는다. 근대성은 근대성 특유의 문제를 야기했다. 과학과 공학의 오만한 과신, 공학의 힘에 걸맞은 사회적 이해 수준의 발달 실패, 일상생활에 대한 관료적 권력의 과대한 확장, 정체성을 조작하는 대중매체가 만들어 낸 자아 소외 등이 그것이다. 지구적 관점에서 보면 근대성이란 엄밀히 말해서 특별히 유럽적인 것이고, 여권주의자의 관점에서 보면 가부장적인 특성도 있다. 그리고 다른 왜곡들로 인해 발생한 환경 문제도 추가해야 한다.

전통 교육과 근대 교육의 특성 비교

구분	전통 교육	근대 교육
교육 목적	수기치인, 도덕적 수양을 통한 인격 완성, 봉건제하의 관리 양성	자유, 평등의 민권사상, 자유·용기·창의성 등 시민정신의 배양, 근대 사회의 시민 육성
교육 대상	양반과 지배계급	신분 평등에 따른 교육의 기회균등
교육 내용	한학 중심의 유교 경전 (실생활과 유리된 숭문 교육)	서양의 신학문 (실용적, 과학적, 세속적인 내용)
교육 방법	독서와 사색, 암기 위주의 교육	연설회, 토론회, 운동회 등 특별활동 중시

이런 모든 문제에 대해서 하버마스는 근대성에 대한 이해의 근본적인 성격 전환에 기초한 교육적인 해결책을 제안한다. 근대성이 앓고 있는 병은 단어, 이미지, 행위, 의사소통 간 관계의 성격을 망각했다. 그래서 칸트가 논의한 인간의 완전성을 향한 전진에서 근대의 역할 및 교육의 역할을 구출하기 위해, 하버마스는 합리적인 진보 가능성의 성격을 재-이론화했다. 이는 합리성의 의사소통적 이해에 기반을 둔다. 의사소통적 합리성은 예술, 언어, 삶의 육체적 차원과 균형을 잡는다.Young, 2003: 33 하버마스는 탈근대 시대에도 미완의 근대성/합리성을 완성시켜야 하는 프로젝트를 완수해야 할 과제가 있다고 역설한다.

한국 근대 교육의 기점과 성격

우리나라 근대 교육의 성격은 대체로 학교 중심의 교육, 신분 제한을 철폐한 교육의 기회균등 또는 평등교육의 실현, 서구의 신문화 혹은 근대적 지식의 도입 등으로 규정하고 있다. 구한말 조선의 근대 교육은 봉건교육과는 질적으로 다른 '새로운' 요소들을 포함하는 것이었다. 즉, 전통적 신분차등교육, 유교 경전 위주의 교육, 남성 중심적 교육이 아닌 실용과 대중성을 앞세운 민족교육, 즉 '국민교육(국민 형성을 위한 교육)'이 요구되었다.

한국의 근대화 과정은 개개 국민들을 국민교육을 통해 훈련시켜 군인과 수출 역군으로 만들어 냈다. 한국의 초고속 경제발전도 산업 역군과 그의 아내인 가정주부로 구성된 핵가족을 바탕으로 이루어졌다. 돈벌이를 목표로 했다는 점에서 국가와 가족 단위의 목표는 일치했고, 두 단위는 적절한 역할 분담을 통해 근대화를 추진해 갔다. 그리고 이 둘의 접점은 기회균등을 보장하는 기구로서의 제도교육/공교육이었다. 긴 제도교육을 받고 남성들의 영역에 나란히 진출한 '여성 국민들'의 성장과 더불어 '사회'로 진출한 여성들에 의한 '가족'의 변화는 불가피했다.조한혜정, 2006: 24

국가가 주도하는 대중 교육은 거대한 근대화 과정을 이끄는 '통제적' 기능을 직간접적으로 취하고 있었다. 교육이 각종 사회적 일탈을 '예방'하는 기능을 가지고 있어 사후적으로 교도소나 감옥을 짓는 것보다 '값싼' 방법이었다. 푸코가 지적한 것처럼 서열, 위계를 문서화하는 시험제도와 학교 규율/훈육/길들이기와 같은 것들이 그것이다. 이러한 기제들은 지배의 형식으로서 근대적 교의들을 내면화하고 일상화는 데 기여했다.

그래서 진보 등 거대담론을 거부하는 '포스트모던 교육post-modern education'이 출현했다. 1970년부터 1980년대에 근대 비판 사조로 유포된 포스트모던 교육은 자유학교, 열린학교, 대안학교 등의 흐름과 함께 비판적 교육학, 경계교육학 등 기존의 교육(표준화, 효율화 등)과는 다른 새로운 교육사조(놀이, 자유, 자발성 등)를 출현시켰다.아키라, 2020: 5-8 그런데 한국에서 '근대'의 성격 문제는 전 세계적으로 포스트모더니즘 postmodernism의 경향과 이중적으로 공존하였다. 근대성과 탈근대성 사이의 절충성과 모순성은 결국 콤플렉스를 낳아 '자학사관'으로 이어질 가능성이 있어 제대로 안착되지 못했다.이윤미, 2006: 138

게다가 최근 지구 온난화로 인한 기후위기와 코로나19 등 자연의 대-역습 앞에서 우리는 지금 근대성[107] 위기를 마주하고 있다. 많은 미래 교육학자들이 주장하듯 4차 산업혁명[108] 시대에 대응하기 위해 '다면multifaceted' 교육의 출현을 예상했는데, 생명을 위협하는 바이러스가 그 시기를 앞당겼다. 그런데 근대 교육의 연장선에 있는 원격수업에 대한 기술주의적 맹신은 공동체를 상실하게 한 근대 교육에 대한 근본적 의문을 불러일으켰다. 코로나19 사태로 인한 '사회적 거리두기'가 길어지면서 학교가 오랫동안 문을 열지 못하자 학교의 존재 이유, 교사의 역할, 정보통신기술의 교육적 활용 가능성 등 코로나 이후의 교육과 학교를 두고 다양한 예측이 쏟아져 나오고 있다.

그러기에 기술-경제 발전에 대한 표면적이거나 실제적인 개입을 통해 방심하지 않는 '비판적 대중'으로 거듭나야 한다. 그것은 근대적 계몽주

---

107. 근대성이란 새로운 실천과 제도적 형식(과학, 기술, 산업생산, 도시화), 새로운 생활 양식(개인주의, 세속화, 도구적 합리성), 그리고 새로운 형태의 불안들(소외, 무의미, 절박한 사회적 해체감)의 역사적으로 예기치 않은 혼합(amalgam)이라고 할 수 있다(Taylor, 2016: 6).

108. 인류는 어디에서 와서 어디로 가고 있는가? 슈밥 등이 말하는 것은 4차 산업혁명이 아니라 3차 디지털 혁명의 연장이다. 4차 산업혁명은 1, 2, 3차 산업혁명을 뛰어넘어 인류사 700만 년 이래 전혀 다른 세상을 열게 될 것이다. 4차 산업혁명 시대라는 '새 하늘'을 맞아 인간은 생명을 조작하고 창조하는 신의 위상에 올랐다. 앞으로 AI가 인간의 지능을 초월하고, 거의 모든 사물이 스스로 말하며 거의 모든 인간과 네트워킹을 하며, 가상현실과 증강현실이 실제 현실과 공존하고 빅브라더가 아닌 '빅마더(the Big Mother)'가 우리를 온화하게 감시하고 통제한다(이도흠, 2020). 하필 4차 산업혁명은 자본주의의 가장 야만적인 형태인 신자유주의 체제와 극단의 불평등, 간헐적 팬데믹, 기후위기, 인류세(anthropocene)/자본세(capitalocene)의 조건에서 수행되고 있다. 인류가 이에 충분한 대비를 하지 않는다면, '혁명'이 아닌 '개벽'에 가까운 이 흐름 앞에 과학기술을 자본의 탐욕으로부터 독립시키지 않는다면, 패러다임과 사회체제의 대전환이 없으면, 4차 산업혁명의 끝은 디스토피아나 인류문명의 멸망이 될 것이다.

의 이성에 대한 맹신에서 벗어나 성찰적인 합리성을 발휘하는 일과 분리될 수 없다. 위험사회가 한편으로 지구적 차원의 파국적 위험을 생산하지만, 동시에 그만큼 경계를 부수는 풀뿌리 대중의 발전 동학을 내포하고 있으며, 그리하여 세계사회라는 유토피아를 좀 더 실제적인 것으로 또는 적어도 더 긴급한 것으로 만들 수 있다. 우리가 위험사회에서 안전하게 살아가기 위해서 필요한 것은 '산업적 근대화'의 더욱 철저한 추진도, 혹은 그것의 완전한 포기도 아니다. 그것은 바로 제3의 길인 '성찰적 근대화'를 추진하는 것이다. 따라서 위험사회에서 교육이 맡아야 할 책임과 역할은 이러한 성찰적 근대화를 추진할 성찰적 주체의 형성 과정에서 교육이 어떤 기여를 할 수 있으며, 또 해야 하는가에 대한 고민으로부터 도출되어야 한다.[109]

서구적 근대가 위기에 처한 오늘날 다시금 되살려야 하는 사상적 전통을 복원하고자 하는 운동이 일어났다. 즉, 동아시아의 근대는 영성 중심의 '개벽의 근대'(1860년대의 동학)와 이성 중심의 '개화의 근대'(탈유교화/일본의 근대화를 추종한 개화파)에 주목한다. 영성적 근대spiritual modernity인 '개벽의 근대'는 동아시아의 전통적인 도덕문명을 민중으로 이루려 했다는 점에서 '개화의 근대'와 다르다. 지구적 근대의 위기를 생태와 종교 등 초월적 세계와의 연결망 회복에서 찾고 있다. 경제적 이성(산업화)과 정치적 이성(민주화) 이후, 탈세속화 시대의 정치적 영성화를 주창하는 사람들이 있다. 개화좌파(진보), 개화우파(보수)와는 다른, 만인의 성인聖人 되기를 추구하는 개벽화(토착적 근대)가 오늘날 시대정신에

---

109. 성찰적 근대화의 가능성을 실현할 수 있는 '성찰적 주체'가 형성(Bildung)되어야만 위험사회는 우리에게 살아갈 만한 곳으로 변화될 수 있을 것이다. 벡이 말하고자 하는 바는 결국 위험사회가 스스로 학습하고 연구하는 자세와 문제해결능력을 갖춘 대중을 요구하고 있는 것이다.

부합한다고 할 수 있다.조성환, 2018a[110]

그래서 '지구적 근대global modern'에 진입하면서 '토착적 근대'가 대안으로 제시된다.이병한, 2018: 34; 조성환, 2018 '토착적 근대'는 '맹아적 근대'로서 비서구 지역에서 토착문화가 현대의 과제에 도전하고 현실을 극복하려고 노력하는 데서 생겨나는 '새로운 근대'라고 할 수 있다. 그동안 전통에 매달리는 '척사파'와 서구적 근대에 입각한 '개화파'의 대립만을 봤다면, 이제는 서구적/기술적 근대와 전혀 다른 '토착적 근대indigenous modernity'를 사유하고 실천한 '개벽파'를 주목해야 한다.이병한, 2018; 조성환, 2018 이제 우리에게는 생태적 전환을 예고하는 코로나 사태를 맞이하여 척사정신과 개화정신, 그리고 개벽정신[111]을 동시에 아우르는 거대한 프로젝트를 준비해야 한다.

한국의 근대 교육은 한편으로는 해방의 가능성을 보였지만, 다른 한편으로 규제와 통제의 대상으로 전락될 식민화의 가능성을 내포하고 있었다. 근대 교육의 확대는 교육의 기회균등을 도모하는 공교육의 이상을 구

---

110. 세상이 개벽돼야 한다는 생각들은 이미 자생적 근대사상인 '미륵사상'에 있었다. 황석영 작가는 미륵사상의 유교적 발현이 동학이고, 선교적 발현이 증산도라면, 그 불교적 발현은 원불교라고 주장한다. 개벽의 근대를 알린 원불교는 '민중 실학'이라고 할 수 있다.

111. 동학의 개벽사상은 반봉건적 민중의식의 총화라는 점에서 근대사상의 주류로 자리매김해야 한다. 인내천(人乃天)이나 사인여천(事人如天) 개념은 평등의 원리를 처음으로 체계화한 것이다(윤경로, 2020). 사회에서 어린이를 대하는 자세와 관점은 근대화의 기준이 될 수 있다. 근대화가 신분질서로부터 자유롭고 평등한 인간의 등장이며 동시에 신에 의해 종속되지 않은 인간 그 자체의 발견이라고 한다면, 어린이가 그 사회에서 동등한 인간으로 존재하는가의 문제는 중요하다(김종욱, 2018: 28-29). 이런 철학은 조선후기 '동학'에서 어린이 존중 사상으로 발전했다. 어린이는 '인내천의 천사'와 같은 존재로 여겨졌다. 어린이를 때려서도 울려서도 안 되며, 동등한 생명으로 존중해야 한다고 강조했다. 어린이를 때리고 울리는 것은 '한울님'을 때리고 울리는 것이기 때문이다. 동학의 뒤를 이는 천도교는 미래의 주역인 어린이를 위한 다양한 사업을 전개했다(김종욱, 2018: 326-329). 천도교는 합법공간에서 문명개화노선을 취하면서 근대종교로 거듭났다. 천도교는 문명개화노선의 개화파를 대거 수용했다(이영호, 2020).

현하고자 했지만, 배반과 허약의 역사로 변해 갔다. 근대화의 물꼬를 튼 진보의 개척자로 여겨진 학교가 지금은 퇴보의 화신처럼 취급되었다. 근대 교육은 '가장 유망한 것'과 '가장 불리한 것'이 혼재되어 있으며, '기회/도전'과 '위기/위험'의 요소를 모두 안고 있다고 할 수 있다. 우리의 근대 교육(그 연장선에 있는 현대 교육)은 지금 물질적 근대에 주목한 과학기술교육의 근대성과 인간성과 민주주의를 중시하는 자유해방교육의 근대성을 모두 내포하고 있기에 '불안한 동거' 국면을 마주하고 있다. 근대 교육의 위상과 향방은 천국을 건설할 수도 있지만, 지옥도 만들 수 있는 양면성을 모두 가지고 있다.

차가운 근대 교육에서 따뜻한 근대 교육으로

생산과정을 거친 모든 것들이 어떠한 방식으로든 '상품으로 변한다(상품화)'는 사실은 현대 사회에서는 자명한 일이다. 또 이러한 과정에서 극도로 모순적 결과들이 초래된다는 것도 기정사실로 받아들이고 있다. 그리고는 일상생활로 돌아간다. 그러나 이러한 부조리/모순의 '가시'는 그대로 남아 현대 사회를 가만히 내버려 두지 않으며, 종종 '체제의 변두리'에서 다시 등장하곤 한다.Pongratz, 2003 시장에서의 성공, 상품 판매 등에 모든 초점이 맞추어진다면 시장에서 판매되는 상품들이 생명을 부여받고 인간의 특성을 지니는 것은 당연하다. 상품 생산의 모순은 예술과 같은 사회 주변 영역에서 가장 극명하게 드러난다. 예술이 높은 가격에 거래되며, 심지어는 투자 대상으로 금고 속 깊숙이 감추어지고 있다는 사실을 모르는 사람은 없을 것이다. 동시에 예술의 원래 가치가 시장 논리와는 완전히 동떨어져 있다는 사실도 모르는 사람이 없다. 인간의 사물화/상품화와 동시에 일어나는 사물의 인간화는 마케팅 지향성의 특징인데, 이는 고도로 발달된 산업사회에서 점점 더 지배적이 되어 가는 또 다른 현상, 즉 생명이 있는 것보다 사물적인 것을 더 선호하는 성향에 의해 더욱 강화된다.[112]

교육도 마찬가지다. 사람들은 지금에 와서야 비로소 교육의 상품화/물신화가 초래하는 모순들을 충분히 의식하게 되었다. 교육이 국가의 지휘 하에 있는 동안에는, 그리고 개별 민간사업자들 간의 경쟁적 관심에서 벗어나 있는 동안에는 최소한 대다수 구성원, 즉 공동체를 합리적으로 교육시킨다는 보편교육의 이념은 유지될 수 있었다. 그러나 신자유주의적 시장 논리가 교육 분야에까지 침투한 이래로 교육이 지닌 기존의 의미, 즉 사회 구성원들 모두에게 성숙한 사회에서 자주적인 삶을 영위할 수 있도록 능력을 부여한다는 것은 '경제화'라는 지배적 요구와 대치되는 모순에 빠지게 되었다.Pongratz, 2003: 170 자격취득 열풍과 더불어 교육은 그 어느 때보다도 더욱 직접적으로 상품화의 압력을 받고 있다. 더욱이 평생교육 시장의 확대가 가속화되면서 교육에 대한 기존의 인식을 통째로 뒤흔드는 변화가 현재 일어나고 있다.

2000년대 이후, 특히 신자유주의적 세계화 파고 이후의 근대적 학교교육은 한계를 드러내기 시작했다. 근대화로 인해 철저하게 변화된 세계를

---

112. 프롬은 이를 '생명이 없는 것에 대한 사랑', 즉 '죽음 애호증'이라고 불렀다. 생명이 없는 것에 대한 사랑은 인간의 근원적 특징이 아니다. 이는 삶이 상실된 결과이며, 참을 수 없는 무력감이나 인간 고립 및 사물화에서 파생된 현상이다. 인간관계가 허수아비 같은 사물적 형태를 띠게 되면 인간은 단순한 기능적 존재로, 피와 살을 지닌 로봇으로 전락한다. 죽음 애호증을 잘 보여 주는 상징이 바로 오늘날의 기계적 인간들이다. 프롬은 완전히 기계화된, 생명이 없는 세계는 사자(죽은 자)와 몰락의 세계의 또 다른 형식일 뿐이라고 판단한다. 이런 죽음 애호적이고 파괴적이고 마케팅적인(자기를 판매하는 사람) 성향은 종종 자기도취적이기도 하다. 그래서 '자기 존재의 결핍' 또는 '진정한 나의 쇠퇴'를 보인다. 때로는 정신분열증 증후군도 보인다. 최근 코로나 국면에서 파업을 장기적으로 이끈 의사들의 모습에서 이 현상이 목격되었다.

물려받은 우리는 반교육적인 근대성/근대 교육으로 물든 이 세계의 모든 특징을 다시 성찰하면서 한 걸음씩 전진해야 한다. 근대성 및 근대 교육에 대한 비판과 대안은 기술적 근대화를 근원적으로 반성하도록 하는 성찰적 근대화reflective modernity[113]를 모색하도록 하고 있다. 울리히 벡의 위험사회에 대한 대안은 현재 나타나고 있는 새로운 근대화 과정의 자기 통제 또는 자기 성찰의 잠재력을 의식적으로 강화시키려 한다는 데 있다. 즉 '진보'라는 신성한 이념의 깃발 아래 거칠 것이 없이 질주하는 근대화가 아니라 자신 속에 내재하는 한계와 위험을 섬세하게 고려해야 한다. 그리하여 지구적 생명의 지속가능성과 안전한 삶을 위해 운동의 방향과 발전의 속도를 끊임없이 제한하고 조정하면서 나아가는 '성찰적 근대화'에서 희망을 찾을 수 있다는 방안을 모색해야 한다.

성찰적 주체의 형성을 통해 성찰적 근대화를 추동하려는 교육은 그 스스로 성찰적으로 되지 않으면 안 된다. 여기서 탈근대를 마주하면서 '성찰적 교육학'을 호출하지 않을 수 없다.정창호, 2014: 16-17 성찰적 교육학은 사회체계 속에서 교육의 위상이라는 문제에 진지한 관심을 기울여야 한다. 즉 교육이 할 수 있는 것과 할 수 없는 것에 대한 성찰 위에서 작업해야 한다. 더 나아가 교육현실에 대한 객관적이고 원리적인 지식을 찾아내는 일도 중요하지만, 더불어 교육이론과 교육실천이 초래하거나 초래할 수 있는 결과와 위험을 스스로 평가하는 일에도 관심을 기울여야 한다. 다시 말하면 교육학은 모든 교육적인 문제의 해결사나 재판관으로 자처할 것이 아니라, 연속적인 자기 학습의 과정에 있는 학문으로 스스로를

---

113. 이제 우리는 파국적인 위험을 완전히 통제·제거할 수 있다는 헛된 환상에서 벗어나 상시적 위험과 더불어 살아가는 법을 배워야 하고, 이를 위해 '성찰적 근대화'를 필요로 한다.

인식해야 한다. 그리고 이러한 이론과 실천 사이를 오가는 성찰적 교육학만이 계몽주의적 독선 아래서 생산될 수 있는 교육적 부작용들을 미리 예방할 수 있을 것이며, 더 나아가 성찰적인 주체를 기를 수 있을 것이다.

이제 코로나 대재앙 사태를 계기로 지그문트 바우만이 예견한 대로 고체적 근대성solid modernity을 넘어 액체적/유동적 근대성liquid modernity으로 나아가는 거대한 전환의 계기가 돼야 한다. 기술 주도적인 '차가운 근대성cold modernity/근현대 교육'을 상호 소통과 돌봄을 중심으로 한 '따뜻한 근대성warm modernity/근대 교육'[114]으로 만들어야 한다. 차가운 가정을 따뜻한 가정으로 만들어야 한다.[115] 동시에 무거운 공동체와 국가를 유연한 공동체와 국가로 만들어야 한다. 학교가 대학입시에 맞춰 전통적 교과 시간표를 일괄 편성하는 방식은 시대적 수명을 다했다. 수명을 다한 근대 교육의 대량생산 체계를 넘어 그 이후의 문명적 전환을 준비하는 포스트 코로나의 '장기 비상 시대'를 준비해야 한다.

미래교육과 미래 학교의 다중적 위상

오늘날 '제도'로서의 학교는 기술 만능적이고 행정적인 체제의 강요에 굴복했다. 따라서 이에 대항하기 위해서는 사회적 합의를 통해 교육학적 의사소통에 대한 총체적 해결 방안이 다시 모색되어야 한다. 학교는 오로

---

114. 호크쉴드(Hochschield, 1995)는 자녀 양육의 형태를 관찰하여 이를 '전통/탈근대/차가운 근대/따뜻한 근대'라는 네 범주로 나누어 논하는 한편, 따뜻한 근대의 이상을 향해 갈 것을 제안한다. 이 '따뜻한 근대'의 모델을 이야기하려면 남자들의 가정 참여, 직장 근무 시간 스케줄의 유연한 조절, 돌봄에 대한 사회적 가치 영역을 논해야 한다는 것이다.
115. 타인을 이해한다는 것은 곧 그를 사랑하는 것이다. 교육적 사랑은 '아버지적인 사랑'과 '어머니적인 사랑'의 균형, 즉 책임을 부여하는 현실적인 요구들과 무조건적인 사랑 사이의 균형을 통해서 현실화된다(Wehr, 2003: 159-160).

지 삶과 경험의 공간으로 존재해야 미래가 있다. 삶의 문제들과 아이들의 학습 문제는 서로 동떨어진 것이 아니다. 교육적 형태로서의 '학교school/scholè'[116]는 사람, 시간, 공간 및 사물이 특정한 형태로 인공적으로 구성된 집합 및 구성을 의미하는데, 이는 아이들이 각자의 배경 및 세계 속 각각의 위치에서 떨어져 나와 특정한 방식으로 모일 수 있는 환경을 조성한다.Masschelein, 2020

'학교'의 모습은 역사적으로 교육이 사회적, 경제적, 문화적 정책 의제, 집단 간 권력 갈등, 그리고 불균형한 힘의 긴장 관계 때문에 늘 이리저리 휘둘리는 모습을 보였다. 이러한 경쟁하는 힘들을 잘 조화시켜 더 나은 세상을 건설하기 위한 학교혁명을 이룩해야 한다. 사회에 영향을 미치는 주요한 사회적 힘—산업화, 도시화, 세계화, 그리고 이데올로기적 변화—

---

116. '학교'를 통해 아이들은 세계가 펼쳐지는 것을 보고 그 세계에 소속되기 시작한다. 이렇듯 학교라는 특정한 모임은 가족과 국가로부터의 영향을 일시적으로 차단한다. 학교에 들어서는 순간 누군가의 아들이나 딸이 아닌 학생 신분으로 거듭나기 때문이다. 그런 의미에서 학교로 아이들을 보내는 것은 자녀들이 우리의 소유물이 아님을 명시적으로 인정한다는 표식과 같다. 따라서 학교가 모든 학생들을 개별 학생으로 칭하고 강조하는 것은 매우 중요하다. 교육적 형태로서의 학교는 모든 종류의 실습과 기술을 시험해 볼 자유 시간을 생성하는 모임이다. 오늘날 많은 언어에서 사용하고 있는 학교 (school)라는 용어의 어원이 되는 그리스어 스콜레(scholè)는 본래 어떤 종류의 시간을 가리키는데, 이 시간은 일종의 자유 시간으로서 생산이나 (가정과 사회에서) 규정된 직무로부터 분리된 시간을 의미한다. 이 시간 동안 젊은 세대들은 공통 세계를 돌보기에 적합한 상태가 되고, 스스로의 운명을 개척하고 만들어 낼 수 있도록 훈련과 연습을 하게 된다. 이 운명은 앞선 세대가 정의내리거나, 미리 내다보거나 꿈꿨던 것이 아니다. 이러한 자유를 우리는 '교육적인 자유'라 칭할 수 있다. 교육적 형태로서 학교는 정치적 유토피아 혹은 한 사람의 규범적 이상을 지향하지 않는다. 오히려 학교 그 자체는 모든 이가 모든 것을 배울 수 있다는 이상적인 신념을 구체화한 것이라고 볼 수 있다. 달리 말하자면 우리가 배울 수 있는 것과 우리가 배워야만 하는 것이 모두 자동적으로 미리 규정되어 있지 않다는 것이다. 학교는 세계를 이루는 무언가를 공동 탁자 위에 올려놓고 이를 함께 공유하는 특정한 실습을 통해 이러한 자유 시간을 창출해 낸다. 철학자 한나 아렌트의 그리스어 스콜레(scholè) 번역은 이를 축약적으로 보여 주는데, 그에게 자유 시간은 곧 "우리가 세상을 향해 자유로울 수 있는 시간"을 의미한다 (Masschelein, 2020).

은 국가교육체제의 토대를 형성하는 요소이기에 더 나은 세상을 위한 학교혁명을 위해서는 이러한 변화의 힘을 잘 읽어 내야 한다.Rury, 2013: 248

학교라는 조직적 교육의 형태가 가정이나 사회의 일상생활 속에서 이루어지는 비조직적인 교육으로부터 독립하게 된 데에는 사회와 밀접한 관련이 있다. 산업사회의 표준화된 교육과정의 기반 아래 제조업에 투입될 교육된 많은 인력을 육성하는 데 효과적이었던 현 학교 시스템은 21세기 지식정보사회의 도래와 함께 다각도의 도전을 받고 있다. 산업혁명이 시작되면서 양질의 노동력을 효과적으로 제공하기 위해 근대의 학교제도가 정립되었듯이, 정보지식기반사회가 요구하는 인재를 양성하기 위해서는 현재의 교육 시스템을 변화시켜야 한다. 산업사회의 학교 및 교육 패러다임을 넘어서는 새로운 패러다임이 요구되고 있는 것이다.

학교의 체제적 변화 요구를 증대시키고 있는 거시 사회 변화 요인들로서 사회문화적 환경의 급격한 변화(인구 감소 및 고령화, 세계화와 개방화, 다문화, 환경과 에너지 문제 등), 테크놀로지의 비약적 발전(모바일 기술, 클라우드 컴퓨팅, 온라인 협력과 의사소통 도구, 웹 기술 발전, 유비쿼터스 컴퓨팅 등), 디지털 원주민digital native으로서의 새로운 밀레니엄 학습자의 등장(개인의 자유 및 개별화, 네트워크/협업, 윤리의식 약화 등)에 따라 사회적으로 요구되는 핵심역량의 변화가 요청될 것이다. 새롭게 요청되는 핵심역량은 자기주도적 학습능력(비판적 사고, 문제해결), 미래학습 기반능력(창의적, 혁신적 사고), 협업과 상호작용 능력(의사소통능력, 팀워크, 리더십) 등이다.

이러한 변화의 요구 속에서 미래 사회의 학교는 어떻게 변화될 것인가? 먼 미래 사회에서는 학교가 아예 사라질 것이라는 예측을 하지만, 교육의 사회화 기능이 존속되는 한 '학교교육schooling'의 개념은 어떤 모습으로든 남아 있게 될 것이다. 거시적 사회 요인의 변화에 따라 향후 미래 학교는 교육이 학교에서만 이루어진다는 관점이 약화되고, 학교의 기능과 역할은 사회 공동체와 밀접히 연계될 것이다. 하지만 학교 졸업장이 지닌 독점적 권한은 크게 약화될 것이다. 학교체제 역시 시장 모델에 따라 학습자의 다양한 요구에 부응하고자 하나, 학교교육이 실현해야 할 공공선에 대한 합의를 중시하는 방향으로 점차 변화되면서 기존 오프라인 기반의 물리적 학교 이외에 기존 제도권 외의 학습기관, 가상 네트워크 기반학교 등에서의 다양한 학습활동은 모두 물리적 학교에서의 활동과 동등하게 인정받게 될 것이다.

학습자들은 개인의 생애 설계 모델에 따라 자신이 필요로 하는 교육과정을 교수자의 컨설팅을 통해 자유롭게 설계할 수 있게 되며, 교수자는 기존 교과 내용을 잘 전달해 주는 역할에서 벗어나 학생 개개인의 부족한 부분을 진단해 보충해 주고, 각 학생에게 맞는 역량을 발전시킬 수 있도록 촉진하고 컨설팅해 주는 역할을 주로 담당하게 될 것이다.

미래 학교future school에서는 학교 내뿐만 아니라 학교 밖, 나아가 글로벌 자원과의 네트워킹과 연계를 통한 협력학습, 자기주도적 학습이 강화될 것이며, 평가의 측면에서 e-포트폴리오 등을 통한 과정 중심의 평가비중이 높아질 것이다. 학교 형태의 다양화, 전문화와 함께 설립 및 운영의 자율권이 점차 확대될 것이며, 사이버공간과 물리적 공간의 구분이 불명확해지고 통합됨으로써 기존 온/오프라인 교육의 경계가 사라지고, 교육의 공간과 방법이 획기적으로 변모할 것이다.

또한 미래 학교는 학교 형태의 다양화, 전문화, 복합화를 통해 비단 학령기의 학생만이 아닌 지역사회 주민 모두에게 개방된 학습센터로서 보다 중추적인 역할을 하게 될 것이다. 노령인구를 포함한 지역사회의 다양한 인적 자원이 학교운영의 일원으로 참여하게 되며, 동시에 생애 학습자로서도 학교의 주요한 일원이 될 것이다. 글로벌 자원과의 자유로운 연계를 통해 양질의 인적·물적 교육자원을 장소와 시간의 구애 없이 이용할 수 있게 될 것이며, 양성 및 채용의 개방화로 사회 각 분야 전문가들의 교수자로의 참여도 보다 활성화될 것이다.

이러한 학교의 체제 및 내용의 변화에 따라 미래 학교는 휴먼터치가 강조되는 '유비쿼터스 기반의 학교', '글로벌과 지역사회와 연계된 학교', '생태 친화적 학교', '안정된 학교', '즐거운 학교', '지능형 학교' 등의 지향점을 갖게 될 것이다. 환경 설계에서는 학교와 지역사회의 연계 강화를 반영하고, 지역사회의 인적·물적 인프라를 고려한 도심형, 전원형, 복합형, 단일형 등 다양한 유형의 학교 모델이 도입되며, 기존의 획일적인 직사각의 교실에서 벗어나 창의적인 공간, 기능적 공간, 융통성 있는 공간, 소통의 공간, 통합적인 공간으로서의 학교환경에 대한 재정의가 이루어질 것이다.

이러한 측면에서 학습자에게 합당한 도구와 환경을 갖추어 주기 위한 인프라 구축 과제는 문맹의 퇴치, 인권의 보장 등에 견줄 수 있는 미래 학교 환경 구축의 핵심 이슈로서 무선인터넷, 클라우딩 기반의 분산화된 학습 환경과 학교 전반에 걸친 u-교수학습 지원체제 구축이 선결되어야 한다. 그리고 문명사적 변화에 대응하기 위해서는 새로운 패러다임에 적합한 교육제도를 만들어 가야 한다. 학제의 개편, 온라인 학습의 학점 인정, 교육 내용과 방법의 변화 등 학교를 둘러싼 기존의 제도를 점진적으로 변화시켜야 한다.

진정한 21세기의 시작은 코로나19와 함께 시작되었다고 하는데, 요즘 학교에서 일어난 일을 보면 그 말을 인정할 수밖에 없다. 코로나 팬데믹은 오랫동안 변하지 않았던 학교를 단시간 내에 강제로 진화하게 했고, 변화 가능성도 무한히 열어 주었다. 코로나가 인간에게 유해한 것인지는 몰라도 그것이 가져온 사회 변화는 정말 놀랍다. 이 기회를 통해 학교는 우리 사회를 지탱하는 큰 축이었으며, 미래에도 존재해야 하는 제도임을 확인시켜 주었다. 교육부는 코로나19로 인해 도입된 원격수업을 '미래교육' 전환의 계기로 삼으려 한다. 기존 등교수업에 원격수업 등 새로운 도구들이 더해지면, 개별 학습자에게 맞춤한 교육을 할 수 있다는 것이다. 코로나19가 종식되어도 원격수업과 등교수업을 합친 '블렌디드' 교육은 고교학점제 전면 실시 등 다른 정책들과 연계돼 자리를 잡을 것으로 전망된다.

실제로 일부 교사들은 원격수업의 장점을 발견해 하나둘씩 활용하는 모양새다. 실시간 강의를 하더라도 학생들이 '다시 보기'를 할 수 있도록 녹화를 떠서 올려놓는다거나, 원격수업에서 데이터로 남은 기록들을 학교생활기록부 기록에 활용한다거나 하는 식이다. 학생들에게 개별적으로 보내는 피드백이 이전보다 늘어나서 좋다는 교사들도 있다. 이미 존재하고 있는 기술이지만, 코로나가 아니었으면 아마 활동하지 못했을 것이다.

그럼에도 학력 저하에 대한 우려가 큰 만큼 등교수업을 늘려야 한다는 목소리가 높다. 원격수업만 했을 때 전반적인 성취도가 떨어지고 등교수업이 이뤄지면 성취도가 올라가는 추이가 뚜렷하기 때문이다. 등교수업을 늘리는 것은 가장 시급한 과제이다. 지난해 수업이 대부분 학교생활 부적응, 학부모들의 돌봄 부담 가중, 교육 격차 확대 등 심각한 문제들을 낳았기 때문이다. 특히 부모와 교사의 관심이 절대적인 어린 학생일수록 비대면 수업의 부작용은 크다. 학교를 통한 감염 사례가 적다는 정은경 질병관리청장의 논문도 등교수업 확대 주장에 힘을 보탰다. 교실 내 책상 띄워 앉기, 가림막 설치, 수시 체온 측정 등 방역수칙을 제대로 지키면 교내 위험은 크지 않다는 것이다. 그런데 상식적으로 대면수업을 확대하면 그만큼 감염 위험은 커질 수밖에 없다. 따라서 정부는 등교수업 확대로 감염 위험이 커질 가능성을 면밀히 파악하고, 세밀하고 정교한 방역 대책을 세워야 한다. 방역과 교육이라는 두 마리 토끼를 잡을 수 있는 최적의 조합을 찾아야 한다. 나아가 모든 학생이 등교해도 가능한 환경인 '학급당 학생 수 20명 이하'를 조성하라는 학교현장의 목소리도 커지고 있다.

다만 기존 교육 시스템의 문제가 누적돼 있는 만큼, 좀 더 적극적인 개선이 필요하다. 근본적인 변화가 없으면 격차와 불평등의 수준이 그저 코로나 이전으로 되돌아가는 데 그칠 것이다. 그러기에 잘하는 학생 위주로 주로 수업을 이끌어 가는 구조적인 문제를 해결해야 한다. 특히 지금 같은 코로나 상황에서는 성취도 기준에 못 미치는 학생들을 학교로 따로 불러 일대일 지도를 하는 등 집중적으로 관리하는 게 절실하다. 코로나로 원격수업이 도입됐지만, 단지 출석 일수만 채우면 졸업 자격을 주는 '무책임 교육'은 벗어나야 한다. 따라서 학교 내부에 교사들의 '학습공동체'가 활성화되고, 교육청이 더 적극적으로 개입해 '상향 평준화'를 이끌어 내는 등 학교 자체의 역량을 키우는 것이 미래교육 전환의 관건이다.

이제 그동안 학교를 학교답지 못하게 했던 것은 무엇인지, 우리가 원했던 학교의 역할은 무엇인지 더 분명하게 정리할 때가 되었다. 시대에 맞지 않는 권위적 행정, 낡은 생각, 본질을 흐리던 규칙, 우선순위를 망각케 하는 분주한 일정, 학생 성장을 등에 업고 교육을 지배하는 정치와 경제 논리 등은 포스트 코로나 시대에 남아 있어서는 안 될 것이다. 코로나를 계기로 교육계뿐만 아니라 사회 깊숙이 숨겨져 있던 안일한 생각과 낡은 관행을 타파하고, 우리 사회가 상식이 통하는 건강한 사회로 재정비되어야 한다.

학교는 기성세대의 지식·가치·태도를 전수하는 사회화의 기능을 넘어 비판적 사고를 바탕으로 변화를 꿈꾸는 변혁적 기능을 가져야 한다. 우리 교육에 변화를 만들기 위해서는 학생과 현장을 중심에 놓고 다양한 정책을 펼쳐야 하는데, 우리 교육체계를 보면 정치와 행정의 관점에서 교육이 설계되어 있는 것이 문제이다. 따라서 어느 순간 혁신에 대한 담론은 사라지고, 미래 담론으로 넘어가는 듯한 상황은 경계해야 한다. 오늘 우리에게 주어진 엄중한 과제를 해소하지 않은 상태에서 미래교육을 이야기하는 것은 허상일 수 있다. 미래 사회와 미래교육은 어느 날 갑자기 오는 것이 아닌 오늘 실천의 과정을 통해 만들어 가는 것이기 때문이다.

그런 점에서 코로나 사태에서 드러난 학교의 민낯은 혁신교육의 기본기가 무너졌을 때 나타난 현상으로도 볼 수 있다. 혁신교육의 철학과 방향은 여전히 중요하다. 코로나 사태에 잘 대응한 학교를 보면 학습공동체가 활성화되어 있고, 학교의 비전과 철학에 대한 공유가 이루어져 있으며, 수업·교육과정·평가에 대한 개방 문화가 형성되어 있다. 교육 주체의 참여를 보장하는 학교 민주주의가 작동하였고, 변혁적 리더십이 발현되고 있다. 이러한 역량과 문화가 현장에 축적되지 않은 상태에서 미래교육과 미래 사회에 대한 담론의 강조는 장밋빛에 불과할 것이다.

따라서 미래교육과 미래 사회를 논한다고 할 때, 새로운 기술과 방법의 도입에 대한 강박관념은 조금 버릴 필요가 있다. 사람과 교육, 그리고 사회를 어떻게 바라보고 해석할 것인가에 대한 본질과 철학 및 가치는 여전히 중요하다. 에듀테크edutech 역시 인간을 위한 도구인 것이지 그것 자체가 목적은 아니다. 이 때문에 미래교육의 방향을 논의할 때 온라인 원격수업의 전면적인 도입이 주는 교육적 가능성은 제한적으로 적용되어야 한다.

현재의 상황은 새로움에 대한 수용의 '속도전'이 아닌, 중요한데 놓치고 있었던 본질을 어떻게 복원하고 회복시킬 것인가에 관한 '성찰의 장'을 요구하고 있다.교육정책디자인연구소, 2020: 14-15 따라서 이상적 모습으로서 미래교육의 핵심은 경직된 시스템에서 탈피하여 유연한 교육 시스템을 구축하는 것이고, 개개인의 고유성을 키우는 시스템의 형성 및 작동이다. 이상으로서 도래해야 할 미래교육에서 놓치지 말아야 할 핵심 담론 중 하나는 마을과 지역의 가치 복원이다. '마을이 학교다'라는 개념을 바탕으로 시작한 학교와 마을에 가로막힌 벽을 헐고, 사실 '오래된 미래교육'이라고 할 수 있는 마을과 학교가 서로 품어 안고 우리 아이들과 어른들이 함께 삶을 가꾸는 마을교육공동체운동이 되어야 한다.

코로나19 사태로 인해 지역과 마을의 협력이 어려워진 측면이 있지만, '넘나들며 배우기'[117]라는 시대정신을 우리 학교의 교육과정과 프로그램에 접목시켜 나가야 한다. 마을교육공동체가 활성화되려면 학교 안과 밖의 벽, 교육청과 자치체의 경계, 그리고 기관 안의 칸막이를 넘어서야 한

---

117. 엘리엇 워셔와 찰스 모즈카우스키의 저서 『넘나들며 배우기』(2014)는 일방적인 교수법에 바탕을 둔 전통적 학습 방식과 평가로는 학생들이 역량을 갖추도록 도울 수 없다고 주장한다. 삶과 동떨어지지 않은 학습을 위해서는 학교 안과 밖에서의 학습이 봉제선 없이 통합되어야 한다. 맥도날드식이 아니라 저마다의 색깔을 지닌 중국 음식점들처럼 세계 곳곳에 '넘나들며 배우기'라는 배움의 원리에 근거해야 한다. 학생과 통하는 학교, 지역과 통하는 학교 만들기를 주창한다. 이제 학교만이 교육을 전담하는 시기는 지났다. 학생이 학교에 품는 합리적인 기대는 열 가지다. ① 관계: 삶에서 중요한 인물 만나기, ② 연관: 배움에 몰입하도록 만드는 강력한 동기, ③ 의미: 미래의 직업과 일을 준비하는 진실한 경험, ④ 적용: 현실을 반영하는 실제적이고 직접적인 경험, ⑤ 선택: 스스로 결정할 때 생기는 책임감, ⑥ 도전: 자기 능력을 최대한 이끌어 내기, ⑦ 놀이: 탐색하고 실험하고 실패해 보는 기회, ⑧ 연습: 기술과 수행력을 더 예리하게 가다듬기, ⑨ 시간: 학습이 아닌 성장을 위한 기간, ⑩ 시기: 스스로 배움을 원할 때 배우기. 이러한 기대들이 좌절되는 경험을 하면서 학생들은 의욕 상실에 이른다.

다. 이러한 변화가 바로 미래교육의 핵심이다. 교육의 혁신은 미래교육을 만들어 가는 비판과 성찰 그리고 실천의 과정이라고 할 수 있다. 그리고 비판을 넘어 공동체 안에서 더 나은 대안과 실천을 모색해야 한다. 모두가 바뀌기를 기다리기보다는 나부터 변화를 시도하고, 당연하게 여겨지는 관행과 경로 의존성에 대해 도전하고 질문을 던져야 한다. 그런 점에서 '나부터', 그리고 지금 할 수 있는 일부터 '즉각' 시작하지 않으면 안 된다. 우리의 미래교육은 개인보다 공동체를 우선시하는 태도, 성숙한 시민의식과 두터운 연대, 자발적 헌신과 나눔, 자연환경에 대한 인식의 전환 등 인류 공동체의 지속에 도움이 되는 활동을 중시해야 한다.

과거가 전수된 지혜에 관한 것이라면, 미래는 사용자로부터 창출된 지혜에 관한 것이다. 과거에는 교사와 교과 내용이 나뉘었고, 또 학습주제와 학생들이 나뉘었다. 아이들은 미래의 직업 전망에 대한 기대와 분리되었고, 학교는 학생들을 학교 내에 두며 나머지 세계와 이들을 단절시켰다. 가정 내 관계는 약화되었고, 다른 학교와 협업할 의지도 약했다. 따라서 미래에는 각 분야 간의 협력 그리고 학생들 간의 통합에 방점을 두고 전반적인 통합이 이루어져야 한다. 또한, 학습이 현실 세계의 맥락 및 동시대의 문제와 긴밀히 연관되는 방향으로 이루어질 필요가 있다. 그리고 지역사회의 자원에 열려 있어야 한다.^{Schleicher, 2020}

과거 교육의 목표는 표준화와, 교육받는 또래들끼리 일치되는 것이었다. 동일한 표준화된 커리큘럼을 따르며 동일한 시기에 평가받았다. 미래에는 학생들의 열정, 그리고 능력에 근거한 가르침을 확립해야 하며, 학생들의 참여와 재능을 독려하기 위해 학습 및 평가를 맞춤형으로 할 수 있도록 해야 한다. 미래교육은 학생들이 독창적인 사람이 되도록 격려해야 한다. 과거에 학교는 이미 존재하던 교육적 실천을 보조하기 위해 기술을 사용하는 데 그침으로써 마치 기술적으로 고립된 섬과 같았다. 학생들은 이미 기술 수용과 소비에서 학교를 앞질렀음에도 말이다. 이제 학교는 구시대적 실천으로부터 학습을 해방시키는 목적으로 기술적 잠재력을 사용해야 하며, 학습자들이 새롭고 강력한 방식으로 지식과 연결될 수 있도록, 혁신적 적용을 할 수 있도록, 서로가 상호작용할 수 있도록 만들기 위해 기술을 사용해야 할 것이다.

이제는 학습의 결과에 주목해야 한다. 관료제하에서 위를 올려다보았다면, 이제는 눈을 옆으로 확장시켜 다음 교사들, 다음 학교, 다음에 올 교육 시스템을 주목해야 한다.Schleicher, 2020 과거 행정은 학교 운영에 집중되었다. 이제는 학교를 이끄는 리더들의 도움을 받아 가르치는 리더십을 기르는 일, 평가하는 일, 높은 수준의 교사를 양성하는 일, 혁신적인 학습 환경을 구축하는 일에 집중해야 한다. 과거에는 품질을 통제했다면, 미래에는 품질을 보장해야 한다. 그러한 제도 변화는 단순히 정부의 강제로 이루어 낼 수 없다. 강제는 항상 복종이라는 고통을 낳기 때문이다. 그리고 단순히 밑으로부터 쌓아 올리는 방식으로 이루어 낼 수도 없다. 효과적인 학습 환경은 지속적으로 시너지를 형성하고, 전문적, 사회적, 그리고 문화적 자본 및 다른 것들을 개선할 수 있는 새로운 방식을 계속해서 찾아내야 하다.

현재 교육과 미래교육의 관계

학교교육의 미래방향을 탐색할 때 '미래교육'을 '현재 교육'과 매우 다른 것처럼 인식하는 경향이 있다. 흔히 미래란 현재와 무관하다고 착각하지만 미래는 언제나 과거와 현재에 뿌리를 두고 있다. 미래는 이미 우리 곁에 와 있다.[118] 다만 골고루 퍼지지 않았을 뿐이다. 교육은 현재 속의 미래이다. 교육은 이제 시작일 뿐이다. 이로써 교육은 인간을 운명의 경계 위에 올려놓게 된다.Pongratz, 2003: 189-190 따라서 미래교육에 성공하기 위해서는 과거 교육으로부터 교훈을 얻고 현재 교육과 현재 학교가 안고 있는 문제를 잘 해결하는 것에서 출발해야 한다. 미래교육은 과거 교육으로부터 이어진 현재 교육의 연장선에 있다. 따라서 미래교육은 현재 교육의 과제를 완성해야 하는 동시에, 새로이 전개될 미래 사회 및 교육의 전망도 준비해야 한다. 정책결정자들은 '아직 도착하지 않은 미래'에 지나치게 들뜨지 말고 '이미 도착한 미래'에 대한 적응력과 대응력부터 높일 수 있어야 한다. 미래교육의 방향은 뒤돌아보고 둘러보고 내다보면서 결정되어야 한다.

그런데 한국형 뉴딜 정책을 보면 의료적 방역과 비대면 원격교육 정책 뿐이다. 그린 뉴딜 없는 디지털 뉴딜이 중심이다. '스마트미래학교'가 그렇다. 여기에는 생태적 미래교육에 대한 전망이 보이지 않는다. 코로나 방역 정책과 정치를 보면, 100여 년 이전의 기술적 근대화를 주창했던 개화파의 주장을 재연하고 있지 않는가라는 우려를 갖게 한다. 코로나 시대의 생태적 사회를 준비하지 않는다면, 코로나 팬데믹 사태는 기술적 근대 교육의 연장선에 머물고 말 것이다. 그것은 곧 기술공학적 미래교육밖에 되지 않을 것이다.

---

118. '미래'는 이제까지 모든 역사의 '잠정적 지위', '아직 있지 않음' 속에서 해결의 실마리를 쥐고 있는 중요한 말임에 틀림없다. 미완의 세계는 완성시킬 수 있으며, 세계 속에 있는 미결의 과정은 결론짓고, 자신 속에 몸을 감추고 있지만, 실제적인 문제들의 익명성은 밝혀질 수 있다. 본래적인 것 또는 본질은 아직 있지 않은 어떤 것으로 사물의 핵심 속에서 스스로를 향해 몰아 대며 과정의 잠재적 경향성 속에서 자신의 발생사를 고대하는 것이다(Jonas, 1994: 358).

코로나19와 학교의 역할

코로나19로 인하여 학교교육은 교육과정으로 문서화되고, 교과서에 나와 있는 것만이 전부가 아니라는 것을 한 번 더 확인할 수 있었다. 더 나아가 학교의 존재의의를 더욱 확인할 수 있는 계기였다. 한 초등교사가 바라보는 학교교육의 역할을 보자.배주영, 2020

• 학생의 성장과 발달을 돕는 학교: 학급은 함께 이야기하고 이야기 나누는 데서 많은 상호작용과 그물 같은 사회적 관계를 만들어 가는 공간이어야 한다. 학생들이 일정 시간 동안 머무는 곳이라는 학습의 장場을 넘어 사회적 관계를 만나고 배우는 사회의 장場, 관계의 장場이다. 학생은 그 속에서 성장과 발달을 꾀할 수 있다. 2학기가 시작되고 나서야 반 친구들의 얼굴 전체를 보았다는 올 한 해, 원격교육으로는 이런 장을 만들어 내기가 쉽지 않았다. 우리 학교의 1학기 교육과정 설문에 그동안 학교에서 못하게 되어 가장 아쉬운 게 무엇이냐는 질문에 학생들은 '다양한 체험활동', '친구들과의 만남'과 '선생님과의 소통'이라고 답했다. 수업 외에도 쉬는 시간, 청소 시간에도 학생과 학생, 교사와 학생 간의 관계 속에서의 상호작용과 소통이 활발히 이루어지고 있으며, 이는 학생의 성장과 발달에 중요한 부분이다. 학년 전체가 움직이는 체험학습이나 학교 안에서의 학년 행사 활동, 소소하게 학급에서 이루어지던 학생 중심의 교육 활동, 동아리 활동과 더불어 자치활동 같은 많은 부분이 지금은 거의 축소되거나 완전히 생략된 채 지식 위주의 교과 내용을 전하는 원격수업 정도로만 이루어지고 있다. 이런 교육은 절대 온전한 학교 교육이라고 할 수 없다. 학생들이 가족 외에 다른 이를 만나는 기회를 거의 차단

당하고 있다. 학부모 이외의 어른을 만나거나 또래와 만나서 이야기 나눌 수 있는 곳이 학교라는 공간이었는데 원격교육에서는 쉽지 않았다. 유아기뿐 아니라 초등학교 시기도 언어능력이 지속적으로 발달해야 하는 중요한 시기이고, 가정과 학교가 함께 발달을 위해 노력해야만 하는 시기이다. 이런 중요한 시기에 녹화된 영상을 지속적으로 보는 것으로 학습을 해야 하는 저학년 학생들에게 미칠 악영향은 더욱 커질 것이다. 학교에서의 언어생활은 제한되어 있으니 가정의 언어 환경과 학부모의 관심에 의존할 수밖에 없다. 길어지는 원격교육으로 학생의 성장과 발달에 대해 가정이 감당해야 할 몫이 더 커진다는 것은 교육격차와도 연결된 문제이다.

• 민주시민을 키우는 학교: 학교는 학생을 민주사회의 구성원으로 키워 나가기 위한 교육의 일환으로 다른 사람의 의견에 귀 기울일 수 있는 태도를 기르고 서로를 이해하고 갈등을 해결하거나 의사결정을 해 보는 경험을 주는 곳이어야 한다. 서로를 이해하고 갈등을 해결해 나가는 법을 배우는 곳이 바로 학교와 학급이다. 수많은 관계의 끈을 잘 이어 나갈 수 있도록 도와주는 것이 학급에서 3월에 하는 큰일 중 하나이다. 원격수업이라도 시작되어 아이들이 서로의 얼굴을 쳐다볼 수 있게 되었지만, 이미 친했거나 알고 있는 사이가 아니라면 지속적인 관계를 만들기엔 역부족이었다. 그러니 올해 들어 학급 내 갈등이 줄었다는 것이 마냥 긍정적인 것만은 아닐 것이다. 이것을 반대로 생각하면 학생이 주체적으로 문제를 맞닥뜨려 해결해 보도록 하는 것이 아닌 그저 맞닥뜨릴 문제 상황을 모두 제거한 것에 지나지 않다. 갈등 없이 조용한 관계 그물망을 언제까지 제공할 수 있겠는가? 사람과 사람이 만나는 지점에선 갈등이 언제나 일어날 수 있

고 학교는 그 갈등을 어떻게 풀어 나갈 것인가를 안전하게 경험하고 배우는 곳이어야만 한다. 우리 주변과 사회의 문제 상황에 대해 토의와 토론으로 의견을 교환하거나 학교, 학급에 필요한 일에 대한 의사결정을 하는 학생자치 활동과 자율적으로 운영되는 학생동아리 활동은 학생들에게 민주시민역량을 가르칠 수 있는 좋은 학습이 된다. 원격교육이 시작된 지난해는 이런 것들을 엄두도 내지 못한 채로 지나가 버렸다. 학생의 의견을 수렴하는 차원을 넘어서 학생이 주도할 수 있게 마당을 펼쳐 주는 역할을 학교가 해야 한다. 교사가 주도하고 만들어 놓은 장에서 '어떻게 꾸밀까' 하는 정도의 의견수렴 역할을 넘어 원격교육으로도 학생이 주체가 되어 계획하고 실행하는 자치의 경험을 할 수 있도록 고민해야 한다. 학생을 토론마당으로 불러내어 서로의 이야기를 들어보고 이해하는 과정, 서로의 의견을 모아보는 과정, 모은 의견을 결정하여 실제로 적용하는 모든 과정을 학생이 주체가 되어 이뤄 낼 수 있게 학교는 원격교육에서나 대면교육에서나 지원해야 한다.

- 마음을 돌보는 학교: 학교는 학생들이 안심할 수 있는 공간이어야 하고 학생의 마음도 돌보는 곳이어야 한다. 학교에 오면 정서적 유대감과 공동체성을 느끼게 된다. 학생들이 말하는 '안심'은 많은 위험 요소에서 안전한 학교, 믿을 만한 어른들과 친구들이 있는 곳, 안정감과 소속감을 얻을 수 있는 곳이다. 원격교육을 계속 받던 3학년 아이들이 대면 수업으로 학교에 나오기 시작하면서, "혼자 공부해서 외로웠는데 친구들 얼굴 보고 말할 수 있어서 좋았어요"라고 말했다. 집에서는 혼자 모든 것을 알아서 해야 하는데 오전 '긴급 돌봄'에 나오기 시작하여 또래 학생들과 같은 공간에서 원격 학습을 하고 있

는 학생은 "옆에 누군가 있으니 안심이 되고 좋아요"라고 말했다. 코로나19 상황이 이 학생들에게 빼앗은 것은 바로 '안정감'과 '안심'이었다. 학교는 바로 안심이 되는 공간이고 안심이 되는 어른과 친구들을 만날 수 있는 곳이다. 사회성, 정서적 유대감, 안정감, 공동체성 등은 원격교육으로는 얻기 어려운 것들인데 학교에 오면 자연히 얻어지는 것들이다. 학생들은 학생과, 교사와 학교에 있는 다양한 어른들과의 대화는 물론이고, 학교라는 공간에서 대면하는 관계가 주는 안정감이 매우 컸다는 걸 알 수 있다.

코로나 팬데믹으로 혁신학교[119]의 중요성이 새로이 부각되고 있다. 공동체적이고 민주적인 그리고 생태적인 혁신학교일수록 코로나 방역에 잘 대처하고 있기 때문이다. 따라서 코로나 사태 장기화로 혁신학교 정책이 흔들려서는 안 된다. 혁신학교는 만남, 축제, 공부, 놀이, 대화의 기능이 마치 다섯 손가락처럼 활기차게 하나로 통합되는 장이어야 한다.Wehr, 2003: 154-155 혁신학교는 탐구하고 경험하고 구성하고 묘사하고 생각하고 행동하고 즐기고 휴식하고 규칙을 만들고 따르는 등 학생이 지닌 욕구를 충분히 만족시켜 주어야 한다. 학교교육 체제는 아이들의 학습, 일, 놀이, 쉼을 적절하게 보장하는 삶의 공간으로 전환되어야 한다.

학교는 '민주적 폴리스'여야만 한다. 자기관리와 비관료적인, 즉 민주적

---

119. '혁신학교'는 진보 교육감들의 정책으로 구현되기 시작한 것이지만, 이 운동은 다양한 학교교육개혁운동의 역사적 맥락에서 비롯되었다. 열린학교운동, 대안학교운동, 공동육아공동체운동, 참교육실천운동, 작은학교운동 등 숱한 역사적 경험을 통해 축적된 학교개혁의 경험들이 어우러진 실천운동이라고 할 수 있다. 이러한 혁신학교 운동은 여러 맥락을 타고 또한 여러 상이한 이름들 아래 전개되었는데, 그 주축을 이룬 것은 우리의 어린이와 청소년 그리고 학교교육 문제를 붙들고 줄기차게 씨름해 온 교사와 학부모, 실천가와 이론가들이었다.

인 지도 원칙은 아동과 특히 청소년이 자신의 문제를 폭넓게 스스로 결정하도록 해 준다. 학교운영에 근본이 되는 토대는 '경청의 기술'을 잘 구사하는 능력이다. 그것을 통해 타인에 대한 감정이입 능력을 갖게 되고, 타인의 체험을 마치 자신의 것인 양 강하게 느낄 수 있게 된다. 이와 함께 교사의 권위는 합리적이고 책임 있게 발전되어야 한다. '불복종'은 더 이상 금기의 대상이 아니라 대화의 일부이다. 모든 가능한 방식과 수단을 사용하여 여유로운 의사소통이 진행되면 결국 교사와 학생 모두가 수업에서 더 많은 만족과 성과를 얻을 수 있다. 교육은 인간이 항상 자기 자신의 고유 능력을 통해서, 즉 자발성과 거부 능력과 성찰력 및 감수성 등을 통해서만 살아가는 법을 배울 수 있다.Pongratz, 2003: 189

혁신학교의 특징은 인간적 학교교육이라는 의미에서 학교를 민주적이고 교육적으로 조직할 수 있는 가능성을 열어 준다. 서머힐 같은 대안학교를 지지하였던 에리히 프롬[120]이 강조하듯이, 소유(to have)를 넘어서는 자아 발견을 위한 '존재(to be) 지향적' 교육[121] 관점을 지향하는 '삶의 기술'[122]은 학교의 내용이 되고 가르치고 배우는 원칙이 된다. 그가 말하는

---

120. 에리히 프롬(Erich Fromm·1900~1980)은 프로이트의 영향이라는 자장 안에서 성장한 정신분석학자이자 사회심리학자였다. 그의 『자유로부터의 도피』(1941년), 『사랑의 기술』(1956년), 『소유냐 존재냐(To Have or To Be)』(1976년)는 현재도 꾸준히 읽힌다. 프롬은 닐이 세운 영국의 자율학교인 '서머힐학교' 책에 서문을 쓸 정도로 매우 우호적이었다.

121. 『소유냐 존재냐』는 '소유'를 위한 삶과 '존재'를 위한 삶의 의미를 묻고 답한다. '소유적 실존양식'과 '존재적 실존양식' 모두 인간 본성에 잠재해 있는 가능성이다. 인간은 자신의 능력을 표출하려는 욕구, 활동하려는 욕구, 타인과 관계를 맺으려는 욕구, 이기심의 감옥에서 빠져나오려는 욕구 등을 포함해 존재하고자 하는 뿌리 깊은 욕구를 갖고 있다. 인간 내부에는 생물학적 소망에서 비롯된 소유하고자 하는 욕구와 타자와 하나가 됨으로써 고립을 극복하려는 존재하고자 하는 욕구가 존재한다. 어느 쪽이 우세한지는 환경적 요인에 달려 있다. 산업사회에선 이기적 행위가 총칙이 되는 반면, 연대적 행위와 베풀고 나누고 희생하려는 소망은 억압된다.

'삶에 대한 사랑', 즉 생명-애호적 사상은 삶에 대한 하나의 근본적인 태도인 것이다.Wehr, 2003: 163-164 교육에서는 아이들에게 자극을 줌으로써 아이들의 삶에 의미를 전달해 주어야 한다. 생산적 자극, 즉 육체와 심리를 총체적으로 동등하게 자극하는 것(춤, 음악, 노래, 미술)을 통한 수업을 중시한다. 이를 추구하는 학교에서는 학생과 교사 모두에게 창조적 표현 능력을 키울 수 있는 실질적이고 이론적인 지식과 방법을 제시한다. 혁신학교에서는 체험학습을 통해 지성적·문화적·예술적 교육을 실현시킬 수 있다.

따라서 혁신학교革新學校, Innovative School의 학교생활은 단지 교육적이고 방법론적인 기술을 전수받거나 지식정보를 제공받는 데 그쳐서는 안 된다. 전인적이고 자주적으로 자아를 형성시키는 '학습learning'[123]의 개념은 타인에 의해 만들어지는 교육의 개념과 달리, 스스로를 책임지고 또 미래에 대한 책임감을 키워 나가는, 평생에 걸친 지속적 과정이어야 한다.Wehr, 2003: 154 '학습'의 교육학적 의도는 공동으로 작업하고, 발견하고, 투영하고, 말하고, 학습하고, 갈등을 극복하고, 함께 즐기는 가운데 실현된다. 오늘날의 2차적/따뜻한 근대성에 부합하는 교사상에는 동반자적 학습문화, 자기제어와 책임감, 교육학적/학생중심적 기본 태도, 창의력, 신

---

122. '삶의 기술'은 ① 타인을 애정으로 대하고 남들이 나와 다르다는 사실에 관심을 갖고 존중할 줄 아는 능력(사랑의 능력), ② 타인에게 의지하고 있을 때에도 자립적 태도를 유지하며, 비록 타인을 실망시키게 되더라도 자율성에 대한 권리를 끝까지 관철시키는 능력(자율의 능력), ③ 자기 성격의 부정적인 측면까지도 똑바로 인식하는 능력(자아인식 능력), ④ 자기 자신의 상반된 요소들, 즉 자신을 유능하고도 실수를 범하기 쉬운, 창조적이지만 덧없는 존재로 인식할 수 있는 능력(상반된 동일성 체험: 자아의식, 자기확신, 자기애, 책임감, 두려움과 부끄러움을 아는 능력), ⑤ 현실을 자신의 소망이나 두려움에 따라 임의로 왜곡시키지 않고 있는 그대로 인식하는 능력(현실감각, 합리적 능력), ⑥ 현실의 만족과 불만족, 즐거움과 괴로움을 모두 받아들일 수 있는 능력(상반된 현실체험: 굳건한 자아, 참을성, 위기극복 능력, 유쾌한 생활태도) 등이다(Funk, Meyer & Johach, 2003: 22).

뢰성, 감정이입, 갈등 해결 능력, 전문적이고도 교육학적인 능력, 방법론적 능력, 상담 능력과 매체를 다루는 능력, 협력과 단체 활동 능력, 친환경적 태도 등을 중시한다.Wehr, 2003: 161 교사들은 학생과 동료 교사들 사이에 일에 대한 에너지와 의욕을 스스로 창출해 낼 수 있는 인성과 시민성의 계발이 꾸준히 요구된다. 이는 또한 주체성의 실현이나 생태적 자아확립과도 불가분 결합되어 있다. 삶의 기술로서의 교육은 모든 예술이 그러하듯, 상품 생산 사회에 저항한다. 교육활동은 사회적 모순들의 틈새 속에서 언제나 사회의 지평을 새로이 넓혀 나가는 도전적 힘을 발휘한다.

교육이 이루어지는 주요한 현장은 교실이다. 교실에서 가르치는 교사와 배우는 학생의 관계는 교육에서 가장 핵심적인 관계다. 우리나라 교육의

---

123. '학습'은 '누가 보장해 줄 수 있는 것'이 아니라 '스스로 배워 나가는 것'이다. 학습이란 첫째, 필연적으로 '사회적 속성'을 지닌다. 이것은 인간 삶의 사회적 속성이 초래한 결과다. 둘째, 학습은 '정서적 속성'을 가진다. 이것은 규칙 따르기의 사회적 속성과 밀접히 관련되어 있다. 셋째, 학습에서는 '동기'의 속성이 중요하다. 이것은 순수히 내면적인 힘이 아니라, 개인적인 것이지만 끊임없이 사회, 사회가 지닌 가치들, 우선순위, 요구와 상호작용하며, 개인의 자기존중감 및 배우고자 하는 대상을 결정하는 데 영향을 미친다. 넷째, 중요한 관심사 중의 하나는 학습할 대상, 즉 '탁월성에 대한 사랑'이다. 이런 사랑만이 비범한 재능이 선택된 분야에서 탁월성을 성취할 있다. 다섯째, 사랑이 탁월성을 갖추기 위한 요건이라면, '존중'은 효율성을 갖추기 위한 요건이다(Winch, 2014: 379-381). 이렇게 '학습'은 다양한 문화 속에서 이루어지며, 각 문화는 서로 다른 활동과 지식세계에 그 문화가 부여하는 중요성에서 그리고 학습에 대한 태도에서 상당히 다른 모습을 갖는다. 이와 더불어 인간 존재의 개별성은 서로 분리될 수 없는 생물 개별성의 발달학적 재능과 사회적 관계의 혼합 결과라고 할 수 있다. 이에 덧붙여 복잡한 우리 사회에서 가치 있는 것으로 여겨지는 활동들의 다양성과 사회적 맥락 안에서 개성을 발달시킬 수 있는 가능성은 엄청나다. 이것은 개인주의의 발달이 아니라, 오히려 사회를 반영하고 다시 사회에 반영되는 능력, 관심, 열정의 독특한 조합들로 구성되어 있다. 루소는 개별성을 설명하는 데 성공한 가장 대표적인 인물이라고 볼 수 있지만, 현존하는 사회에 대한 경멸 때문에 그는 '에밀'이 세상에서 의미 있는 위치를 차지하는 순전히 '사회적 개인'으로 발달하도록 허락하지 않는다(Winch, 2014: 382). 아이가 나이를 먹어감에 따라 사회성과 독립성을 발전시키려는 기회와 더불어 공통된 반응, 기술, 문화적 지식과 이해는 가장 어린 시절에 이루어지는 훈련과 수업을 통해 가장 잘 계발될 수 있다.

주요한 모순은 이 핵심적인 관계가 목적이 아니라 수단이 되고, 교실이 자율성을 갖지 못한 채 외부의 힘에 종속되는 것으로 나타난다.[124] 그런데 지금까지 교육정책은 교실의 자율성을 보장하는 방향이 아니라, 어떻게 교실을 통제할 것인가 하는 방향으로 이루어졌다고 해도 과언이 아니다. 교육 내용은 원래 교사와 학생의 몫이며, 교육정책은 기본적으로 교실이 자율적으로 작동할 수 있도록 외부의 힘을 제어해 주어야 한다.

코로나 이후 변혁 교육으로의 거대한 전환

다중지능의 제창자로 유명한 가드너는 학교교육의 존재 목적을 첫째, 읽고 쓰는 능력을 길러 주는 문해력literacy의 습득, 둘째 특정 학문의 내용과 사고방식을 알려 주는 학과목의 숙달, 셋째 문화적 가치를 전달하는 역할을 두는 것으로 정리했다.Gardner, 2015: 39 클라이드 치티Clyde Chitty[2002: 2-5]는 학교교육의 목적을 크게 인간의 완성human fulfillment,[125] 일의 세계에 대한 준비preparation for the world of work,[126] 그리고 사회적 진보 및 변화social progress and change[127]의 촉진에 두면서 각 목적들 사이에는 갈등이 일어난다고 보았다. 교육제도는 민주사회에서 시민들에게 사회

---

124. 우리나라의 교실은 이중삼중으로 바깥의 힘에 짓눌려 있다. 이러한 힘들로부터 교실의 자율성을 보호하는 것이야말로 국가교육정책의 근간이 되어야 한다. 국가권력의 잘못된 영향으로부터 벗어나려면 시민으로서 교사의 정치적 기본권이 확보되어야 한다. 우리의 교실이 바깥의 힘에 짓눌리는 요인은 다음과 같은 차원에서 제기될 수 있다. 첫째, 교실이 교무실에 종속되어 있다. 둘째, 중등교육이 대학에 종속되어 있다. 셋째, 대학교육이 노동시장에 종속되어 있다. 넷째, 학교가 사회의 이익집단들에 종속되어 있다. 다섯째, 우리의 교육 전체가 외국의 교육 개방 압력에 시달리고 있다(정진상, 2004: 188-190).

125. 개인의 완성에 목표를 두는 학교교육은 개인의 완성 및 인간의 잠재력을 계발하는 데 있다. 학교교육에 대한 아동 중심적 접근(child-centred approach)은 개인의 자질과 개별 아동 각자의 행복을 발전시키고자 한다. 이 접근은 자아의 발달과 성장을 강조하는 루소와 낭만주의 사상가들의 저작에 바탕을 두고 있다.

적, 경제적, 정치적, 문화적 참여의 기회를 보장하기 위한 가장 강력한 사회적 평등 기제인 동시에, 교육 기회의 접근 자체에서도 기회의 평등이 반드시 보장되어야 할 사회제도이기도 하다. 하지만 우리 사회가 교육 기회의 접근에서 기회의 평등을 보장하기 위한 의무교육이라는 제도적 장치를 운영하고는 있지만, 교육의 결과는 이미 불평등으로 인한 사회적 양극화가 만연해 있는 것이 현실이다. 따라서 교육 불평등을 포함한 사회 불평등은 기회의 평등, 과정의 평등, 그리고 결과의 평등이 이루어져야 한다. 기회의 평등은 출발점을 맞추어 주는 것이다. 교육 결과의 평등을 보장하는 것도 국가의 책임이다.

문명의 거대한 전환을 예고하는 코로나 이후의 변혁 교육은 미시적으로는 단위학교의 실천을 기반으로 하면서도 그 미시적 실천 속에 거시적 비전이 녹아 있어야 한다. 교육개혁을 가로막고 있는 학교의 블랙박스를 드러내면서도 교육의 실제와 정책을 교육의 원대한 사상과 목적, 그리고 더 넓은 사회문화적, 정치적, 경제적 상황과 연결시켜 보아야 한다. 상식적 수준에서 가정에 도전하고, 일차적 경험의 한계를 넘어서는 목소리를 내고, 역사와의 대화에 참여하고, 현재를 단순히 재생산하지 않는 미

---

126. 학교교육의 역할은 일/직업 세계를 준비하는 데 있다. 이는 고용/취업(employment)을 위한 것으로 국가경제의 필요와 밀접하게 연관되어 있다. 학교와 일터는 학생을 가르치고 노동자의 생산적 행위를 이끌어 내는 장소일 뿐 아니라, 사회의 기본적 속성을 정의하도록 해 주고, 그 사회의 구성원들이 어떻게 살아가는지에 대한 구조를 제공하는 사회적 공간이다(Bills, 2017: 6).
127. 학교교육의 사회적 기능에 중점을 두는 관점은 사회적 변화와 진보의 촉진을 지향하고 있다. 이 관점은 분명 무한하고 다양한 의미를 가진다. 상당히 제한적이지만 융통성 있는 학교교육의 사회적 기능은 학교교육이 젊은이들에게 변화하는 필요(needs)에 따라 사회를 개선하기 위한 능력과 의지를 갖추도록 하는 것이다. 여기에 우리는 학교가 학생들이 사회에서 효과적으로 기능하도록 준비하고, 다양한 환경을 변화시키고, 열망을 발휘하여 사회를 변화시키는 데 필요한 다양한 능력을 사용할 수 있는 아이디어를 가지고 있다.

래를 상상해야 한다.Giroux, 2017: xii 그러므로 학교교육에 대한 개혁은 단순히 교육뿐만 아니라, 사회 자체를 변화시키는 방법으로 이어져야 한다. 학교의 울타리를 넘어 사회 전체의 구조 개편으로 직결되어야 한다. 아무리 훌륭한 개혁이라 하더라도 내부의 동력이 붙지 않으면 반드시 실패하고 말 것이다. 그동안 학교현장에서 수없이 되풀이된 이른바 각종 '개혁'의 실패는 그 점을 잘 보여 주고 있다. '개혁주의에 매몰되지 않는 개혁non-reformative reform'은 사회변혁, 특히 교육을 통한 사회변혁이라는 과제를 수행하는 사람들에게는 권장할 만한 교훈일 것이다.Apple, 2014 따라서 학교혁신을 넘어 사회를 변화시키는 변혁 교육revolutionary/radical education으로 나아가야 한다.심성보, 2018나: 46 학교혁명은 교육개혁이 '변혁 교육'으로 승화되어야 세계교육사적 보편성을 가질 것이다.

변혁적 학교개혁은 신자유주의 이데올로기(경쟁, 책무성, 효율성, 선택 등)보다는 성찰적·창의적 탐구, 공평한 정책과 실천, 다양성의 긍정, 민주적 삶, 그리고 돌봄과 협력적 공동체를 중시한다. 즉, 학교의 삶을 구성하는 요소로서 비판적 탐구, 공평성, 다양성, 그리고 공동체의 원리를 중시하고 있다.Teitebaum & DeVitis, 2014: 1-3 민주적 학교개혁을 창출하려면 학생의 학업성취 결과에서 차이를 없앨 뿐 아니라, 사회적·경제적 구조를 위협하는 교육체제 자체의 불평등도 시정하지 않으면 안 된다.Shields, 2014: 127 교육계 내부의 갇힌 운동으로서 배타적으로 전개되는 것이 아니라, 지역사회는 물론이고 사회의 다른 부문과 연대하는 교육개혁운동으로 발전해야 한다.

학교교육의 목표는 대체로 국가적으로나 지역적으로 행동하고 돌보는 '적극적 시민'이 되게 하는 데 있다. 학교교육의 목적은 기존 사회를 재생산하는 것이 아니라, 더 나은 새로운 사회를 위해 재정의되어야 한다. 이렇게 재정의된 학교교육의 목표는 인간의 완성과 일의 세계에 대한 준비, 그리고 사회적 진보의 촉진에서 때로는 갈등하는 경우가 많을 것이다. 학교의 사회적 역할이 무엇이어야 하는가라는 개념에 대해서는 서로 경합적인 여러 논의들이 제기되고 있다. 학교의 목표를 민주적 시민정신, 사회적 효율성, 사회 이동/유동성에 두기도 한다. 우리는 학교교육과 일 사이에 긴밀한 연계를 선택할 수도 있고, 사회 이동을 우선적 목적으로 선택할 수도 있다. 학교와 일터의 관계는 우리가 어떤 종류의 사회를 원하는가와 관련된다. 돌봄의 교육적 기능을 강조하는 나딩스는 아이들이 개인으로서 가정적 삶, 생활인으로서 직업으로서의 삶, 그리고 공동체 구성원으로서 시민으로서의 삶을 두루 향유하도록 해야 함을 역설한다.Noddings, 2016

빈부격차는 어떻게 미래 세대를 파괴하는가?

지난 수십 년 동안 전 세계적으로 경제적 불평등은 한층 더 심각해졌다. 경제적 불평등의 증대가 사회이동에 악영향을 끼쳤다는 것은 너무도 자명하다. 가난한 아이들의 운명은 우리의 경제, 민주주의에 광범위한 영향을 미치고 있다. 그들은 '우리 아이들'이다. 기회의 불평등, 이웃 공동체의 몰락은 '우리 아이들'의 운명에 지대한 영향을 미친다. 빈부격차는 어떻게 아이들의 삶을 파괴하는가?『나 홀로 볼링Bowling Alone』[128]의 저자 로버트 D. 퍼트넘 하버드대학교 교수는『우리 아이들』2016에서 1950년대부터 현재까지 반세기 동안 미국 사회에서 일어난 결코 안심할 수 없는 교육현실을 생생하고 드러낸다. 오늘날 미국을 나누는 가장 중요한 요인은 인종이 아닌 계급이며, 그것이 가장 잘 나타나는 장소는 '가정'이다.『우리 아이들』은 자녀 양육에 드리워진 빈부 격차가 점점 벌어지고 있음을 밝혀낸다. 계층 이동의 기회였던 '교육 사다리'가 사라졌을 때 일어나는 사회 현상을 적나라하게 보여 준다.

『우리 아이들』속의 이야기는 거의 그대로 우리 사회 얘기일 수 있다. 한국의 학교에서도 진행되고 있는 계급격차의 심화가 가난한 학생들의 생애기회를 어떻게 파괴하는지 그 원인과 결과를 꼼꼼히 파헤친다. 지구적으로 진행되고 있는 양극화가 왜 경제적 문제를 넘어 민주주의와 가치, 그리고 사회의 운명이 걸린 일인지를 심층적인 사례 연구와 통계로 치밀하게 분석했다. 퍼트넘은 다양한 계급의 가정과 아이들의 삶을 세심하게 살피는 동시에 최신 사회과학적, 뇌과학적 연구 성과를 토대로 그들이 처한 현실을 엄밀하게 분석한다. 바로 이 시기 동안 누구나 노력한 만큼 성공할 수 있다는 '아메리칸 드림'의 신화는 처참하게 무너졌으며 사회경제적 양극화와 부의 대물림 현상은 심화되었다. 노력의 성공 신화 '아메리칸 드림'이 몰락하고, 한번 '흙수저'는 절대 '금수저'가 될 수 없다! 게다가 이러한 현상은 한 사회의 미래라 할 수 있는 아이들의 뇌 발달과 정서적 성장 등 삶 전반에 결정적인 영향을 미치고 있다. 이와 같은 이야기는 우리

---

128. 『나 홀로 볼링: 사회적 커뮤니티의 붕괴와 소생』(2000)은 제목 그대로 '혼자서 볼링을 하게 된 미국인들'의 일그러진 자화상을 보여 준다. 미국 사회가 깨진 유리조각처럼 '(숱한 개인들의) 원자화'로 파편화가 된 것이다. 특히 레이건과 부시 집권기에 풍미한 신자유주의 물결에, (원자화된)개인은 나 홀로 볼링을 할 수밖에 없었다. 여기서 문제는 경제성장이나 혹은 물질적 복지가 근본적으로 공동체를 소생시켜 주면서 인간을 자유롭게 행복하게 만들어 주지 않는다는 것이다. 신뢰 등 사회적 자본(social capital)이 시민의 사회적 참여를 북돋우는 요소일 뿐 아니라 삶의 모든 영역에서 우리를 더 건강하고 행복하게 만드는 핵심이다. 저자의 진단은 '공동체의 쇠퇴'야말로 불가사의한 이 수수께끼의 원인이라고 한다. 공동체의 붕괴가 '나 홀로 볼링 현상'이라는 '풍요속의 빈곤=고독 질환'을 가져왔다. 이로 인해 정치의 무관심 증대, 참여의 쇠퇴, 정치적 소외와 염증의 확산이 파괴적으로 진행되고 민주주의에서부터 개인의 건강에 이르기까지 미국 사회의 모든 부분이 문제점을 갖고 있다. 저자는 1960년대에 각종 부분에 적극적으로 참여하여 시민사회의 활력을 불어넣었던 '오랜 시민 활동 세대(long civic generation)'는 사망하고, 그 뒤를 이은 베이비붐 세대(1945~1964년 출생)와 X세대(1965~1980년 출생)는 개인주의와 물질주의적 가치관이 우위를 보이며, 참여를 회피함에 따라 미국의 공동체는 "속이 텅 비었다"고 지적한다.

들에게도 결코 낯설지 않게 느껴진다. 바로 '흙수저'라는 단어의 유행처럼, 우리 사회의 이야기이기도 하기 때문이다.

사회경제적 양극화로 인해 발생하는 문제들은, 과거에는 학교 교육과 공동체의 '에어백'을 통해 완화될 수 있었다. 아이들을 돌보는 일은 이웃 사이에 훨씬 폭 넓게 공유되었으며, 공동체 구성원 모두의 책임이었다. 그러나 오늘날에는 경제 논리가 교육에 침투하고, 공동체 역시 파편화되고 해체됨으로써 더 이상 예전의 역할을 수행하지 못하고 있다. 빈부격차의 증대는 점점 부유한 가정과 가난한 가정을 주거, 생활, 교육의 모든 공간에서 '분리'시켰고, 모두가 이웃이고 모든 아이들이 '우리 아이들'이라는 인식을 사라지게 했던 것이다. 게다가 이러한 분리는 양극화를 더욱 가속화한다. 부자와 가난한 사람이 서로 나뉘어져 각각의 이웃하고만 살게 되면, 이웃이 미치는 영향력의 혜택은 부자 아이들에게만 집중되고 반면 빈곤에 따른 희생은 가난한 아이들에게 집중된다.

'우리 아이들'을 위해 우리는 무엇을 해야 하는가? 그렇다면 우리는 이러한 현실에 어떻게 대처해야 하는가? 퍼트넘이 제시하는 세상을 바꾸는 메시지는 면밀한 탐구를 통해 빈부격차의 문제가 우리 사회의 미래뿐 아니라 현재를 위해서도 시급하게 해결되어야 한다고 말한다. 가난한 아이들이 당면하고 있는 냉혹하고 사회로부터 소외된 미래는 우리의 번영을 가로막을 수 있는 위험과 별개로 민주주의를 훼손하고, 심지어 우리의 정치적 안정성마저 손상시킬 수 있기 때문이다. 한 가지 분명한 사실은 오늘날 우리 사회는 기회의 평등과 경제 성장을 동시에 강화할 수 있는 풍부한 여유를 가지고 있다는 것이다. 하지만 그러한 결과를 이루기 위해서는 지금 당장 상당한 투자를 해야만 한다. 『우리 아이들』이 제시하는 사회 문제와 해결책은 일차적으로는 미국 사회에 대한 것이지만, 얼마든지 우리 사회에도 적용할 수 있는 것들이다. 이미 많은 이들에게 한국 사회는 '흙수저'는 '노오력'해도 소용없는 '헬조선' 사회이며, 미국만큼이나 극심한 사회경제적 문제를 안고 있기 때문이다.

부동산 가격의 주기적 상승으로 상층 자산계급과 중하층 자산계급의 격차는 나날이 확대되고 있다. 청년 실업은 해결될 기미가 보이지 않고 교육은 계층 이동의 사다리가 아닌, 계층 고착화의 기제로 바뀌고 있다. 민주화와 세계화는 한국 사회에 더 많은 소통, 더 많은 자유, 더 공정하고 평등한 분배 구조를 가져올 것이라고 기대했건만, 도대체 왜 우리는 더 격화된 입시 경쟁과 취업 경쟁, 더 심화되고 고착화된 경제적 불평등으로 인해 고통을 받고 있는가?

『불평등의 세대』2019의 저자 이철승 교수는 좋은 운을 향유했던 386세대가 정치권력과 시장권력을 장악하고, 불평등의 치유자가 아닌 불평등의 생산자이자 수혜자로 등극하는 과정을 그려 낸다.[129] 그리고 데이터를 통해 밝혀지는 그 결과들은 매우 충격적이다. 다른 세대를 압도하는 고위직 장악률과 상층 노동시장 점유율, 최장의 근속연수, 최고 수준의 임금과 소득점유율, 꺾일 줄 모르는 최고의 소득상승률, 세대 간 최고의 격차, 이 모든 것이 어떻게 성장이 둔화되어 가는 경제에서 가능했을까? 어떻게 파이는 작아지는데, 특정 세대의 몫은 줄지 않는가? 우리는 그 답을

---

129. 『불평등의 세대』는 궁극적으로 '386세대 비판'이 아닌, 세대라는 관점으로 한국의 위계 구조를 비판하는 것이 목적이다. 저자 이철승은 "사회과학자들이 흔히 쓰는 '계급론'의 앵글이 한국 사회의 개인과 집단의 행위 및 그 행위의 동기를 분석하기에는 충분치 않다고 본다. 한국 사회 특유의 위계 구조로 인해 계급과 세대가 거의 일치하는 상황이고, 따라서 한국 사회의 뿌리 깊은 위계 구조를 효과적으로 드러내기에는 '계급'보다는 '세대'라는 앵글이 더 적합하다고 보는 것이다. 궁극적으로 이 책은 세대가 위계 구조로 탈바꿈하는 과정, 구체적으로 세대와 위계가 어떻게 서로를 재생산하는지에 관한 이야기다"라고 말하며, 왜 한국 사회의 불평등 구조에 대해 '계급'이 아닌 '세대'를 분석 틀로 이용하는지를 밝히고 있다.

추론할 수 있다. 바로 386세대의 상층 리더들이 다른 세대에게 돌아가야 할 몫을 더 가져갔기 때문이다. 정치권력 및 기업, 상층 노동시장의 최상층을 차지한 386세대의 자리 독점은 이제 형평성의 문제를 넘어 한국 사회 전체의 비효율을 걱정해야 할 수준에 이르렀다. 이러한 논의를 통해 386세대의 자리 독점은 상승 통로가 막혀 버린 다음 세대에게 궁극적 회의를 자아낼뿐더러 우리 사회에 온갖 폐해를 양산할 것임을 경고하고 있다.

그렇다면 386세대의 네트워크가 한국형 위계 구조와 결합하는 것이 왜 문제인가? 이 거대한 베이비붐 세대가 위계 구조의 상층을 장기 독점하면서 유교적 연공 법칙인 '세대교체'의 룰이 무너지고 있다. 또한 세대 네트워크 내부에 속한 상층 리더들과 거기에 속하지 못한 동 세대 하층 및 다른 세대들 간의 격차가 커지면서 세대 내 그리고 세대 간 불평등은 갈수록 심화되고 있다. 마지막으로 최고의 응집성과 연계성을 가진 세대 네트워크가 국가와 경제, 시민사회의 상층권력을 장악하고, 동시에 그 세대 네트워크가 위계 구조와 결합하면서 조직 내부 혹은 조직 간의 지대 추구 행위의 가능성이 높아지고 있다. 반면 불평등은 확대되고 성장률은 낮아지며 상층 노동시장의 소득과 자산은 나날이 늘어가는 한편, 중하층과 젊은이들은 낮은 소득과 실업으로 비명을 지르면서 출산을 포기·거부하고 있다.

21세기 능력주의 신화는 잘못된 가정을 근거로 부자들을 칭송하며 가난한 사람들을 부당하게 비난하는 등 성공의 실패의 원인을 정확하게 설명하지 못한다. 사회는 항상 부자도 있고, 가난한 사람도 있다. 하지만 우리는 부자를 칭송해서도 안 되고, 가난한 사람들을 비난해서도 안 된다. 개인적인 전략만으로는 불평등한 사회제도나 자원 분배 방식, 기회 구조

등을 변화시킬 수 없다. 개인 차원의 대응 전략은 사회계층 시스템도 변화시킬 수 없을 뿐만 아니라, 우리 사회를 좀 더 평등하고, 좀 더 능력이 중시되고, 좀 더 공정한 사회로 만들지도 못한다. 이 정도로 거대한 변화를 이뤄 내려면 사회구조적 불평등, 특히 부와 권력의 불평등이 줄어들어야 한다. 이러한 한국 사회의 불평등 구조는 교육 불평등 구조와 연동되어 있다. 한국 교육의 가장 큰 문제 중의 하나인 대학입시제도는 초중등 교육의 본질과 내용을 종속 또는 굴절시키고, 지배질서의 재생산을 위한 기제로 여전히 작용하고 있다. 그래서 낡은 교육체제를 근본적으로 혁신하지 못하고 있다. 한국에서는 대학 진학이 교육의 최종 목표로 여겨져 그에 도달하기 위한 청소년의 학습량과 경쟁이 과도하지만, 정작 대학과 노동시장에서의 학습과 노력은 기대와 필요에 미치지 못하고 있는 것이다.최희경, 2019: 730

능력주의의 함정 및 폭정

모든 선진 사회에서 귀족제도aristocracy는 물러나고 능력주의meritocracy가 기본 신조가 되었다. 실력에 따라 누구나 기회를 얻을 수 있다는 능력주의는 지극히 타당해 보인다. 사회가 능력에 따라 경제적 보상과 지위를 배분해야 한다는 생각은 몇 가지 이유에서 매력적이기도 하다. 그 이유에는 능력 우선 채용에서 '바람직하다'고 여긴 효율성과 공정성을 주요한 원칙으로 삼았기 때문이다. 기본적으로 노력과 선도적 시도, 재능에 후하게 보상하는 경제체제는 각각의 기여도에 관계없이 모두에게 똑같이 보상하는 체제나 정실주의에 의해 정해진 사회적 지위에 따라 차등 보상하는 체제보다 더 생산적일 것이다. 오직 각자의 능력대로만 보상하는 시스템은 공정성을 갖는 것처럼 보인다. 오로지 실제 성취만으로 사람들이 구별될 뿐, 다른 어떤 기준으로도 차별되지 않기 때문이다.

능력 위주로 보상하는 사회는 또한 야망이라는 차원에서도 매력적으로 다가온다. 효율성을 늘리고 차별을 배제하는 것뿐만이 아니다. 이는 우리 운명이 우리 손 안에 있다는 생각, 우리의 성공은 우리가 통제할 수 없는 힘에 좌우되지 않으며 오직 '하기 나름'이라는 생각과 연결된다. 우리는 상황의 희생자가 아니며 우리 운명의 주인이다. 재능과 노력에 따라 얼마든지 높이 오르고 꿈을 이룰 수 있는 존재이다. 이는 인간 능력에 대한 기분 좋은 낙관론이며, '우리는 우리가 가질 자격이 있는 것을 갖는다'는 도덕적으로 뿌듯한 결론을 수반하기도 한다. 나의 성공이 스스로의 재능과 노력으로 성취한 것이라면 그 성공을 자랑할 만하다. 내 성취에 따른 보상은 당연한 것이라고 믿어 의심치 않으니 말이다. 따라서 능력주의 사회는 이중으로 고무적이다. 자유를 강력하게 옹호하며, 각자 스스로 필요한 것을 정당하게 얻을 수 있도록 하기 때문이다.

하지만 능력주의 원칙은 폭압적으로 변할 수 있다. 사회가 그 원칙에 따르지 못할 뿐만 아니라, 따를 때도 더더욱 그렇다. 능력주의 이상의 어두운 면은 가장 매혹적인 약속, 즉 '누구나 자기 운명의 주인이 될 수 있고 자수성가할 수 있다'는 말 안에 숨어 있다.^{Sandel, 2020} 이 약속은 견디기 힘든 부담을 준다. 능력주의의 이상은 개인의 책임에 큰 무게를 싣는다. 개인이 자기 행동에 책임을 지도록 하는 일은 바람직하다. 어느 정도까지는 말이다. 그것은 도덕적 행위자이자 시민으로서 스스로 생각하고 행동할 수 있는 능력을 반영한다. 능력주의의 폭정 중 일부는 이러한 충동에서 비롯된다. 그러나 그렇다고 해서 우리 각자가 삶에서 주어진 결과에 전적으로 책임을 져야 한다고는 말할 수 없다.

이러한 능력주의의 승리주의적 측면은 마이클 센델이 주장하듯이, '신

없는 섭리론'이라고 할 수 있다. 말하자면 인간사에 개입하는 신이 없어도 일정한 섭리가 발동한다는 것이다. 성공한 사람들은 자기 힘으로 성공했다. 그들의 성공은 그들의 미덕을 입증하는 것이기도 하다. 이런 사고방식은 경제 경쟁에서의 도덕론에서 더욱 고조된다. 이는 승자를 추켜올리고 패자를 깎아내린다. 오늘날의 세속적 능력주의 질서는 이전의 섭리론 신앙처럼 성공에 도덕의 틀을 씌운다. 성공한 사람들이 자신의 권력과 부를 통해 신의 섭리를 불러온 것이 아니라 해도, 성공은 그들의 탁월한 덕성을 반영한다. 부자는 가난한 자보다 부자일 만해서 부자라는 것이다.Sandel, 2020: 78

이러한 능력주의 신화는 제대로 지키지 않아서, 그러니까 '부모 찬스'로 부당하게 입시나 취업에 성공하는 부정 사례들만 비난을 받는다. 더구나 명문대를 졸업하고 높은 연봉의 직업을 쟁취한 엘리트들은 근면성이라는 도덕적 우월감마저 갖는 듯하다. 엘리트 부모가 자녀들의 교육에 엄청난 돈을 쏟아부어 '능력'을 대물림 수준으로 키워 낸다는 사실에도 능력주의는 공격받지 않는다. 엘리트들은 물리적 자산을 상속하기보다 인적 자본에 직접 투자하는 방식으로 유산을 물려주고 있다. 이는 중산층 이하에서는 따라갈 수 없는 격차다. 하버드와 예일 대학에는 소득분포상 상위 1%에 속하는 가구 출신이 하위 50% 가구 출신보다 더 많이 재학하고 있다. 한국 역시 비슷한 상황을 마주한다.

능력주의, 즉 메리토크라시는 부와 특권의 집중과 세습을 대대손손 유지하는 숨은 메커니즘이자, 계층 간 원한과 분열을 불러일으키는 침묵의 방아쇠다. 이 새로운 귀족주의는 다음 세대에서 특권을 끊임없이 다시 구축해야 하는 번거로움을 무릅써야 한다. 세대가 바뀔 때마다 업적을 세워 스스로의 엘리트다움을 재정비해야 한다. 하지만 능력주의 시대 엘리트는 넉넉한 자금과 차별화된 방식으로 자녀를 양육함으로써 그 목표를 달성하는 데도 탁월하다. 다만 요람부터 지속되는 치열한 자기착취는 불행을 예비한다.

오늘날 엘리트는 일생을 전력투구해서 인적 자본을 쌓고 '멋진 일자리'를 얻은 뒤에도 자신의 재능을 끊임없이 입증하다가 탈진한다. 능력주의의 허구를 낱낱이 파헤치는 마코비츠의 『엘리트 세습』은 능력주의의 두 중심축인 엘리트 교육과 엘리트 위주 일자리의 가속에 가해야 할 대안 역시 제시하고 있다. '새로운 귀족과 나머지의 사회'는 빌 클린턴과 조지 부시 대통령을 언급하며 시작한다. 각각 42대, 43대 미국 대통령인 이들은 1946년 여름 50일 차이로 태어나 나이도 같다. 다만 유복자 클린턴은 외조부모 손에 자란 중산층이었고, 부시는 상류층이었다. 마코비츠는 이 둘의 계층이 달랐지만 모두 대통령이 될 수 있었던 점에 주목한다. 클린턴과 부시 모두 미국 역사상 유례없이 경제적으로 통합된 사회의 일원으로 태어났기에 대통령직에 오를 수 있었다고 마코비츠는 지적한다. 그런데 지금은 불가능하다. 마코비츠는 빅토리아 시대 정치가이자 사상가인 벤저민 디즈레일리의 말을 빌려 이렇게 설명한다.

현재 미국에서는 부유층과 나머지 계층이 두 개의 나라를 구성한다. 그들은 서로 접촉하지도 동정하지도 않는다. 다른 지역이나 다른 행성에 사는 사람들처럼 서로의 습관, 생각, 감정에 무지하다. 서로 다른 가정교육을 받고 성장하며 다른 음식을 먹고 다른 예법을 따르고 같은 법률을 지키지 않는다.

왜 이렇게 됐을까? '능력주의의 함정(덫)'이다. 귀족적 특혜나 계급적 차별을 철폐하는 명분으로 힘을 얻어 온 '능력'은 마치 '기회의 균등'을 보장하는 듯하지만, 더 공고한 계급의 대물림 수단으로 이용되고 있다는 것이다. 엘리트들은 앞선 시대의 귀족과 달리 동산과 부동산을 상속하기보다 인적 자본에 직접 투자하는 방식, 즉 자녀에게 교육을 통해 능력을 배양하는 방식으로 유산을 물려주고 있다. 미국에서도 엘리트 부유층을 중심으로 초호화 사교육이 호황이다. 교육과 더불어 직업 역시 부와 특권의 집중과 세습을 위한 도구다. 능력주의는 구직 과정에서도 사회의 격차를 심화시킨다. 엘리트 고용인은 명문대 졸업생을 선발하며 고액 연봉과 성과보수를 지급한다. 고학력 엘리트들이 높은 기술력으로 노동생산력을 독점하고 높은 임금을 받는 것이 당연시되면서 괜찮은 일자리의 중산층은 일자리에서 밀려나고 있다. 높은 학력과 기술 또는 경영 기법을 장착한 소수 엘리트가 수천 명의 노동력을 대신하는 것이다.

실력과 성실한 직업의식만으로는 더 이상 좋은 일자리가 보장되지 않는 사회가 되었다. 노동시장이 갈수록 특별한 교육과 값비싼 훈련을 받은 인력을 우대하는 추세로 변화해 일류 대학 학위가 없는 중산층 근로 인력은 노동시장 전반에서 차별을 받고 있다. 능력 경쟁은 중산층을 경제와 사회의 중심부에서 몰아내고 혜택, 명예, 부를 가늠하고 할당하는 사회적 기준의 적용 대상조차 되지 못하게 하고 있다. 또한 능력주의는 명문대, 로스쿨, 금융가, IT산업을 엘리트끼리 야망을 겨루는 격전지로 만들고, 시민 대다수를 사회 주변부로 몰아낸다. 중산층 어린이들을 무기력한 학교로, 중산층 성인들을 장래성 없는 직장으로 보낸다. 오늘날 능력주의는 이처럼 엘리트와 중산층을 갈라놓고 있다. 이런 반발이 제기됨은 타당해 보인다. 복잡해진 금융상품과 우리의 주의를 뺏는 IT기술의 공익은 분명치 않으며, 대다수 중산층 몫이 소수 엘리트에게 돌아갔을 뿐이다.

예전에는 중산층과 빈곤층의 빈부 격차가 컸으나 오늘날에는 엘리트와 중산층 간 빈부 격차가 더 심각한 문제가 되고 있다. 사회적으로 기본적인 빈곤 문제가 해결되었기 때문에 중산층의 임금이 줄어들면서 중산층과 빈곤층의 생활수준이 비슷해진 것이다. 엘리트와 중산층 두 계층은 결혼, 교육, 소비활동 등 모든 면에서 분리되고 있다. 중산층이 분노하고 사회적 불만이 높아지는 건 어쩌면 당연하다. 게다가 미국 사회에서 엘리트는 성, 인종, 다문화 출신 엘리트는 적극 포용하지만, 평범한 중산층은 "능력이 부족하고 게으르다"라고 쉽게 폄하해 버린다.

극단적인 경쟁을 거쳐 승리한 고학력 엘리트들은 초고소득을 보장받는 금융·의료·법조·정보기술(IT) 업계에 종사한다. 마코비츠는 이 분야를 '엘리트끼리 야망을 겨루는 격전지'라 설명한다. 이 과정에서 중산층은 백전필패다. 막대한 부 없이는 불가능한 교육의 기회가 이들에게 주어질 리 없는데, 사교육은 물론 공교육에서도 마찬가지다. 일반적으로 저소득층뿐만 아니라 중산층 가정의 어린이조차 엘리트 대학의 자리를 놓고 벌이는 경쟁에서 출생이나 그 이전 자궁에서부터 계획적이고 숙련된 투자를 막대한 규모로 꾸준하게 받아 온 부유층 어린이의 상대가 되지 못한다. 교육 기회에서 밀려난 중산층은 일자리에서도 쫓겨난다. 고학력과 기술, 경영 기법을 치열한 경쟁 속에 장착한 소수 엘리트들이 수천 명의 노동력을 대신하고 중산층은 장래성 없는 직장으로 밀려난다. 다수 중산층의 몫이 소수 엘리트에게 돌아가면서, 중산층에게 남는 것은 상처와 고통뿐이다. 이는 도널드 트럼프 대통령의 등장과도 깊은 관련이 있다.

능력주의 사회에서 엘리트들은 과연 행복할까? 능력주의는 과거의 귀족과 달리 불안하고 정통성이 없는 엘리트를 무자비하고 일생 동안 지속되는 경쟁으로 끌어들이며 뼈를 깎는 노력을 통해 소득과 지위를 얻으라고 부추긴다. 그만큼 엄청난 장시간 노동에 시달리고 있다. 최고 수준의 집중교육을 받고 치열한 경쟁을 거친 만큼 엘리트들이 일해 얻는 소득은 천문학적이다. 엘리트들은 특권을 얻기 위해 일생 동안 치열하게 경쟁을 벌이느라 늘 긴장하고 지친 상태다. 능력주의 사회는 엘리트들 역시 피폐하게 만든다. 오늘날 엘리트들은 과거 귀족과 달리 임대수익이나 금융수익 등 불로소득으로 부를 축적하는 것이 아니라, 노동을 통해 막대한 소득을 얻는다.

샌델 교수의 최신작 『공정하다는 착각』2020[130]은 능력주의가 부자에게는 오만을, 빈자에게는 절망을 주는 방식으로 쌍방향 폭정을 저지르며 민주주의 공동체를 황폐하게 만들고 있다고 고발한다. 샌델 교수는 이번에도 주특기인 '생경한 질문 던지기'를 유감없이 발휘해 독자가 능력주의의 이면을 스스로 들춰 보게 한다. 초반부터 질문은 능력주의 그 자체를 향한다. 완벽한 능력주의는 정의로운가? 입시·채용 비리 같은 '간섭'이 없다면, 그러니까 정말 능력대로 보상을 받는다면, 능력주의는 한 사회가 지향할 만한 정의로운 원칙이 될 수 있냐는 물음이다. 이에 답하기 위해 그는 능력에 상당한 지분을 가진 '재능'이란 단어부터 해체하기 시작한다. 수백만 달러를 받는 농구선수 르브론 제임스가, 르네상스 시대 피렌체처럼, 농구선수가 아닌 프레스코 화가가 각광받던 시대에 태어난다면 어땠을까? 이런 질문을 통해 샌델이 유도하는 결론은 이렇다. 재능은 내 노력이 아니라 행운의 결과이고 내 재능을 후하게 보상하는 사회(농구가 인기 있는 대중 스포츠인 여건)에 산다는 것도 역시 우연의 산물이기에 능력에서 비롯된 혜택을 온전히 누릴 자격이 있다는 판단은 자만이라는 것

---

130. 원제는 『능력주의의 폭정(The Tyranny of Merit)』(2020)이다.

이다. 샌델 교수의 문제의식은 이 '오만'이 공동체에 필수적인 사회적 연대감까지 약하게 만든다는 데까지 나아간다. 자신의 능력만으로 모든 것을 이뤄 냈다고 확신하는 사람은 타인에게 도움을 줘야 할 이유도, 받아야 할 필요도 느끼지 못하기 때문이다.

마코비츠 또한 엘리트 밀레니얼 세대가 '집단 불안'에 빠져 있다고 진단한다. 기대에 부응하지 못할지도 모른다는 두려움 때문이다. 그들은 자신이 전에 올린 성과를 확신하지 못하고 경쟁이 심한 학교가 똑같이 장차 경쟁이 심한 직장으로 바뀔 뿐, 이제까지 겪은 시련이 재현될까 봐 걱정한다. 능력주의 시대 엘리트들조차 능력주의가 진정한 성공을 촉진하지 못하고, 부유하지만 불건전한 방향으로 나아가리라 생각한다. 실제로 능력주의에 따른 불평등은 그 누구에게도 도움이 되지 않으며, 따라서 능력주의의 덫에서 탈출하는 것은 사실상 모두에게 이득이 된다. 오늘날 자존감을 잃고 성공할 길이 막힌 중산층이 능력주의에서 해방되면 원래 위치를 되찾아 사회생활과 경제생활에 적극적으로 동참하게 될 것이다. 현재 소모적인 자기 착취에 빠진 엘리트 계층이 능력주의에서 해방되면 지위와 부가 축소되는 대신에 귀중한 자유와 여가를 얻음으로써 참된 자아를 되찾을 것이다. 그뿐만 아니라 능력주의에서 해방되면 능력주의로 말미암아 억압적이고 불신이 만연해진 사회를 원래 상태로 돌려놓을 것이다.

마코비츠는 능력주의 함정에서 벗어날 대안도 제시했다. 능력주의의 두 중심축인 교육과 일자리에 혁명이 필요하다. 중산층에게도 다양한 교육 기회가 열리도록 해야 하며, 중산층 노동을 촉진하는 방안을 마련해야 한다는 제안이다. 이 두 가지 방안의 핵심은 정부가 나서도록 하는 것이다. 이 때문에 궁극적이자 근본적 대안으로 '민주적 평등의 새로운 정치학'이 필요하다고 강조한다. '능력주의의 덫'을 20년간 천착해 온 저자는 능력주의에 문제가 있다는 인식을 함께하는 것부터 출발하자고 말한다. 이는 분명히 쉽지 않은 일이다. 오랜 기간 민주주의 사회에서 능력은 공정성과 열린 기회라는 생각이 통용되어 왔기 때문이다. 그러나 만들어진 능력, 만들어진 엘리트, 신흥 귀족인 엘리트의 세습이 보편적인 시대가 지속된다면 지금의 사회는 지탱할 수 없다. 오래 묵은 문제일수록 대안을 찾기 어렵지만, 마코비츠는 교육과 일자리라는 두 경로에서 대안을 찾는다.

능력주의 사회 또한 한국 사회의 교육 이데올로기를 지배하고 있다. 정치적 견해와 사회적 계급에 상관없이 '능력에 따른 보상'의 '공정함'을 신앙하는 한국 사회는 '단 한 번 치르는' 대입 시험으로 미래의 인생이 결정되는 시스템을 신뢰하도록 한다. '영원한 군비 경쟁'을 떠올리게 하는 한국의 입시 전쟁은 무한경쟁과 양극화를 낳고, 엘리트 계급을 둘러싼 세습 경쟁에서 탈락하고 안정된 일자리에 목마른 대부분의 무능력자는 모자란 능력을 탓하면서 낮은 자존감 또는 모멸감에 시달린다. 저자는 한국의 능력주의를 단순한 일회성 경주가 아니라, '세대 간 릴레이 경주'McNamee & Miller, 2015: 55라고 비판한다. 맥나미와 밀러는『능력주의는 허구다』에서 교육이 '불평등을 줄이는 데 도움이 된다'는 기존 이론과는 반대로 오히려 "교육은 빈곤의 원인이 아니라, 빈곤의 결과"라고 주장한다.McNamee & Miller, 2015 교육을 통해 불평등이 완화되는 것은 절대 아니라고 못 박는다. '능력'은 '비능력'을 이길 수 없다는 것이다. '노오력'으로도 성공하지 못한다는 것이다.[131]

---

131. '능력주의'는 두 가지 측면에서 비판받는다. 첫째, 능력주의는 자기 파괴적 모순을 안고 있다. 자기 파괴적인 성격은 바로 '민주주의의 결여'에 있다. 둘째, 능력주의(능력에 따른 차별적 보상에 대한 인정 체제)는 사회가 지향하는 가치에 대해 '윤리적으로 생각할 수 있는 기회'를 허용하지 않는다(성열관, 2019: 285-286).

맥나미와 밀러는 능력적 요인보다 비능력적 요인이 더 큰 영향력을 미친다며, 그 원인을 부르디외[132]의 이론에 따라 '사회적 자본'과 '문화적 자본'에서 찾고 있다. 두 자본은 '세습 자본'[133]이라고 할 수 있다.McNamee & Miller, 2015: 29 두 자본은 신분상승과 성공을 위해 활용하는 출세주의/입신양명과 연결된다. 사회적 자본[134]을 '올드 머니old money'라고 한다면, 문화적 자본[135]은 교양과 안목이라고도 불리는 '뉴 머니new money'인 셈이다. 올드 머니가 많더라도 뉴 머니를 갖추지 못한 이른바 '졸부'들을 차별적으로 무시하는 경향이 여기서 비롯된다. 이 두 자본은 '능력주의'를 좌절시키고 '비능력주의'를 강화하는 중요한 요인이기 때문이다. 이런 비능력

---

132. 마르크스는 생산수단의 소유 여부를 사회의 중요한 균열로 인식했으며, 자본가들이 생산수단을 소유함으로써 노동자를 복종시킬 수 있는 우위를 가질 수 있다고 보았다. 하지만 부르디외에게 이러한 경제적 자본은 단지 개인이나 사회집단이 우위를 얻을 수 있는 여러 형태의 자본 중 하나일 뿐이었다. 부르디외는 경제적 자본뿐 아니라, 사회적 자본, 문화 자본 및 상징 자본을 주장했다. 사회적 자본은 엘리트 사회 연결망의 일원이 되거나 지위가 높고 영향력 있는 사회집단에서 활동하는 것을 가리킨다. 문화 자본은 가정환경이나 교육을 통해 얻어지는 것으로, 지식의 증가나 기술 수준 향상, 학위나 신임장 같은 각종 자격증 취득을 의미한다. 상징 자본은 높은 지위를 가진 사람이 낮은 지위의 사람을 지배할 수 있게 해 주는 명망, 지위 그리고 여러 형태의 사회적 존경을 가리킨다. 이러한 도식에서 중요한 점은 자본은 서로 교환할 수 있다는 것이다. 예를 들어 높은 수준의 문화 자본을 소유한 사람은 이를 경제 자본으로 교환할 수 있다. 보수가 많은 일자리의 채용 면접에서 우월한 지식과 자격을 가진 사람들은 다른 지원자에 비해 우위에 설 수 있다. 이와 비슷하게 높은 사회적 자본을 가진 사람은 식견 있는 사람이나 그들이 모여 있는 사교 서클에 참여하는 형태로 사회적 자본을 상징 자본으로 효과적으로 교환하며 거래에서 자신의 권력 기회를 증가시킨다.

133. 사회적 자본이나 문화적 자본은 전통적으로 정의되는 개인적인 노력이나 능력과는 무관한 방식으로 습득된다. 이들 자본에 접근할 수 있는 기회는 부모의 계층에 따라, 직업에 따라, 소득에 따라 차별적으로 주어지며 그로 인한 격차 또한 점점 벌어지고 있다. 이런 의미에서 이 두 자본은 '세습 자본'이라고 할 수 있다. 부는 사회적 자본과 문화적 자본으로 전환되어 부유층과 권력층의 자녀들에게 학업과 취업, 이직 등에서 확실한 '비능력적 특혜(non-merit advantage)'를 안겨 준다(McNamee & Miller, 2015: 29).

134. '사회적 자본'이란 근본적으로 당신이 누구를 알고 있는가, 즉 당신이 알고 있는 누군가의 가치를 뜻한다. 당신을 위해서 혹은 당신을 대신해 권력이나 영향력을 행사해 줄 수 있는 사람은 당신에게 든든한 사회적 자본이 되는 것이다. 물론 사회적 자본의 중심에 경제적 자본이 자리하고 있다.

적 요인들은 능력이 미치는 영향력을 약화시키고 오직 능력만으로 자신의 잠재력을 발휘하려는 사람들의 노력을 좌절시킨다. 개인적인 능력이 뛰어나더라도 자신의 인맥이 말라 있는 상황이라면 성공할 수 없다. 즉 '무엇을 아느냐'보다 더 중요한 것은 '누구를 아느냐'라는 말이다. 더 나아가 누구를 아느냐보다 '어떤 위치에 있는 누구를 아느냐'가 핵심이다. 중요한 개인적 자질, 즉 능력적 요인인 타고난 재능, 근면성실함, 올바른 태도, 도덕성 등이 성공에 미치는 영향은 생각보다 훨씬 적다. 더욱이 이런 자질들을 갖추어도 모두 똑같이 성공할 수 없다고 확신한다.

'공정'은 오늘날 가장 막강한 화두다. 차별과 격차의 실체는 불분명해도 '불공정하다'는 한마디 외침은 민감하게 받아들여진다. 최근 몇 년간 '공정'을 열쇠 말로 한 담론은 세계교육의 담론을 주도하고 있다. 미국 예일대 법대 교수인 대니얼 마코비츠의 『엘리트 세습』[136]이 주목받는 이유다. 능력에 따른 차별을 공정한 것으로 받아들이는 이들이 많은 한국 사회에서, 능력주의meritocracy[137]가 곧 함정이라는 대니얼 마코비츠의 주장은 중요해 보인다. 능력조차 불평등한 배경에서 비롯된 것임을 간파하고 있다 해도, 능력 위주 사회의 지배자이자 수혜자인 엘리트조차 또 다른 파멸로 향하고 있다는 통찰은 시사하는 바가 크다. 실력대로 공정하게 평가한다는 능력주의가 중산층의 빈곤화와 함께 엘리트를 자기파멸로 이끈다고 비판한다. 마코비츠 교수는 자신이 마주해 온 미국 엘리트 사회가

---

135. '문화적 자본'이란 문화적 재산을 뜻하며, 자신이 속한 집단의 생활양식과 관련된 지식이나 물건을 소유하는 것을 의미한다. 문화적 자본이란 사람들이 자신이 속해 있는 집단의 구성원으로 온전히 인정받기 위해 알아야만 하는 모든 것, 즉 그 집단의 규범과 가치관, 신념, 스타일, 매너, 학위, 여가활동, 라이프 스타일 등에 대한 지식을 일컫는다. 문화적 자본의 원천을 부르디외는 'habitus(집단적 관습/취향)'라고 불렀다. 그는 특정한 사회집단 구성원들의 사고방식, 감정구조, 행동양식의 총합을 말하는 것으로 이를 계급과 연결시켜 설명한다.

어떻게 변해 왔는지, 그 변화가 미국 사회를 어떻게 바꾸었는지 탁월하게 추적한다. 능력주의는 결국 현대판 귀족 사회, 즉 엘리트 신분제를 양산하기 시작했다. 과거의 귀족은 땅과 재산을 물려받았다면, 현대의 엘리트는 값비싼 교육을 통해 '인적 자본'으로 대물림된다.

한국은 어떤 상황일까? 마코비츠는 특히 능력주의 교육 시스템을 설명하며 한국을 대표적인 능력주의 사회로 지목한다. 축적된 능력 그 자체가 공정하지 않다는 것이다. "한국에서는 개인과외가 가계 지출 총액의 12%를 차지하고 백만장자인 과외학원 강사들이 전국적으로 유명인사"라고 적었다. 한국은 마코비츠가 짚는 미국보다 더욱 복잡한 상황에 놓여 있을 수 있다. 엘리트 교육과 좋은 일자리의 독점이라는 능력주의의 문제와 함께 이 나라엔 귀족과 다름없는 재벌체제 역시 상존한다. 능력주의가 한때 귀족사회의 불평등을 해소하는 전략이었다면, 한국은 여전히 귀족이 존재하는 가운데 능력주의의 폐해까지 겹쳐 있는 형국이다.

---

136. 이 책은 원래 미국에서 『능력주의의 함정(*The Meritocracy Trap*)』이란 제목으로 출간됐다. 영국의 사회학자 마이클 영은 태생에 따른 귀족주의 시대가 끝나고, 부가 곧 권력인 금권주의를 지나 능력주의 시대가 도래했다고 했지만, 21세기 한국 사회는 이 세 가지 체제가 동시에 작동하는 기형적인 복합체가 되어 가고 있다고 역설한다. 하지만 마코비츠는 『능력주의의 함정』에서 영의 '능력주의'를 비판하면서도 능력주의 자체가 능력이 아닌 '태생적 환경'에 실제로 기반을 둔다는 점을 이해하지 못했다고 비판한다. 특히 그는 고교 졸업자들의 학업평가시험(SAT)이 도입되면서 능력주의 문제가 심화됐다고 질타한다. 2019년 미국에서 출간되어 미국 사회에 능력주의 논쟁을 촉발한 이 책은 한국에서도 출간 일정 문의가 쇄도하는 등 공정성에 관한 우리 사회의 높은 관심을 확인할 수 있었다. 토마 피케티는 자본의 수익률이 경제성장률보다 높고 노동소득보다 높다고 했지만, 마코비츠는 이 셈법이 틀렸다고 한다. 엘리트들은 부를 임대 수익이나 금융 수익으로 얻는 게 아니라, 노동소득으로 얻는다는 것이다. 노동소득으로 수억 원, 수십억 원을 넘어 수백억 원씩 받는 이들, 이들이 새로운 시대의 엘리트라고 강조한다.

병목사회와 대학서열체제의 해체

최근 한국 사회에서 화제가 되고 있는 금수저, 은수저, 흙수저 논란은 한국 사회가 기회균등[138]이라는 측면에서 공정하지 않다는 것을 보여 주는 단적인 예이다.[139] 이 세대는 공정성에 훨씬 민감하다는 것이다. 네트워크 위계를 통해 상층 노동시장에 자리 잡고 있는 기득권층이 품앗이 네트워크를 통해 자신들의 자식들에게 특혜를 주어 취직시키는 일이 비일

---

137. '능력주의'는 영국 사회학자 마이클 영이 1958년 풍자소설 『능력주의의 발흥(The Rise of the Meritocracy)』에서 소개한 용어로, 능력(실력)에 의한 지배를 의미한다. 시험이 측정하는 것이 '능력'이다. 그런 능력에 바탕을 둔 '능력주의'는 새로운 가혹한 계급체계의 정당화로 기능한다. '능력주의'는 불평등의 정당화를 제공하기 때문에 평등을 더욱 어렵게 한다. 어떤 사람들의 자손은 기업, 정부, 교육계, 과학계에서 책임 있는 지위를 획득할 만한 능력이 없다는 인식이 폭넓게 자리 잡고 있다. 교육과 선발 분야 전문가들은 미래 지도자를 가려내는 데 과학적 원리를 적용한다. 우리는 지능에 관련해 등급, 자격, 경험, 적용 등을 해야 할 필요가 있고, 지위를 획득하는 데 요구되는 일정한 역량을 갖춰야만 한다. 한마디로 모든 사람은 미래의 새로운 사회에서 발전시킬 수 있는 능력을 보여줘야만 한다. 인간 능력을 가늠하는 기준이 협소해지는 현실은 능력주의가 지닌 가장 큰 문제점이다. '능력주의(Meritocracy)'라는 단어와 '지능(I)+노력(E)=능력(M)'이라는 도식을 만들어 낸 마이클 영은 현실 같은 소설과 소설 같은 현실 속 능력주의 사회의 도래를 예견한 사회학적 디스토피아 소설 『능력주의의 발흥』에서 '능력주의'와 '능력주의 사회'를 그린다. 능력주의 사회는 '지능'을 기준으로 능력, 실력, 업적, 재능을 가늠하게 된다고 상상한다. '평등의 황금기'를 이긴 능력주의가 불평등을 정당화하는 이데올로기가 되고, 기득권층과 세습 엘리트들만 올라가는 출세의 사다리는 더욱 견고해진다. 이제 엘리트들의 능력은 기득권 계급의 자격증이 되고, 능력 있는 엘리트들의 계급은 자식 세대로 이어진다. 능력은 계급이 되고, 계급은 세습된다. 20세기 영국 노동당을 지지한 사회학자 마이클 영은 2001년, 토니 블레어 총리가 미국을 뒤따라 영국을 완전히 능력주의 사회로 바꾸자는 연설을 하자, 영은 왜곡된 능력주의를 맹신하는 노동당 정부에 발끈해 〈가디언〉에 '능력주의를 타도하자'는 칼럼을 기고했다. 『능력주의의 발흥』을 둘러싼 핵심적인 모호성은 이렇게 좀 더 명확해진다. 현실 속의 마이클 영과 소설 속의 마이클 영은 정치적으로 정반대에 서 있지만, 능력주의가 지닌 양면성처럼 서로 겹치기도 한다. 그런 양면성 탓에 『능력주의의 발흥』은 풍자 소설이나 디스토피아 소설이 아니라, 현대 세계의 주요한 조직화 원리를 예언한 책으로 받아들여지고, 능력주의는 근대화의 척도이자 현대인의 신앙이 된다. 영의 『능력주의의 발흥』은 실은 그것의 '발흥'보다는 '전복'에 관심이 있었다. 영은 책의 후반부에서 '민주주의'를 다시 불러냄으로써 '능력주의'를 전복시킨다. 영은 이전의 혁명이 '능력주의'를 열기 위한 근대시민혁명이었고, 2030년대의 혁명은 '능력주의'를 전복시키는 혁명이라는 점에서 매우 흥미 있는 풍자를 하고 있다.

비재하자, 이 세대는 취업문이 실제 수치보다 더 '좁아졌다'고 느낀다.

다시 말해서, 공정성이 담보되지 않은 경쟁의 실상에 대해 이전 세대들보다 더 심각하게 반응하는 것이다. 더구나 계급(계층) 간 사회이동성이 낮아지며 상층계급이 스스로를 재생산하는 정도가 높아지고 있다는 수많은 연구 결과가 여론을 통해 거듭 공유되면서, 현 청년 세대는 금수저와 흙수저의 대비를 일찍부터 '내면화'하고 있는 세대이기도 하다. 이미 아파트가 여러 채 있는 조부모를 뒀거나 자기 명의의 집과 건물이 있는 친구들을 보며 자란 세대인 것이다. 상층에 진입할 수 있는 문은 좁아

---

138. '기회균등'이 유력하고 반향이 큰 개념이 된 이유는 첫째 일종의 '평등'일 뿐 아니라, '자유'이기 때문이다. '기회'란 그것이 없다면 가능하지 않은 행동이나 존재의 자유를 열어 준다. 둘째, 우리의 모습을 형성하는 데 중요한 역할을 한다는 점에서 독특한 가치가 있다. 비단 우리가 추구하는 경로뿐만 아니라 우리 발전시키는 기능과 재능, 우리가 정식화하는 목표도 기회에 의해 규정된다. 우리는 선호나 소망, 능력이 정해진 채 세상에 태어나는 것이 아니라, 우리 눈앞에 보이는 세상이나 사회와 상호작용하는 과정을 거치면서 선호나 소망, 능력을 발전시킨다. 따라서 기회는 우리 각자가 어떻게 발전하고 어떤 사람이 되는지에 심대한 영향을 미친다. 우리는 일정한 맥락 안에서만, 즉 주로 아동발달이나 조기교육의 문제를 검토할 때나 인간이 잠재력이 아직 완전히 초기일 때에만, 기회에 관해 이런 식으로 생각하곤 한다. 하지만 사실 성인기에도, 그리고 인생을 사는 내내 기회에 의해 심대한 영향을 받는다. 현대 사회는 각기 다른 많은 종류의 기회 불균등을 특징으로 한다. 게다가 이 기회들은 대부분 복잡한 방식으로 서로 겹치며 상호작용한다.

139. 젊은 세대에게 나타나는 '금수저' 대 '흙수저' 논란의 근원은 그들의 할아버지 세대(1930년대 혹은 그 전후 출생)에 시작된 70~80년대 자산의 최초 축적과 그 이후 이 세대의 불균등한 자산 이전 및 자산 소비 활동에서 비롯된 것이다. 한국형 위계 구조는 국가와 기업 내 조직하의 연공에 기반을 둔 위계 구조, 기업 간 원·하청 관계, 각종 고용 형태와 유연화 기제 등으로 작동되지만, 그 결과는 가구 세대 간 부의 이전으로 마무리된다. '역사적 세대'의 프로젝트가 '가문 세대'의 프로젝트로 탈바꿈된 것이다. 촌락형 위계를 근대화 프로젝트에 이식하고 작동시킨 산업화 세대는 이렇게 자신들의 소명을 다하고 무대에서 퇴장하고 있다. 그 소명은 그들이 농촌에서 물려받은 신분제적 위계를, 도시에서 자산을 축적하고 학벌을 획득함으로써 재생산하거나 극복하는 것이었다. 벼농사 체제의 신분제적 불평등을 기억하는 산업화 세대는 그들이 목표한 대로, 근대화 프로젝트와 가문별 자산 축적을 모두 추진했다. 전자가 집합적 목표였다면, 후자는 씨족의 목표였다. 이들은, 우리가 오늘날 계측할 수 있는 거의 모든 측면에서(소득, 자산, 성별, 세대 간, 세대 내) 불평등을 극대화했고, 우리는 그 불평등을 상속한, 또 다른 불평등의 세대인 것이다(이철승, 2019: 212).

지고 진입하고자 하는 경쟁자들은 많아졌는데, 불공정한 게임의 수혜자들이 점점 더 많이 눈에 띄는 형국이다. 게다가 상층 노동시장에 진입하더라도 월급쟁이 수입으로는 서울에서 집 한 채 장만하기가 요원해지면서, 집단적으로 흙수저 신세를 한탄하는 세대이기도 하다. 이들은 게임의 참가자들의 수는 늘고 경쟁은 격화되었지만, 게임의 결과는 받아들이기 힘들어하는, 어쩌면 영원히 '공정한 게임'을 희구하는 세대다.이철승, 2019: 240~241

게다가 신자유주의적 양극화가 강화되는 추세 속에서 기회의 평등은 점점 위축되는 것이 사실이다. 가령 한국의 학생들은 대학수학능력평가시험에서 좋은 성적을 거둬 명문대에 입학하는 것을 최우선 목표로 삼는다. 그러나 가정 형편 때문에 혹은 여러 가지 이유로 이러한 경쟁에서 성과를 거두지 못하는 대다수의 학생들은 수능이라는 단 한 번 주어진 기회에서 탈락하게 되고, 이러한 결과는 창창한 인생을 설계하는 시점에서 돌이킬 수 없는 영향을 미친다.

『병목사회론Bottleneck』2016[140]의 저자인 미국 텍사스대 로스쿨 교수 조지프 피시킨은 '단 한 번의 거대한 시험one big test'[141]에서 모든 것이 결정되어야 하는지를 반문한다. 한 번의 시험으로 미래가 결정되는 '거대한 시험사회'는 유일한 관문인 '병목'[142]을 우수한 성적으로 통과하려고 수많은 아이들과 젊은이들이 고생하는 사회인데, 그중 극히 일부만이 기회의

---

140. 피시킨은 왜 학생들에게 수능이 아닌 다른 기회는 주어지지 않는가, 그리고 한국과 같은 사회에서는 대학 입학이라는 단 하나의 기회구조만 각광을 받는지에 대해 문제제기한다. 피시킨은 이러한 병목 현상을 해결하기 위해 구조적 해법을 찾아야 하며, 이를 위해 구체적인 정책을 생산하자고 제안한다. 저자는 기회균등 문제를 새롭게 사고하는 방법을, 그리고 이를 통해 한국 사회의 불평등 문제를 해결하는 새로운 대안을 제시해 주고 있다.

땅과 행복한 삶을 누릴 수 있는 사회이다. 부유층 아이들은 '기회의 땅'에 살고, 다른 아이들은 '가난의 땅'에 살면서 서로 발달 경험이 크게 달라지는 사회이다. 피시킨은 기회의 불평등을 해결하기 위해 희소한 자원을 둘러싼 치열한 경쟁으로 야기되는 '병목 현상'을 파악하는 것이 가장 중요하다고 주장한다.Fishkin, 2016 이는 운 나쁘게도 어떤 장소(집안, 지역, 대학)에서 태어난 개인들은 그곳에 관련된 일련의 제약에 직면하는데, 이런 제약들이 모두 모이면 강력한 병목이 되는 '기회의 지리학geography of opportunity'과 관련이 있다.위의 책, 42 피시킨은 돈을 중심으로 세워진 피라미드 구조의 사회가 아니라, 물질적 불평등을 줄이는 등 병목의 심각성을 완화하기 위해 다양한 형태의 인간 행복과 자아실현이 가능한 사회, 즉 '기회 다원주의'를 만들고자 한다.

모든 사람이 똑같은 병목을 헤집고 나아갈 필요가 없도록, 또는 병목을 통과하지 못한 사람들에게 다른 경로가 열릴 수 있도록 기회를 재구조화하는 방법을 찾을 때, 그 결과는 제로섬이 아니라, 포지티브 섬positive sum일 수 있다. 우리는 사람들이 전에는 존재하지 않았던 목표를

---

141. 피시킨은 가설적으로 설정한 '단 한 번의 거대한 시험'을 '판돈이 높은 시험/고부담 시험(high-stake test)'이라고도 부른다. 현대 사회에서는 각기 다른 여러 가지 경력과 직업이 존재하지만, 열여섯 살에 치르는 한 번의 시험에서 받는 성적에 따라 어떤 경력이나 직업에 종사할지가 완전히 결정된다. 사회에는 사람이 추구할 수 있는 다양한 직업과 인생 경로가 존재하지만, 사람들이 바라는 경로를 추구하려면 16세에 시험에서 성적을 받아야 한다. 이 시험을 통해 일부 학생들은 대학에 진학하는데, 좋은 일자리를 얻으려면 대학 학위가 있어야 한다. 대학이 병목 기능을 하는 것이다. 많은 나라의 실제 교육제도가 정해진 연령에 치러지는 종합시험(SAT)에 압도적인 비중을 둔다.

142. 피시킨은 왜 학생들에게 수능이 아닌 다른 기회는 주어지지 않는가, 그리고 한국과 같은 사회에서는 대학 입학이라는 단 하나의 기회구조만 각광을 받는지에 대해 문제제기한다. 피시킨은 이러한 병목현상을 해결하기 위해 구조적 해법을 찾아야 하며, 이를 위해 구체적인 정책을 생산하자고 제안한다. 저자는 기회균등 문제를 새롭게 사고하는 방법을, 그리고 이를 통해 한국 사회의 불평등 문제를 해결하는 새로운 대안을 제시하고 있다.

추구하거나 익숙하지 않은 길을 통해 익숙한 성공을 달성하는 게 가능하도록 만들어야 한다. 또한 지금처럼 희소한 자원을 놓고 벌이는 제로섬 충돌에 걸린 판돈을 낮추는 대안적 경로를 만들어 내고, 완전히 새로운 종류의 기회를 창조할 수도 있다. 우리는 더 풍부하고 복잡하고 다원적인 사회를 건설하는 일에 대한 인식을 기회균등에 관한 논쟁의 판돈에 대한 이해에 통합되도록 해야 한다.Fishkin, 2016: 463-464

능력주의를 무력화시키면서 비능력적 요인이 크게 영향력을 발휘하는 또 다른 형태의 귀족주의 사회로의 회귀를 막기 위해 우리는 무엇을 해야 할 수 있는가? 사회학자인 김종영 교수는 피시킨 교수의 생각보다 더 발전된 제안을 한다.[143] 그는 선진국 중 한국만이 유일하게 교육 지옥임을 심각하게 걱정한다. 대학체제는 크게 유럽식의 평준화 모델, 미국식의 다원화 모델, 그리고 한국식의 독점화 모델로 나뉠 수 있다. 대학체제는 도로와 같은데 SKY 중심 지위 권력의 독점이 심각한 '병목 현상'을 초래한다. 서울 중심의 공간병목,[144] SKY 중심의 대학병목, 상대평가로 인한 시험병목, 사교육비에 의존한 계급병목이 모두 합쳐져 한국은 경제협력개발기구OECD 국가 중 최악의 대학체제를 가지고 있다. 공평하지도 않고 지극히 비효율적이며 경쟁력도 없다. 유럽 고등학생들은 어떤 도로(대학)로 가도 상관없고, 미국 고등학생들은 다양한 도로(100여 개의 명문 대학)로 갈 수 있고, 한국 고등학생들은 아주 좁은 도로(SKY 대학)로 가야 한다. 그는 한국 대학체제처럼 피라미드식 독점화 모델에서 유럽식의 '평준화 모델'로 바로 전환하기는 불가능하기에 미국식의 '다원화 모델'로 전환한 다음 '평준화 모델'로의 전환을 고려해야 한다고 제안한다.[145] 앙상한 도식으

---

143. 김종영, 「서울대 10개를 전국에 만들자」, 『서울신문』 [열린 세상] 2020년 9월 14일 자.
144. '공간 병목'은 다양한 '동네 효과(neighborhood effect)'를 발휘한다.

로 제시되는 능력주의, 빈약한 논리에 갇힌 능력주의와 병목사회 비판을 넘어 어떻게 정의롭고 품위 있는 교육을 상상하고 실천할 수 있는가? 그 것의 궁극적 해결책은 대학체제 개편밖에 없을 것이다.

대학입시 경쟁이 갈수록 치열해져 입시 위주 교육, 사교육비 증가 등 사회 문제가 심각해지자, 이를 개혁해야 한다는 주장과 논의가 곳곳에서 터져 나왔다. 입시지옥으로 표현되는 우리 교육의 모순이 학벌주의와 대학서열체제에서 비롯되었기에 이를 혁파할 수 있는 유일한 방안은 대학 제도와 대학입학 제도를 근본적으로 개혁하는 것이다. 대학서열체제 혁파 운동을 오랫동안 해 온 경상대 정진상 교수는 그 이유를 다섯 가지로 정리한다.정진상, 2004 첫째, 대학서열체제는 중등교육을 황폐화하는 주범이다. 둘째, 대학서열체제는 대학교육과 학문 경쟁력을 약화시키는 주범이다. 셋째, 대학서열체제는 학벌주의를 재생산하는 결정적 기제다. 넷째, 대학서열체제는 사교육비를 확대해 서민들의 생계를 압박하는 주범이다. 다섯째, 대학서열체제는 지역 불균형을 재생산하는 중요한 기제다.[146]

대학서열체제는 학벌주의를 재생산하는 데 중요한 이데올로기 기제 역

---

145. 미국에는 서울대 수준 이상의 대학이 60개 정도 있고, 연고대 수준 이상의 대학이 100여 개 있다. 미국 인구가 한국 인구의 6배 정도이기 때문에 한국에는 서울대 수준의 대학이 10개 필요하다. 미국 고등학생들이 한국 고등학생들처럼 대입 전쟁을 치르지 않아도 되는 이유는 미국에 서울대 수준 이상의 대학이 너무 많기 때문이다. 즉 대입 병목현상이 일어나지 않는다. 전 세계적으로 코로나 사태로 극심한 입시 고통을 겪는 학생은 한국 고3이 유일하다. 따라서 대학통합네트워크는 전국의 거점 국립대를 중심으로 서울대 10개를 만드는 정책 방안이다. 서울대 10개를 만드는 것은 서울대 학위의 '양적 완화' 정책이다. 전국에 서울대를 만드는 것은 국토균형발전, 대학의 질적 향상과 공공성 확보, 4차 산업혁명의 전진 기지 건설, 대입 문제 해결, 사교육비의 대대적 완화, 부동산 문제 해결 등의 다중적인 효과를 지닌 신의 한 수다. 행정수도 이전의 이득은 주로 충청도가 가져가기 때문에 각종 여론조사에서 반대가 찬성보다 많다. 서울대 10개를 만드는 대학통합네트워크는 전국 모든 지역이 이득을 본다. 이렇게 된다면 수험생의 30~40% 내외를 수용하기 때문에 입시지옥은 사라지게 될 것이다.

할을 하는 능력주의[147]와 맞물려 있고, '병목사회론'이 제기하는 문제의식
과도 상통한다. 영어 유치원 입학, 자립형 사립고와 외고 입학, 일류대 입
학, 대기업 취직 등 한국에서 태어난 사람은 인생의 경로에서 심각한 '병
목'에 맞닥뜨린다. 한국의 수많은 사람들이 한 번만 운행하는 열차에 올
라타기 위해 정신없이 달리며 경쟁에 몰두하고 있다. 또 능력주의와 절차
적 공정성에만 매몰되면 '병목사회'의 틀 안에서 '신-신분제 사회'로 귀결
될 가능성이 크다. 20 대 80의 사회처럼 능력과 신분이 세습사회의 메커
니즘으로 작동하는 한, 개인이 정의롭고 공정하게 행동하는 일이 결국 불
가능해질 수도 있다.[148]

　'대학서열화' 문제는 우리나라 교육에 왜곡을 가져오는 주요 원인 중

---

146. 학벌사회와 대학서열체제의 개선안으로는 입시제도개선론, 국립대 독립법인화론, 대
　　학평준화론이 제시되고 있다. 정진상 교수는 대학교육의 공교육화를 통한 교육의 공동
　　성 강화를 위한 대학평준화론의 관점에서 국립대 통합네트워크안을 제시한다. 국립대
　　통합네트워크의 기대효과는 첫째, 입시 위주 교육이 지양됨으로써 중등교육이 정상화
　　될 것이다. 둘째, 서열에 의한 대학평가가 교육 내용과 질에 의한 평가로 대체될 것이므
　　로 대학교육의 경쟁력이 강화될 것이다. 셋째, 우리 사회 고질병의 하나인 학벌주의가
　　타파되고 사람을 능력으로 평가하는 사회가 될 것이다. 넷째, 사교육비가 대폭 축소됨
　　으로써 교육 기회의 형평성이 제고될 것이다. 다섯째, 교육받는 인구로 인한 인구의 수
　　도권 집중이 해소되고 지역균형발전에 도움이 될 것이다. 여섯째, 노동 시장에 지나치게
　　종속되어 있는 대학교육이 학문을 목적으로 하는 본연의 기능으로 정상화될 것이다.
　　일곱째, 외국의 교육 시장 압력을 견뎌 낼 수 있고 정체성 있는 교육이 가능하게 될 것
　　이다. 여덟째, 가난한 사람들에게 동등한 교육 기회를 제공함으로써 사회정의가 실현되
　　는 데 기여할 것이다(정진상, 2004: 134-139).
147. 우리나라는 능력주의의 가장 기본 원칙이라 할 수 있는 '기회의 평등'이 실현되기는
　　커녕, 부모의 부나 계층, 사회경제적 지위에 따라 모든 기회가 차별적으로 주어지면서
　　결국 직업과 소득의 격차로 이어지고 있다. 개인의 능력이 아닌 것들이 삶의 결과에 영
　　향을 미치기 시작하면서 우리의 능력주의는 점점 설 자리를 잃게 되었다.
148. '공정성' 담론이 한국 사회를 지배하고 있다. 이번 공공의대, 의사 파업 사태는 병목
　　사회의 폐단을 적나라하게 보여 주는 사례이다. 의사고시를 거부하는 의대생은 자신들
　　의 '전교 1등 능력주의'는 공정하다고 말한다. 한국 사회의 다수는 분명 의대생들의 이
　　런 공정성을 거부할 것이다. 하지만 성적에 바탕을 두고 계급 서열이 정해지는 이런 능
　　력주의를 정면으로 거부하는 합의는 한국 사회에 존재할까? 특히, 공정성을 부르짖는
　　20~30대들은 그런 능력주의가 부당하다고 생각할까?

하나이다. 대학이 철저하게 서열화되어 있다 보니 우리나라 학생들은 서열이 높은 대학에 들어가기 위한 경쟁 때문에 어린 나이 때부터 과도한 학습에 시달리고 있으며, 초중고 교육은 배움의 기쁨보다 성적과 등수를 우선시할 수밖에 없는 현실이다. 이러한 상황이라면 2025년부터 전면 도입될 예정인 '고교학점제' 역시 입시 위주의 과목 선택으로 인해 성공적 안착이 어려워질 것으로 예견된다. 이는 대학서열의 해소 없이는 어떠한 교육개혁도 초중등 교육을 정상화하기 어렵다는 점을 말해 준다. 대학서열화는 대학 교육과 사회에도 폐해를 가져온다. 대학서열화는 초중등 교육을 입시 경쟁과 줄 세우기 위주의 평가로 왜곡시킨다. 이러한 여건은 대학교육의 발전을 근본적으로 가로막는 요인이 된다.

또한 대학서열화는 취업 과정에서도 실력/능력보다 출신 대학의 이름을 중요시하게 만든다. 그리고 과열 입시 경쟁으로 인한 사교육비 부담은 가계와 사회의 발전을 억누르는 요소가 된다. 대학서열체제 아래에서는 상대적 비교에 따른 성적 줄 세우기가 가능해야 하기에 코로나 위기 속에서도 학생들의 학습량은 줄어들 수 없고, 학교의 수업 역시 시험 비중을 줄이는 융통성을 발휘하기 어렵다. 최근 인기를 끌었던 드라마 〈SKY 캐슬〉이 보여 주듯 이제 부모 세대는 교육을 통해 자신들의 특권을 '무형 상속'[149]시키고 있다. 우수한 교육을 통해 자녀의 미래에 투자하는 것이 다음 세대로 특권을 넘겨주기 위한 중요한 방식이 된 것이다.

한국 교육 경쟁의 주요 원인은 대학 시스템에 있다. 따라서 대학 시스템

---

149. '상속'은 부모와 사회경제적 계층과 지위에 의해 결정되는 '인생 출발점'이라고 폭넓게 정의할 수 있다. 부모 세대는 '무형의 상속'이라는 형태로 자녀 세대에게 교육이라는 유산을 물려주고 있다. 이제는 옛날처럼 땅이나 주택, 사업체 같은 유형의 재산을 물려주는 것이 아니라 우수한 교육을 통해 자녀의 미래에 투자하는 것이 다음 세대로 특권을 넘겨주기 위한 중요한 방식으로 자리를 잡았다(McName & Miller, 2015: 23-26).

을 개혁할 대안으로 대규모 재정 투입을 매개로 국립대는 물론 서울 지역 사립대까지 포괄하는 '포용적 상향평준화' 정책을 시행해야 한다. 이는 비교적 단기간에 한국의 교육 경쟁을 크게 줄일 수 있는 유일한 구조개혁 방안이다. 이를 실현하려면 사회통합적 리더십을 갖춘 정치세력이 필요하다. 그것을 실행하기 위해서는 무엇보다 반드시 권력자들의 의지가 필요하다. 정답은 바로 정책 변화다. 다양한 조세정책과 재정 지출 정책, 차별철폐 조처 시행, 자산 형성 프로그램 도입, 경제 개혁과 정치 개혁 등을 필요로 한다. 한국은 대통령 중심제 국가이기에 포용적 상향평준화는 현실적으로 대통령 선거를 계기로 이뤄지는 정책화와 캠페인을 통해서만 실현할 수 있을 것이다. 대입 경쟁을 줄이는 효과를 내려면 수도권과 비수도권, 국립과 사립, 연구 중심과 교육 중심 등 각기 여건이 다른 대학들을 포용해야 하고, 이러다 보면 자연히 사회통합적 대안이 도출될 수밖에 없다.

그렇다면 궁극적으로 대입 경쟁을 줄여야 하는 이유는 무엇인가? 보수와 진보가 모두 공감할 수 있는 대안은 다음과 같다. 첫째, 학부모들의 노후 대비를 위해 대입 경쟁을 줄여야 한다. 둘째, 수월성 교육의 교육 선진화를 위해 대입 경쟁을 줄여야 한다. 셋째, 저출산 극복을 위해서 대입 경쟁을 줄여야 한다.이범, 2020: 363-366 이를 극복하려면 노동-복지-교육-보육-주거가 함께 작동해야 한다. 이제 노동, 복지, 보육, 주거(부동산) 등의 영역에서도 대안이 도출되고, 더 많은 토론이 이뤄져야 한다. 우리나라는 인구구도의 보릿고개를 견딜 준비를 하면서 아울러 저출산 추세를 역전할 대안을 수립해야 한다. 결혼을 안 하는 이유는 소득과 고용 문제 때문이고, 출산을 안 하는 이유는 교육 및 보육 부담 때문이라고 한다. 따라서 이를 해결하려면 보수와 진보가 경쟁하면서도 또 협력해야 한다.

그리고 시민으로서 할 수 있는 대안적 개혁 방안들이 있다. 노블레스

오블리주noblesse oblige,[150] 노조 가입과 다양한 개혁 운동(노동운동, 평등권 운동, 여성해방 운동 등), 계층 운동(인종, 성별, 성적 지향과 관련된 다양한 사회운동) 등이 요구된다. 학벌 경쟁을 끝내거나 완화하기 위해서는 사회의 변화, 근본적으로는 노동시장의 변화와 사회복지의 확충이 필수적이다. 사회적 연대감을 부식시키기는 반대 상황도 마찬가지다. 능력주의를 온몸으로 흡수한 '패자'는 사회 시스템이 아니라 자신의 능력 부족을 탓한다. 이들은 공론장에 참여해 불평등한 상황에 목소리를 내지 않거나 주저하게 되고, 이 때문에 공론장은 소수 엘리트 목소리로 채워지며 '공동화空同化'되는 게 현실이다.

　사회적 상승에만 집중하는 것은 민주주의가 요구하는 사회적 연대와 시민의식의 강화에 거의 기여하지 못한다. 심지어 우리보다 사회적 상승에 보다 성공적인 나라라도 상승에 실패한 사람들이 자신의 자리에서 만족할 수 있도록, 그리고 스스로를 공동체 구성원으로 여길 수 있도록 할 방안을 찾아야 한다. 우리가 그렇게 하는 데 실패함으로써 능력주의적 학력이 없는 사람들의 삶은 더욱 힘들어졌다. 그리고 그들은 자신의 소속이 어디인지 정체성을 의심하게 되었다. 종종 기회 평등의 유일한 대안은 냉혹하고 억압적인 결과의 평등이라고 여겨진다. 그러나 또 다른 대안이 있다. 막대한 부를 쌓거나 빛나는 자리에 앉지 못한 사람들도 고상하고 존엄한 삶을 살도록 할 수 있는 '조건의 평등'이다.Sandel, 2020 그것은 사회적 존경을 받는 일에서 역량을 계발하고 발휘하며, 널리 보급된 학습 문화를 공유하고, 동료 시민들과 공적 문제에 대해 숙의하는 것 등에서 이

---

150. '노블레스 오블리주'는 봉건 유럽 사회에 뿌리를 두고 있는 것으로 소작농에 대한 귀족들의 책임의식을 의미했다. 이를 현대적인 의미로 재해석하면 '많은 것을 가진 사람에게는 많은 것이 기대된다'는 것이다.

루어질 수 있다.

기회의 평등을 넘어서

우리는 오늘날 조건의 평등을 별로 많이 갖고 있지 않다. 계층, 인종, 민족, 신앙에 관계없이 사람들을 한데 모을 수 있는 공동의 공간은 얼마 없고 서로 멀리 떨어져 있다. 40년 동안 시장 주도적 세계화가 소득과 부의 불평등을 가져오면서 우리는 제각각의 생활방식을 갖게 되었다. 부유한 사람과 가난한 사람은 하루 종일 서로 마주칠 일이 없다. 우리는 각기 다른 장소에서 살고 일하며 쇼핑하고 논다. 우리 아이들은 각기 다른 학교에 다닌다. 그리고 능력주의적 인재 선별기가 일을 마치면, 꼭대기에 오른 사람은 자신이 그 성공의 대가를 온전히 누릴 자격이 있다고 여기고, 밑바닥에 떨어진 사람도 다 자업자득이라고 여긴다.

능력주의는 처음에 매우 고무적인 주장으로 출발했다. 우리가 열심히 일하고 열심히 믿으면 신의 은총을 우리 편으로 끌어올 수 있다는 주장 말이다. 이런 생각의 세속 판은 개인의 자유에 대한 유쾌한 약속으로 이루어져 있었다. '우리 운명은 우리 손에 있고, 하면 된다'는 약속 말이다.

하지만 이런 자유의 비전은 공동의 민주적 프로젝트에 대한 우리의 책임을 다른 데로 돌리도록 한다. 우리가 공동선의 두 가지 개념을 되새겨 보자. 하나는 소비주의적인 공동선, 다른 하나는 시민적 공동선이다. 공동선이 단지 소비자 복지를 극대화하는 것이라면, 조건의 평등은 고려되지 않는다. 민주주의가 단지 다른 수단에 의한 경제일 뿐이라면, 그리고 각 개인의 이해관계와 선호의 총합 차원의 문제라면, 그 운명은 시민의 도덕적 연대와는 무관할 것이다. 소비자주의적 민주주의 개념에 따르면, 우리가 활기찬 공동의 삶을 영위하든, 우리와 같은 사람끼리만 모여 각자의 소굴에서 사적인 삶을 살든 별 차이가 없을 것이다.

그러나 공동선이 오직 우리 동료 시민들이 우리 정치공동체에는 어떤 목적과 수단이 필요한지 숙려하는 데서 비롯된다면, 민주주의는 공동의 삶이 갖는 성격에 무관심해질 수 없다. 그것은 완벽한 평등을 필요로 하기 때문이다. 다만 서로 다른 삶의 영역에서 온 시민들이 서로 공동의 공간과 공공장소에서 만날 것을 요구한다. 이로써 우리는 우리의 다른 의견에 대해 타협하며 우리의 다름과 함께 더불어 살아가는 법을 배울 수 있다. 그리고 이것이 우리가 공동선을 기르는 방법이다.

'사람들은 시장이 각자의 재능에 따라 뭐든 주는 대로 받을 자격이 있다'는 능력주의적 신념은 연대를 거의 불가능한 프로젝트로 만든다. 도대체 왜 성공한 사람들이 보다 덜 성공한 사회구성원들에게 뭔가를 해 주어야 하는가? 이 질문에 대한 대답은 우리가 설령 죽도록 노력한다고 해도, 우리는 결코 자수성가적 존재나 자기충족적 존재가 아님을 깨닫느냐에 달려 있다. 사회 속의 우리 자신을, 그리고 사회가 우리 재능에 준 보상은 우리의 행운 덕이지 우리 업적 덕이 아님을 찾아내는 것이 필요하다. 우리 운명의 우연성을 제대로 인지하면, 일정한 겸손이 비롯된다. "신의 은총인지, 어쩌다 이렇게 태어난 때문인지, 운명의 장난인지 몰라도 덕분에 나는 지금 여기에 서 있다." 그런 겸손함은 우리를 갈라놓고 있는 가혹한 성공 윤리를 벗어날 수 있게 해 준다.Sandel, 2020: 353

그것은 능력주의 폭정을 넘어 보다 덜 악의적이고, 보다 더 관대한 공적 삶으로 우리를 이끌어 갈 것이다. 좋은 정치는 실천적 지혜와 시민적 덕성을 필요로 한다. 공동선에 대해 숙고하고, 그것을 효과적으로 추구할 수 있는 능력이다. 그러나 오늘날 대부분의 학교기관에서는 이런 능력을 함양시키지 않고 있다. 최근의 역사적 경험은 도덕적 인성과 통찰력을 필요로 하는 정치적 판단 능력과 표준화된 시험에서 점수를 잘 따고 명문 대에 들어가는 능력 사이에 별 연관성이 없음을 보여 준다. '최고의 인재들'이 저학력자 동료 시민들보다 정치를 잘한다는 생각은 능력주의적 오만에서 비롯된 신화일 뿐이다.Sandel, 2020: 164-165

이런 학력주의 병폐와 가깝게 이어진 것이 기술관료적인 공적 담론의 왜곡이다. 오마바 대통령은 '스마트'를 정책에 마구 붙여 씀으로써 기술관료 정치와 능력주의 사이의 연결고리를 조명해 주었다. 오바마에게 스마트하다는 것은 궁극적인 찬사였다. 스마트 외교, 스마트 규제, 스마트 성장, 스마트 교육 투자, 스마트 법 집행, 스마트 무역 정책, 스마트 에너지 정책, 스마트 환경 규제, 스마트 개발 등등이 그랬다. 정의와 공동선 같은 이념 문제를 피하고 경제 쪽으로 이야기하려는 능력주의 엘리트 담론이 갈수록 거칠고 난폭해지는 추세와 우연히 겹친다. 좋은 학력을 자랑하는 능력주의 엘리트의 오만과 기술관료적 비전의 협소함은 민주시민을 움직이는 도덕적 신념의 실종을 야기했다. 이들은 모두 민주주의에 바탕을 둔 합리적 토론을 하려는 태도를 외면한다. 특히 오바마는 기후변화를 부정하는 그의 후임자 트럼프 대통령에게 권력을 넘겨줌으로써 코로나 방역의 실패를 초래했다. 자연을 도구화하도록 부추긴 소비주의적 생활 태도, 쓰고 버리는 문화, 탄소 배출을 줄이는 것을 반대하는 반자연적 정책을 초래하고 말았다. 아메리칸 드림의 상징이었던 미국 제일주의, 예외주의가 지금 최대 위기를 맞이하고 있다.

고등교육의 새로운 역할

어떻게 해야 교육을 통한 새로운 사회질서를 만들어 낼 수 있는가? 이러한 현실에서 학문의 전망이라고 하는 대학의 기능은 무엇인가? 대학은 무엇을 위한 제도인가? 대학의 사명은 무엇인가? 대학은 공공서비스이며 사회적 권리인가? 당신의 기업의 부속품이 되기 위해 대학에 다니는가? 기업과 정부의 파괴적인 공격에 맞서 지켜야 할 대학 그리고 대학생의 비전은 무엇인가? 한국의 대학이 어떤 곳이 되기를 원하는가? 대학은 공공서비스인가? 사회적 권리인가? 비판적 사유의 공간이며 발견의 장인가? 철학자가 없는 대학, 인문학 없는 대학이 어떻게 있을 수 있겠는가?

'대학이 죽고 있다', '입시 전쟁은 계급전쟁', '꿈도 친구도 없는 전쟁터', '대학생활은 취업 공부와 향락 생활뿐', '대학도서관, 독서실로 전락', '상아탑 시장', '점수에 의한 전공 선택' 등 그 비판적 양태도 직설적이고 집약적이다. 대학이 안고 있는 문제들이 수없이 많지만 대학 문화의 특성이나 정체성이 없는 것이 사실이라면, 이는 대학의 존재 이유까지를 위협하는 중대한 사건이다. 대학이 주도적으로 사회에 영향을 미치기도 하지만, 대학이란 또한 사회현실이 반영되는 곳이라는 점에서 대학 문화가 병들어 있다면, 그 사회도 병들어 있다고 진단할 수 있다.

우리 대학 문화 병리의 근본적인 원인은 여러 차원에서 찾을 수 있다. 첫째, 고등학교는 물론이고 초등학교 시절부터의 교육이 대학입학 위주의 교육으로 가득 채워져 있다는 사실이다. 둘째, 첫 번째와 연결되는데 가장 예민한 고교 시절에 정서교육, 문화교육, 개성교육을 충분히 받지 못하고 있다는 점이다. 이 때문에 개인의 가치추구가 억압된 채 모든 것이 대학입학 이후로 미루어지고 자유로운 자기 확인, 고민의 과정을 거친 자기 극복, 자기 창출의 기회를 얻지 못한 상태에서 대학에 진입하게 된다는 사실이다. 셋째, 자본주의 문화의 속성이 소비지향적이며 인간을 단순한 소비자로 전락시키고 있는 현실에서 이런 문화가 대학에도 깊숙이 침투하고 있기 때문이다.이석우, 1998: 436-437 이러한 현실은 근원적으로 일반계 고등학교의 혁신학교화 또는 혁신학교의 일반화를 가로막고 있다.

물론 대학 문화의 부재 현상은 대학만의 책임이 아니다. 사회와 문화의 급속한 변화가 몰고 온, 대학 자체의 대사회관계의 정체성 상실에서 오는 현상이기도 하다. 모든 인간들을 무력화시키고 있는 자본의 힘, 패권주의에 가까운 구미 문화의 유입, 대중문화 중 3S로 표현되고 있는 여러 양상들, 정보 개방으로 인한 저급 문화의 보편화, 입시제도의 문제점을 지적할 수 있다. 여기에 소비문화, 성적 방황, 자기 상실도 근원적인 문제의 원천이 되고 있다. 삶의 가치는 자기 발견, 자기실현, 사랑과 자존, 진실과 정의, 자유 같은 것에 있는 것이지, 끝 모르는 욕구 충족이나 감각주의에 있지 않다. 건강한 사회는 건전하고 창의적인 개인의 기초 위에 서 있다는 사실을 잊지 말아야 한다. 교육의 근본도 거기에 있다. 양적인 발전, 과학의 발달, 물질의 풍요도 중요하다. 그러나 무엇보다 인간이 제자리에 섰을 때 이들이 의미를 갖는 것이다.

대학은 세워진 것이 아니라 형성된 것이라고 할 수 있다. 또 대학은 고정된 제도가 아니라 살아서 꿈틀거리는 생명체라 할 수 있다. 대학은 그들이 세워진 풍토와 토양 속에서 자라고 형성되었다. 대학의 목표는 이미 2천여 년 전에 분명히 밝히고 있다. 고전 『대학』에서는 대학의 길을 다음과 같이 쓰고 있다.

大學之道 在明明德 在親民 在止旅至善
(대학의 도는 명덕을 밝히는 데 있고 백성을 새롭게 하는 데 있으며 지극한 선에 머무르는 데 있다.)

이 말은 현대어로 풀어 보면 대학의 도는 학문과 진리를 밝혀서 사회를 새롭게 하고 건강하게 하며, 문명을 최상의 선함에 머무르게 하는 것에 있다고 할 수 있다. 대학은 아무것도 갖지 않고 배움과 가르침에 전념할 때 진정한 힘을 갖고 있다. 그러나 건물이나 이해관계, 재산 같은 것을 갖게 되면서 그들 스스로가 이들에 구애를 받게 되며 점점 무력해진다.

대학이라는 정신의 집을 짓기 위해서는 여러 지원적 요인들도 필요하지만, 진정 대학을 지탱하는 힘은 진리를 찾으려는 인간의 열정, 그것을 지키려는 인간의 의지가 살아 숨 쉴 때 가능하다. 대학을 지탱하는 힘으로는 재정, 시설, 연구 수준 등 여러 요인들이 있지만, 진리 추구의 열정, 지혜에 대한 사랑,[151] 참인간교육에 대한 지속적 애정이 없으면 그 밖의 모든 것이 살아 숨 쉬기 어렵다. 대학 발생의 요인은 여러 가지 있겠지만, 첫째, 지적인 진보와 교육적인 이상 추구이고, 둘째, 경제적인 동기 내지 체제 유지 또는 필요한 전문직을 얻기 위한 훈련 장소로서의 형성 요인이며, 셋째 이 두 가지를 동시에 포용하는 것에 있다.[이석우, 1998: 54] 대학의 목적이 복합적이라고 하더라도, 대학의 지향점은 분명하다. 첫째, 연구를 통해 진리를 추구하고, 둘째, 교육을 통하여 인간을 형성하며, 셋째, 전문가적 훈련을 병행하여 사회에 봉사하는 일이다.[이석우, 1998: 22] 무엇보다 '진리를 향한 바람desire for truth'이 없이는 대학의 정신이 존속하기 어려우며, 진리에 대한 열정이 없는 곳에서는 학문의 자유가 지켜지기 어렵다. 대학의 학문은 산업이나 경제와 무관한 내적인 지식esoteric knowledge으로 남겨져, 산업이나 경제와 관련된 외적인 지식exoteric knowledge과 대립한다.[Veblen, 2014: 318][152] 고등교육은 전자를 그 근원으로 삼는다. 모든 학문은

---

151. '지혜'는 지식을 바로 쓰는 능력을 말한다. 참과 거짓을 구분하는 그러한 가치체계와 능력이 없으면 그 많은 능력도 아무런 쓸모가 없다. 이 시대의 지식은 많지만 지혜는 줄어들고 있다. 대학도 어쩌면 그런 범주에 속하고 있다고 본다.

사회적 과정과 분리될 수 없고, 학자의 노동도 사회적 재생산 과정의 산물(막스 호르크하이머)이기에 학문 비판은 사회 비판의 전제 조건이다. 학문이 새로운 공동체를 위한 '급진적 사유'(테오도르 아도르노)를 감행할 수 없는 사회는 결코 정의로운 미래를 꿈꿀 수 없다.김누리, 2017: 24

대학교육의 본질은 이론과 실제를 통합하고, 기술과 비평을 결합하고, 어떤 일을 하는 데 필요한 지식과 목적을 이해하고 결과를 인식할 수 있는 능력을 하나로 묶는 것에 있다. 고등교육의 목적에 질문을 제기하고 대학이 민주적 가치의 척도이자 보호자로서 공적 삶에 완전히 참여하는 것이 무엇을 의미하는지 설명하는 것은 여전히 중요하다. 실제로, 고등교육은 이제 몇 개 남지 않은 공적 공간—지식, 가치, 학습을 통해 공적 가치와 비판적 희망과 실제적 민주주의를 배양하려는 교육의 약속을 엿볼 수 있는 곳—가운데 하나이다. 아이디어가 더 이상 자유롭게 유통되지 못하고, 지배적 미디어가 관리하는 아이디어로 대체되며, 중요한 아이디어들이 점점 더 진부하거나 반동적인 것으로 폄하되는 사회에서 고등교육의 역할은 특히 중요하다.

그런데 오늘날 대학이 변했다. 신자유주의자들이 만들어 놓은 고등교육의 현실은 시장화, 상품화, 민영화 등으로 표현될 수 있다. 신자유주의는 고등교육의 공공성 약화를 초래했다.Nixon, 2017 고등교육 체제의 운영이 시장과 경쟁의 논리에 지배되고, 대학에서 이루어지는 교육활동은 일종의 상품이 되어 버린 지 오래이다. 학자academic/교수professor[153]의 업무는 더 규제와 압력을 받게 되었다. 'professor(교수하다)'라는 말의 라

---

152. 대학의 기업화를 예견한 베블런은 사치성 소비가 고등교육을 타락시켰다고 지적했다. 자본주의에 봉사하는 경제학과 기업에 봉사하는 경영학이 팽창하고, 이들이 사회과학과 인문학에 진입해 이들을 변형하고 있다고 본다.

틴어 어원(profiteor, professus sum, pro et fateor)은 '무엇인가를 말하다', '선언하다', '고백하다'라는 뜻을 담고 있다. '교수하다'라는 것은 단지 어떤 사실을 확인하는constative 말이 아니라, 행동을 인도하고 야기하는 말, 즉 선언이나 고백처럼 수행적인performative 말을 하는 것이다. 그래서 교수professeur로서 배움의 장에서 말하는 자는 말한 대로 살아야 하고, 그 전에 "살아온 대로 말해야 한다."고병헌, 2020: 36 '교수'는 말뜻 그대로 '앞에서pro+말하는fess' 사람이다. 권력 앞에서 당당하게 비판하는 자가 교수인 것이다. 보편적 진리를 탐구하는 교수는 특수한 이해를 추구하는 권력과 필연적으로 대립할 수밖에 없기에 교수의 존재론적 본질은 '권력 비판'에 있다.김누리, 2017: 18 푸코는 학자의 임무가 '진실을 말하는 사람(parrhesia=truth-teller)'이라고 정의한다. 진실을 말하는 사람은 말과 행동의 조화를 이루어야 한다. 그리고 자신이 한 말을 지켜야 하며, 그러기 위해서는 '자신을 수련/도야 하는 것'이 반드시 필요하다. 다른 사람에게 무엇을 생각해야 하는지, 혹은 무엇을 해야 하는지를 설명하거나 강의하는 것만으로는 충분하지 않다.

한국 대학에서도 '교수'의 정신은 점점 더 소멸해 가고 있다. 안타까운 일이다. 인문학과 사회과학은 '직업'과 관련이 있는 과목으로 축소되었다. 생활보조금 폐지와 등록금 제도 도입은 학생들을 빈곤화시켰고, 대학 민영화가 시작되었다. 기업이 제공하는 장학금은 독자적 연구를 하며 자유롭게 사고하는 '보편적' 교육의 이상을 붕괴시켰으며 커리큘럼을 과학, 공학, IT, 직업 훈련에 집중하게 만들었다. 교육 내용이 노동시장의 필요와

---

153. professor ← profess=pro(forth)/per(forward) + fateri/fassus(to acknowledge, confess)/fari(to speak) → profiteri=to take a vow, testify voluntarily, acknowledge, make public statement of; 'profes' ← professus(avowed=having declared publicly).

비즈니스의 국제 경쟁력에 따라 결정되었고, 자본의 필요가 학생과 사회의 필요보다 우위에 놓이게 되었다. 오늘날 선진국이 코로나에 잘 대응하지 못하는 것도 바로 기초 과학 및 학문의 빈곤에서 비롯된 필연적 결과이라고 볼 수 있다.

현재 한국 대학은 아마도 정치적, 사회적, 생태적, 문화적 책임의식이 세계에서 가장 결여된 대학으로 전락한 것 같다. 이렇게 만든 거대 권력으로 자본 권력과 결탁한 한국의 기득권 세력이 숨어 있다. 이들이 대학을 죽였다. 이에 굴복한 사람들이 교수들이다. 해방 이후 70년간 우리 사회를 지배해 온 기득권 집단은 체제의 안정적인 관리를 위해 가장 중요한 일로서, 바로 대학을 장악하고 통제했다. 한국의 기득권 세력은 대학의 민주주의가 복원되면 대학이 다시 정치적 공론장으로서의 기능을 회복하고 권력 비판과 사회 변혁의 견인차 역할을 맡게 될 상황에 공포감을 느낄 것이다.

신자유주의의 영향으로 오늘의 대학은 '시장'으로 변해 버렸다. 고등교육을 통해 계급의 이동을 가능케 해 사회의 양극화를 해소하고, 자유로운 연구 활동으로 사회를 '느리게' 움직이면서 사회의 순환을 도왔다. 대학의 공공 투자 감소, 시장 역할의 증가, 교육과 학습에 대한 도구적 접근, 고용자가 주도하는 연구 의제 등은 전 세계적인 현상이다. 이에 따라 학생은 '소비자'로, 대학 교수들의 연구물은 '생산품'으로 취급 받는 시대가 왔다. 학생은 어떤가? 학생은 이름 그대로 '연구하는 자studienren'이다. 하지만 오늘날 연구, 즉 진리 탐구에 호기심을 갖고 몰두하는 학생을 찾아보기는 어렵다. 학생들의 선택권은 더 늘어난 듯하지만, 실상은 등록금 인상으로 '예비 빚쟁이'가 되어 버렸다. 학자금 대출, 은행 대출, 개인 대출 등 여러 형태로 빚을 지면서까지 4년간 받은 대학교육이 학생들에게 그만큼 제구실을 하는가? 진리를 탐구하고 인격을 양성한다는 대학의 본래 취지가 학생들에게 고스란히 전달되고 있는가? 사실 오늘날 대학이 그렇지 못하다는 것에 많은 사람이 동의할 것이다. 대학은 진리를 탐구하는 자리가 아니라, 오로지 취업을 위해 쓸모 있는 스펙을 쌓는 견습소가 되어 버렸다.

이제는 예전처럼 대학 졸업장이 보수가 좋은 평생직장을 보장해 주지 못한다. 또한 많은 학생이 제대로 실력을 갖추지 못한 채 졸업하거나 아니면 아예 졸업을 하지 못한다. 실력과 기술을 갖춘 일꾼들이 부족한 결과 전 세계 숙련직 일자리 몇백만 개가 빈 채로 있다. 몇몇 예외가 있긴 하지만, 전반적으로 대학의 학문 수준과 기능은 부실해지는 반면 등록금과 부채는 계속 증가한다. 그런데도 수많은 학생이 대학 진학에 엄청난 액수의 돈을 쏟아붓거나 많은 빚을 진다. 부모는 자녀의 대학 진학을 위해서라면 무슨 일이든, 때로는 제정신이라 할 수 없는 일도 한다. 공공재로서의 학문은 누구나 접근할 수 있고 다른 사람의 소비를 줄이지 않고도 내가 소비할 수 있다는 점에서 '비경쟁적'이며, 우리가 숨 쉬는 공기에 대가를 지불하지 않는 것처럼 누구나 사용할 수 있다는 점에서 '비배타적'이어야 한다.Nixon, 2012: 83-84 학생들은 맹목적으로 사회 통념을 받아들이고 남들이 가는 길을 따라가기보다 자신의 능력과 재정 상태를 현실적으로 평가한 다음 최선의 인생행로를 결정해야 한다.Bennett, Wilezol, 2014: 11

학문과 대학은 그것이 처한 시대, 국가, 사회의 사상의 틀 속에 존재하며 그것을 넘어설 수 없게 하고 있다. 설사 개인 차원에서 넘어선 듯 보이더라도, 그것은 무의미한 것이거나 세상의 유지 존속과는 무관한 것일 가능성이 크다. 그래서 인문학과 사회과학 등 모든 학문은 집단적 역량과 실천의 문제다. 모든 학문 지식의 노예화를 막기 위해서는 학위 수여 지역을 불문하고 한국의 현실을 바탕으로 보편적 이론화 작업을 수행하는 연구 집단에 대한 사회적 지원이 필수적이다.^{김동춘, 2017} 더 늦기 전에 주체적 문제의식을 갖는 학자들이 생겨날 수 있도록 토양을 마련하지 않으면 지적인 종속, 불구 상태는 더욱 심화될 것이고, 그것은 결국 교육, 언론, 정책 모든 영역에 심각한 악영향을 미칠 것이다.

그렇다면 고등학교를 막 졸업한 학생들은 어떤 길을 걸어야 할까? 대학에 가 봤자 쓸데없으니 모두에게 바로 취업 준비나 하라고 할 수는 없다. 어떤 학생은 기술직에 큰 흥미를 느껴 바로 직업전문학교를 선택할 수도 있지만, 좀 더 깊이 있게 고전이나 철학을 공부해 보고 싶다는 열망을 가진 학생도 있을 수 있다. 또 어떤 학생은 음악이나 미술, 영화 같은 창작 분야를 시도해 보고 싶기도 할 것이고, 또 다른 학생은 군인, 성직자 등의 길로 나아갈 마음의 준비를 하고 있는 학생도 있을 것이다. 그리고 대학은 이런 다양한 학생들의 탐구열을 폭넓고 깊이 있게 만족시켜 줄 준비가 되어 있어야 한다. 모든 학생이 고액의 등록금을 내며 천편일률적으로 일류 대학에 가야 할 필요는 없다. 이제는 대학이 누구나 이용하는 상품이 되어서는 안 된다. 무조건 대학은 가야 한다고 결론짓는 것은 현명한 태도가 아니다. 학생과 부모는 학자금 대출 부채, 투자 대비 수익, 평생소득, 학업성적, 기술 훈련, 학생의 능력과 관심사를 비롯한 여러 자료를 비판적으로 평가해야 한다.

코로나 팬데믹으로 인해 온라인과 오프라인 학위의 경계선이 모호해지고, 온라인 플랫폼으로 지식 생태계가 이동하고 있는 상황은 토머스 프리드먼의 『세계는 평평하다The world is flat』라는 책 제목처럼 '고등교육의 세계가 평평해진The world in higher education is flat' 시대를 알리고 있다. 국경을 넘어 공유 대학을 만들고 경쟁력을 확대하는 글로벌 시대에 국제 경쟁력이 떨어지는 국내 대학끼리마저 연합하지 못하고 서열과 우위에 천착하여 공동체의 근간을 위협하는 교육 문제를 지속시킨다면, 한국 사회의 다음 세대에게는 미래가 없게 될 것이다.강득구·은수진, 2020

따라서 무엇보다 국내 대학들은 근본으로 돌아가 교육의 질을 재정비해야 한다. 대학의 1차적 기능은 학생들을 가르침에 있음을 상기하며, 교원 역량 강화 연수를 의무화하고, 연구와 동일하게 '잘 가르침'에 구조적인 인센티브를 제공하며, 해외 대학처럼 이전 수강생들의 강의평가 공개를 제도화하는 개선 등을 통해 학생들로 하여금 양질의 수업을 받을 권리를 보장해 주어야 한다. 또한 코로나로 온라인 수업을 실행하는 기술적 문제에만 집중할 것이 아니라 판도 자체가 바뀌고 있는 글로벌 고등교육 생태계 속에 어떻게 하면 진정으로 학생들의 성장과 발전을 도울 수 있을 것인지, 얼마나 학생 중심의 양질의 교육을 제공하고 있는지 돌아보아야 한다. 동시에 세계 시장에 내놓을 만한 우리만의 선도적인 지식 분야는 무엇이고, 우리 대학들의 실제적인 국제 경쟁력이 어느 정도인지 냉정하고도 창의적인 렌즈로 파악하며 국내 대학 교육과정의 특성화와 콘텐츠의 중요성을 치열하게 고민해야 할 것이다.

최근 코로나 사태로 국내에도 공유 대학 플랫폼에 관한 논의가 일어나고 있다. 이 시도가 국내 대학의 상호 성장과 협력을 촉진하고 한국의 교육 문제 해소를 위해 국정 과제로 지정된 '국공립대통합네트워크'에 한 발 더 다가갈 수 있는 결과를 가져온다면 바람직하겠다. 어떤 교육개혁도 대학서열을 해체하고 입시를 철폐하지 않는 한, 미봉책에 지나지 않으며 금수저들의 대물림을 양산할 것이다. 따라서 대학 평준화를 통한 학벌 카스트 제도의 타파가 필요하다. 온라인 플랫폼의 공유와 교류가 입시 공동선발 등을 포함하는 진정한 의미의 통합네트워크로 발전하여 궁극적으로 대학서열 완화와 입시 문제의 해결이라는 목표에까지 도달할 수 있는 전략과 함께 치밀한 경로를 준비해야 한다. 교육의 시대적 변화의 흐름을 긴밀히 따라가면서도 유연한 오픈 지식 생태계를 선도한 혁신학교의 성과를 거울 삼아 국공립대통합네트워크의 한 축인 '공영형 사립대' 실험을 시도해 볼 수 있다. 기존 대학들과는 차별화된 요소를 실천하며 대학교육의 진정한 주인인 학생들을 중심에 두고 운영될 필요가 있는 것이다.

우리는 코로나 사태를 계기로 하여 세계 질서의 흐름을 파악할 수 있는 교육 내용과 교육과정의 편성과 교육제도의 전면적 전환을 시도해야 한다. 그리고 인간을 인간답게 만들 수 있는 교육, 자율적으로 묻고 탐구하게 만드는 교육, 타인에 대한 사랑과 신뢰를 일깨워 주는 교육, 자연에 대한 감수성을 키워 주는 교육을 해야 하는 시대가 되었다.

6장
포스트 코로나를 위한
학교교육의 본질 회복과 시민적 학습

코로나 사태에 대한 국가교육의 대응

오늘날 압축적 근대화를 달성한 우리나라의 경제적 성공은 교육에 대한 우리 국민들의 기대와 신뢰를 바탕으로 가능했지만, 과거의 성공에 도취되어 미래 사회가 요구하는 교육의 패러다임을 만들어 내지 못하는 딜레마 상황에 빠져 있다. 궁극적으로 한국 사회 특유의 학력·학벌주의가 신자유주의에 입각한 교육개혁과 맞물리면서 학교는 경쟁과 선발, 입신출세를 위한 도구적 가치가 압도하는 공간이 되고 말았다. 우리의 학교는 경쟁교육에 치중하다 보니 학습의 즐거움을 사라지게 한 지가 오래되었다. 이러한 누적된 학습노동의 과잉 상태에서 엎친 데 덮친 격으로 불어닥친 코로나 창궐은 아동권리를 중대하게 침해하는 교육의 위기라고 할 수 있다. 코로나 사태의 창궐로 말미암아 혁신교육정책과 마을교육공동체운동의 측면에서 앞으로의 변화를 예측하고, 이를 고려해 전략을 적절히 수정하는 것이 불가피해졌다.

2020년 8월 발표된 "코로나19 기간과 그 이후의 교육"에 관한 유엔 사무총장 정책 브리핑에 따르면, 유치원 교육부터 고등교육까지 약 2,500만 명의 학습자들이 코로나19로 인한 휴교 이후, 2020년에 학업을 다시 시작할 수 없는 위험을 안고 있다고 한다. 등교 재개를 못할 위험이 있는 학습자 중 가장 많은 수가 남아시아와 서아시아, 아프리카 사하라 이남 지역에 살고 있다. 정책 브리핑에서는 다음의 네 가지 영역에서 세계적 유행병의 영향을 완화하기 위한 권고안을 제시한다.[154]

1. 바이러스의 전염을 억제하고 등교 재개를 철저히 계획해야 한다.
2. 교육 재정 지원을 보호하고 그에 따른 영향력을 조정해야 한다.
3. 공평하고 지속가능한 발전을 위한 교육 시스템의 회복력을 강화해야 한다.
4. 교육을 재구상하고 교육과 학습의 긍정적인 변화를 위한 속도를 높여야 한다.

유네스코는 코로나19가 발발한 이후, 휴교와 등교 재개, 교육의 연속성을 보장하기 위한 국가적 대응을 추적 관찰하고 있다. 2020년 8월과 9월 내내 유네스코는 코로나19 휴교에 대한 국가교육의 대응을 평가하기 위해, 유니세프 및 세계은행과 함께 두 번째 공동 조사를 실시했다. 이번 조사는 124개의 교육 시스템을 대상으로 했는데, 이 중 20여 개국이 정보를 공개하지 말아 달라고 요청했다. 이 조사는 회원국들로부터 유치원부터 고등학교까지 집단 휴교에 대한 전국적인 범위의 국가교육 대응 정보를 수집하고자 했으며, 이는 각 정부의 등교 재개 계획, 학사일정 준비, 원격 교육 전달 시스템과 교육 전략의 상태, 교사 및 기타 교육 인력뿐만 아니라 학생 및 부양자에게 제공되는 지원과 같은 광범위한 질문들로 구성

---

154. 코로나19에 대한 국가교육의 대응에 대한 유네스코의 조사는 2020년 10월 30일-31일, 서울교육청이 주최한 국제교육포럼에서 장광철이 발표한 「COVID-19 상황에서 국가 교육의 대처와 미래의 교수-학습에 대한 시사점」에 의존하고 있다.

되어 있다. 그리고 이 설문 조사에는 시험과 평가를 준비하기 위해 취해진 조치 및 재정 지원 문제에 관한 몇 가지 질문이 포함되었다. 100개 이상의 국가에서 휴교의 영향을 완화하고 등교 재개를 준비하기 위해 지역 및 국가에서 어떻게 정책적으로 대응하는지에 대한 풍부한 정보를 제공했다. 전 세계 75%의 국가는 원격교육 방식을 교육 연속성과 교육 전달의 한 형태로 계속 활용할 것으로 예상된다. 이 접근법을 택하는 국가 비율은 아시아 태평양 지역, 남미 및 카리브해 지역(각각 약 80%)에서뿐만 아니라 특히 아랍 지역(90%)에서도 높은 것으로 확인되었다.

코로나19에 대한 국가교육의 대응에서 배울 점은 다음과 같다. 첫째, 교육의 전달 방식에서는 많은 국가에서 등교가 재개될 때 정부가 시행을 계획 중인 교육 전략과 관련하여 혼합교육 및 학습 접근 방식을 채택할 것이다. 이는 교육 개발에 대한 향후 토론에서 블렌디드 러닝의 가치와 기회에 대한 새로운 정책 토론을 촉진할 것으로 보인다. 전 세계적으로 52%의 국가가 대면 및 원격 학습 방식의 조합을 통해 유연한 교육 접근 방식을 구현하기를 원하며, 이는 대면 수업만을 채택하려 하는 국가의 비율을 앞지르고 있다. 특히 아시아·태평양 지역과 유럽(국가의 약 50%)의 국가들이 서로 다른 방법론을 혼합하여 적용하려는 경향을 보이고 있다.

둘째, 다양한 원격 학습 플랫폼의 효과와 관련하여, 각국이 이러한 플랫폼을 효과적이라고 인식할 수 있었던 배경을 보면, 여러 국가들은 교육 시스템의 준비 상태와 연결 수준에 따라 라디오, TV 및 온라인 플랫폼과 같은 서로 다른 학습 채널을 활용하여 학습의 연속성을 보장해 왔다. 국가별 교육 시스템 아래에서 124개국 중 76개국이 TV가 교육 전달 매체로서 효과적이었다고 조사되었다. 특히 아시아 태평양 지역과 유럽(해당 지역의 80%를 훨씬 넘는 국가)에서 높은 편이다. 아프리카 국가는 비율이

상대적으로 낮은데, 온라인 플랫폼이 효과적이고, 이들 대부분 국가들은 라디오를 학습의 전달 모드로 사용했다.

셋째, 모든 부문에 걸친 '협력'이다. 코로나19에 대한 국가의 대응에서 교육, 보건, 통신, 교통 등의 분야에서 중앙정부와 지방정부 및 학교 당국 간 전반에 걸쳐 부처 간 협력과 조정이 광범위하게 잘 이루어졌다. 코로나 발생 기간 동안 모든 수준에서 조정, 협업, 협력이 앞으로도 더욱 강화될 것이다.

넷째, 코로나 위기가 교육 격차를 해소하는 데에서 교육 시스템의 취약성을 드러냈다. 개발도상국의 교육 시스템뿐 아니라, 선진국들조차 제대로 대응하지 못했다. 따라서 교직에 대한 더 나은 지원, 연결 장벽의 제거, 디지털 기술 투자, 유연한 학습 경로 등을 통해 교육의 탄력성/복원력을 강화해야 한다. 교육 시스템의 개선을 통해 교육제도의 개혁으로 발전해 나갈 수 있는 향후 더 깊은 논의를 필요로 한다. 교육의 변혁/혁명으로 발전할 수 있는 혁신 방안을 내놓아야 한다.

다섯째, 각 나라의 코로나 대응 과정에서 교사와 학생들은 모두 각종의 검사를 받았다. 학생들은 학문적/학업 기술을 배우는 것뿐만 아니라, 사회적·정서적 필요와 심리사회적 지원 등을 받아야 한다. 그리고 지식의 습득뿐 아니라, 보다 탄력적이고 창의적으로 참여하는 시민을 양성하는 수단이 될 수 있는 향후 교육개혁에 더욱 박차를 가해야 한다.

우리는 디지털 기기를 통해 더 큰 가능성과 발견되어야 할 많은 것들을 제공하기 위해 학교현장을 일구어 가고 학생들에게 새롭게 다가가고자 하는 교사들의 헌신과 창의력에 존경을 표해야 할 것이다. 그리고 코로나 이후 변화된 세계에 대한 유네스코 최근 보고서[155]에서 시사한 바와 같이 우리는 이러한 수단에 접근하는 것에 대해 신경을 써야 하고, 이것이 모두에게 가능할 수 있도록 노력해야 한다. 유엔아동권리위원회는 코로나 팬데믹 상황에서 전염병이 아동에게 미치는 중대한 신체·정서·심리적 영향을 고려해 국가의 아동인권 보호를 촉구하는 내용의 성명을 발표했고, 여기서 온라인 학습이 기존의 불평등을 가속화하거나 학생과 교사 간 소통을 대체하지 않도록 보장하라고 권고했다. 하지만 온라인 수업에서 우리 교육은 특수·유치원·다문화 가정 같은 소수를 위한 배려와 보호가 부족했다. 발달장애아는 온라인 학습에 참여할 수도 없고, 대안으로 제시된 순회 교육도 순회 교사를 교사로 인식하지 못하였기에 교육으로서의 실효성이 없었다. 우리 교육에서 가장 어리고, 약하고, 보호받지 못하는 계층의 목소리를 담았는지를 돌아봐야 한다.

오늘날 우리 학교가 위기에 처해 있다는 사실은 모두 동의할 것이다. 경제적·사회적 문제를 수정하기 위한 목적으로 학교를 변화시키려는 계획적 노력인 교육개혁에 대한 정책적 대화가 이상주의적이고 요란할 때도 있지만, 실제 개혁은 보통 완만하고 점진적으로 이루어졌다.Tyack & Cuban, 2011: 23-38 학교가 할 수 없는 일에 대한 과도한 약속은 학교에 대한 환멸과 비난으로 다가오게 마련이다. 사실 학교개혁을 통해 사회개혁을 하려는 유토피아적 전통은 많은 비용이 들고 정치적 논란거리가 되어 왔다. 유토피아적 생각은 비전이 있는 생각으로 칭송받을 수 있지만, 땜질식 발

---

155. UNESCO에서 최근 발표한 〈International Commission on the Futures of Education〉은 '공동 행동을 위한 아홉 가지 아이디어(Nine ideas for public action)'를 구성해 미래, 그리고 코로나 이후의 교육에 대해 설명하고 있다. 이 보고서에 따르면 "현 위기 상황은 사회, 지역 사회, 그리고 개개인의 삶에 공교육이 미치는 중대한 영향에 대해 상기시킨다". 즉, 교육은 불평등을 타파하고, 존엄성과 목표가 있는 삶을 가능케 한다는 것을 다시금 상기시킨다는 것이다. 이 보고서는 교육을 공공재로서 강화하고, '교육에 대한 권리'를 확장하며 교육직 및 교육자 간 협업을 중시하도록 촉구하고 있다.

상으로 비하되기도 했다. 물론 아무리 강력한 지지자를 가진 개혁이라도 항상 학교로 파고들어 가기란 쉬운 일이 아닐 것이다. 교육자들은 외부로부터의 개혁을 환영하기도 했고, 향상시키거나 굴절시키기도 했으며, 흡수하거나 변형시키기도 했고 때론 거부하기도 했다.

따라서 교육의 유토피아를 꿈꾸는 이상주의자면서도 현실을 아예 무시하며 처음부터 다시 시작하는 급진주의나 공상주의에 머물러서는 안 된다. 세계교육사에서 훌륭한 사상들이 많이 등장하고 있지만, 그들 중 많은 것들은 너무 멀리 이상을 끌고 감으로써 현실에 뿌리내리지 못할 관념적 한계에 머물러 있기도 했다. 그림의 떡 같은 유토피아적 개혁은 교사들과 대중의 냉소와 환멸을 불러일으킬 수 있다. 이상적 교육공동체를 꿈꾸는 일은 매우 아름다운 일이지만, 그것을 현실화할 때 지배적 교육체제나 교육과정을 몽땅 내버리거나, 아니면 모든 것을 다시 시작하는 방식의 양자택일을 하기보다는, 주어진 현실 속에서 혁신 또는 진보의 싹을 키우는 가능한 실천들을 위해 애쓰는 치밀한 계획이 요구된다.

원격교육의 양면성과 교육의 본질

코로나 팬데믹은 기존 교육을 다시 돌아보는 계기가 되었다. 코로나19 대응 차원에서 불가피하게 실시한 온라인 개학으로 인한 비대면 원격수업의 경험이 결과적으로 그동안 철옹성 같던 지식 정보 전달, 입시 중심의 교육, 교실 중심의 수업에 의미 있는 틈을 벌린 것은 분명하다. 대면 화상수업이 주를 이루면서 "꼭 학교에 가야 할 필요가 없는 거잖아"라고 말하는 사람도 있고, '코로나로 앞당겨진 미래'가 도래했다고도 말한다. 하지만 그렇다고 하여 앞으로 우리의 인적·물적 교육 역량을 최대한 집중해서 온라인 원격수업의 완성도를 높이는 것이 우리나라 교육이 나아갈 길이라고 결론짓는 것 또한 성급한 일이다.

MOOC(개방형 온라인 강의)가 강한 학습 동기와 탄탄한 학습 능력을 갖춘 5% 학생들에게만 적합한 도구였다는 사실에 주목해야 한다. 기술과 도구보다 중요한 것은 학습 동기와 학습 능력이라는 사실이다. 기술과 도구가 지닌 다양한 측면을 제대로 파악하지 못한 채 긍정적인 모습만을 보면서 서둘러 교육과 학습에 적용하는 것은 위험한 결과를 가져올 수 있다. 긴박한 상황으로 어쩔 수 없이 원격교육을 시도하게 된 현실에 대해서 거부할 수도 비난할 수도 없다. 하지만 이미 코로나가 발생한 지 1년이 지났는데, 올 상반기까지는 지금의 코로나19 상황이 나아지지 않을 수 있다는 전망을 하고 있다면, 이제는 우리도 그에 대한 대비를 해야만 한다. 실시간 온라인 쌍방향 수업은 지금 상황에서는 다른 방법들보다 학생과의 상호작용 측면에서 대안이 될 수는 있지만, 교육 시스템, 학습 방법, 학습 동기 등 교육의 근본적 문제를 해결하지 않고 도구와 기술로 접근해서는 이를 해결할 수 없다. 지금까지는 갑작스럽게 닥친 일을 해결하느라 많은 에너지를 쏟았다면 이제는 좀 더 길게 내다보고 함께 미래를 만들어야 할 때이다.

원격수업에서는 수업 장면에서의 학습 환경(분위기)을 만들어 내기가 쉽지 않다. 학습 환경이란 교사와 학생, 학생과 학생의 상호작용, 소통의 과정에서 비언어적 표현 등이 모두 포함된 환경을 말한다. 이것이 제한됨으로써 교사 혼자 이끌어 가는 수업이 될 가능성이 높다. 대면교육에선 학생들의 웃고 떠드는 반응마저도 수업에서 이해도와 집중도를 높이는 긍정적인 작용을 낳기도 한다. 콘텐츠형 수업이라면 선생님의 수업 내용을 학생 혼자 보고 있으니 학습 분위기는 가정의 학습 환경이나 학생 혼자 만들어 내는 학습 환경이 전부가 된다. 실시간 쌍방향의 수업일지라도 분위기가 만들어지기엔 원활하지 않다. 서로의 학습 의욕이 전달되기도 하고 서로의 의견 주고받기 등의 상호작용이 다른 학생들에게 영향을 미치면서 수업이 이루어져야 하는데 실시간 수업에서조차 많은 학생의 즉각적인 반응을 얻어 내기도 쉽지만은 않다. 실시간 쌍방향 수업으로 서로를 바라볼 수 있다는 데서 의미가 있긴 하지만, 대면교육과 같은 쌍방향이 되기란 지극히 어렵다.

원격교육의 증대와 이에 따른 교육 방식이 가정으로 침투하게 되면 학생들이 가정환경이라는 맥락에서 잠시 벗어날 수 있다. 그리고 다른 이들과 더불어 지내면서 공동체적인 온전한 학생이 될 수 있는 기회가 상실될 위험성은 더 커질 것이다. 이들의 사회적 배경과 맥락이 이들의 미래를 결정할 위험성 또한 더 증대될 것이다. 원격교육을 시작하고 나서 많은 가정에서 학부모가 가장 걱정하는 부분은 학생들이 온라인 환경에 너무 많이 노출되었다는 점이다. 학생마다 온라인에 접속하는 시간이 많아짐에 따라 그에 따르는 부작용도 만만치 않을 것이다.

결과적으로 사회적 거리두기와 비접촉 시대로 학생들이 놀 공간이 없어진 세상에서의 빈 공간을 온라인 환경이 채웠다. 온라인 환경 속에서 디지털 기기를 잘 활용하여 지식정보처리 역량을 키워 주고 더불어 디지털 리터러시 교육을 통해 비판적 사고를 길러 주는 교육의 긍정적인 방향도 있을 수 있겠지만, 대부분의 학부모는 학생들이 컴퓨터 속 세상에서의 많은 콘텐츠를 소비하는 데에만 시간을 보낸다는 것에 대해 걱정스러워한다. 코로나 이전의 학교 교사들은 그동안 계절을 느끼며 삶과 일치하는 교육이 되도록 나름대로 실험적 도전을 하였다. 화면 속 이미지보다는 직접 보고 느낄 수 있는 밖으로 나가 학습하면서 계절의 변화와 자연을 느끼게 했고 이웃, 주변 사회 모습, 문화를 동영상이나 이미지가 아닌 실제의 모습으로 보고 감상하기 위해 체험학습을 나가기도 했다. 이렇게 체험되고, 실제적으로 학습되어야 하는 삶의 일부를 코로나 사태를 맞이하여 화면 속의 움직임이나 이미지로만 접하는 데에 따라 학생들의 자아가 형성되면서 인지적 차이가 커지는 것은 문제이다. 많은 시간을 디지털 기기 사용과 온라인상에서 시간을 보내는 이 시기의 학생들에게 부족해질 사회성, 정서, 운동기능을 포함한 신체 발달의 문제에 대해 나중에 가서 우리 사회가 어떻게 해결할 것인가도 걱정이다. 아이들의 발달 결손에 대해 치를 책임과 사회적 비용에 대한 어려움은 지금보다 훨씬 커질 것이다.

원격교육은 공통 세계에 대한 관심이 아니라 개인에게 맞춤화된 서비스로 인식되는 경향은 편향된 태도를 형성할 수 있다. 우리는 또한 '교육의 사유화'가 되는 것과 온라인 세계로 이동하면서 학생들이 많은 데이터 수집 및 이용에 노출되는 것을 걱정해야 한다. 그리고 학생들의 관심을 자본화시켜 그들을 시장의 경제 논리나 사회적 규범에 순응하게 만들고, 사람들의 반응이나 '좋아요'에 집착하게 만드는 매체의 사회적 힘을 경계해야 한다. 이것은 아이들을 '교육'시키기보다 '사회화'시키기 때문이다.[Masschelein, 2020] 이뿐만 아니라 대부분의 디지털 매체나 그것을 활용한 프로그램 및 장비들이 학생들로 하여금 자기 자신을 '자기 자신의' 욕구와 '자기 자신의' 선호만을 가진 존재로, 그리고 맞춤형 서비스를 받으며, 자신을 우선적으로 규정하는 특성에 국한된 채 스스로를 고립된 고객으로 간주하게 만드는 방식을 염려하지 않을 수 없다.[Masschelein, 2020] 그러한 메커니즘은 정확히 학생들을 '자기 자신만의' 프로필에, 그리고 '자기 자신만의' 과거에 '자기 자신만의' 세계에 가두어 버리도록 위협하는 형태의 학습을 포함한다. 이러한 맞춤형 교육이 학생들이 무엇을 하고, 선택하고, 수행하며, 어떻게 자신들의 프로필을 만들어 가는지를 영구적으로 추적하고 모니터링한다는 점을 주의해야 한다.

이런 관점에서 볼 때 세계적 감염병이 확산되면서 아이들이 장기간 경험하게 된 원격교육을 통해 그들은 학교에 고마운 생각까지 갖게 되면서 학교의 존재와 필요성을 자각하게 되었다. 디지털 원격교육이 앞으로 학교를 어떻게 교육적인 자유와 평등을 실천하는 공간과 시간으로 재형성하고 혁신하는 데 기여할 수 있을지를 생각해 보아야 한다. 학교 혁신은 학습 매체의 개인화, 교육의 사유화 및 효율화 흐름을 저지하면서 학교를 미래 세계를 경험할 수 있는 작업장으로 만들 수 있는 전망을 가진 교사들을 필요로 한다. 코로나 사태에 대한 대응 차원에서 많은 사람들은 PC, 스마트폰, 온라인 플랫폼을 사용하고 있는 것을 볼 수 있다. 사실 팬데믹으로 인해 교사들은 기존의 관행으로부터 자유를 얻어 디지털 기기를 사용해 학생들과 공유하고 소통하는 새로운 방식을 시도할 수 있게 되었다.

한국의 교육은 코로나 시대를 겪으며 코로나 이전부터 지속되어 온 교육 위기가 심화되고 있다는 것과 코로나를 계기로 한국 교육의 새로운 변화와 한국 교육의 새로운 변화와 혁신을 도모해야 한다는 의견이 병존하고 있다. 코로나 감염병의 빠른 전파력으로 인하여 공교육을 담당하는 학교는 문을 닫거나 학생의 등교 인원을 대폭 축소하고 있지만, 사교육의 핵심인 학원은 오히려 더더욱 활성화되고 있다. 한국과 달리 사교육이 거의 없는 유럽 등의 나라에서는 거의 볼 수 없는 모습들이다. 대학의 입시를 위해 생명의 위험을 쉽게 감수하고 있는 우리나라의 상황은 착잡한 생각을 갖게 한다. 한국은 개인의 자아실현 및 행복과 국가의 발전이 서로 선순환되는 경험을 가져 본 적이 없기 때문이다. 교육의 불평등은 계속 심화되고 있고, 교육의 공동체성은 점점 취약해지고 있다.

코로나19 사태로 인해 비대면 온라인 원격수업을 전면적으로 실시하면서 교육현장 곳곳에서 이전과는 전혀 다른 차원의 논의가 벌어졌다. 교육만이 가진 고유의 시각, 관점, 철학이 부재한 상태에서 수업을 혁신하는 방법론에 치우치는 경향을 보였다. 그런데 기술적인 진보로 교육의 방법이 달라질 수는 있지만, 그럴수록 우리는 왜 배우고 가르치는지, 그로써 우리가 무엇을 얻고 깨우치는지를 더욱 고민해야 한다. 근본이 올바로 설 때 기술 역시 그 역할을 충실히 할 수 있다. 따라서 통신기술과 빅데이터와 알고리즘 등 첨단 과학기술의 적용으로 학생 개개인에 맞는 학습을 지원할 수 있는 교육의 발전을 기대하면서, 다른 한편으로는 자연과 사람, 사람과 사람 간의 새로운 관계와 연결을 통해 시대적 요구에 맞는 공동체성을 회복하기 위한 노력이 더욱 필요하다. 이를 위해 학교교육은 더 활발한 소통과 협력의 장을 넓혀 가야 한다.

그리고 코로나 사태의 발생은 학교의 본질에 대한 질문도 던졌다. 지식습득을 가능케 하는 학습 대체제가 많아지면서 학교교육[156]에 관한 독점적 기능은 약화되었기 때문이다. 그럼에도 불구하고 사람과 사람의 상호작용을 통해 얻는 의미와 깊이를 담보한 학습은 여전히 학교가 가진 핵심 기능일 수밖에 없다. 학교가 멈추면서 노동시장, 보건복지, 경제, 문화 등도 함께 멈춰 버리는 상황을 겪으면서 우리는 학교의 명시적·묵시적 기

---

156. '교육(education)'과 '학교교육(schooling)' 간에는 차이가 있다. '교육'은 개인이 기술을 습득하고 지식을 습득하고 지식을 쌓으며 자신의 시야와 견문을 넓히는 것을 가능하게 하고 이를 장려하는 사회제도다. 따라서 '교육'은 다양한 사회적 환경에서 일어날 수 있다. 반면에 '학교교육'은 학교라는 전문화된 환경에서 미리 설계된 교육과정을 통해 일정한 유형의 기술과 지식을 전달하는 정규과정을 가리킨다. '학교교육'은 조직화된 '교육체제' 안에서 일어나는 교육을 의미한다(Giddens & Sutton, 2018: 851). '교육'은 정치·경제·사회문화적으로 복잡한 문제다. 교육은 단지 학교 안에서 일어나는 것에 국한하지 않고, 다양한 논쟁의 핵심 주제가 되고 있다.

능을 확인했다. 하지만 동시에 온라인 학습의 가능성 또한 확인되면서, 교사와 학교가 본연의 기능을 다하지 못할 때 언제든 대체될 처지에 놓일 것이라는 예측도 가능해진다.교육정책디자인연구소, 2020: 7-8

안타깝지만 어두운 측면도 드러났다. 학부모의 관심과 가정의 상황에 따라 학생의 학습 환경과 학력의 차이를 보인다. 가정에게 맡겨진 책임은 커졌는데 가정의 상황은 너무나 다양하다. 교육은 누구에게나 공평하고 평등하게 기회가 주어져야 한다. 학교는 그런 공평한 기회를 주는 공간이어야 한다. 원격교육에선 가정에 따라 학생들에게 주어지는 기회가 공평치 않을 수 있다는 점을 우리가 놓치지 말아야 한다. 학교 내 구성원의 갈등, 교육 불평등 심화, 현장을 중심에 놓지 않는 행정체제 등 누적된 교육계의 약점이 고스란히 노출되거나 더욱 악화되었다. 특히 중앙정부의 통제와 지침에 의존하여 움직여야 하는 특수한 상황에서 교육자치와 학교자치의 공간은 더욱 축소되었다. 안전을 우려한 특수한 상황을 이해하지만, 책임지지 않기 위해서 판단을 끊임없이 유보하고, 책임을 학교에 돌리는 상황은 교사들을 힘들게 했다. 교육 주체가 함께 논의하면서 능동적으로 길을 찾아 나갈 수도 있었을 텐데, 일반 지침을 기다려 보자는 수동적 모습도 적지 않게 나타났다. 물론 긍정적인 면도 있다. 생명과 안전의 가치를 무엇보다 중시하는 흐름이 나타났는데, 세월호 참사 이후에 얻은 교훈이 내면화된 결과로 보인다.교육정책디자인연구소, 2020: 8 등교와 입시, 학사 일정보다도 생명과 안전의 가치를 먼저 생각하고, 이후 나름의 후속 조치를 과감하게 실행한 모습도 과거와 달라진 행정 체계의 모습이다.

다른 한편 역설적으로 학교에 오지 못하는 날이 더 많고 원격으로 수업하게 되니 오히려 학교가 학생들의 삶에 많은 부분을 차지하고 있었다는 것을 더욱 명확하게 확인할 수 있었다. 학교는 교과 내용을 가르치는 단순한 지식 전달과 학습만을 위한 곳이 아니라, 정서적 유대감을 높이며 또래를 비롯한 사회적 관계를 만드는 곳이었다는 알게 되었다. 코로나19로 시작된 원격교육으로 말미암아 학교가 맡고 있던 교육의 역할과 나아갈 방향성을 다시 생각해 보는 기회가 되었다. 코로나 사태는 무엇보다 공동체에 대한 향수를 더욱 느끼게 만들었다. 특히 학교는 사람과 사람이 만나 상호작용을 하면서 구성원이 함께 더불어 성장하는 곳이다. 그렇기에 학생이 없는 학교는 그 존재가치를 상실한다. 그동안 공동체의 중요성을 강조해 왔지만, 학교의 일상에서 그것이 얼마나 의미 있게 작동하고 있는가는 의문이었다.

그런데 코로나19 사태를 겪으며 우리는 학교의 존재 이유를 재발견할 수 있었다. 사람과 사람이 만나 의미 있는 상호작용을 하고, 이를 통해 교사와 학생, 나아가 지역사회/마을의 성장을 촉진해 온 학교의 역할을 새삼 깨닫게 된 것이다. 지금까지 학교는 입시와 경쟁이라는 틀 안에서 효율적인 관리에 더 집중했고, 그 과정에서 사람의 가치를 놓쳤던 측면도 있다. 향후 학교는 잃어버렸던 공동체의 가치를 회복하고, 수많은 교육 대체재가 존재하는 현실에서 왜 존재해야 하는가에 대한 답을 찾아 나가야 할 것이다.

그리고 교육의 본질을 놓치지 말아야 한다. 교육, 학교, 수업에서 제일 먼저 고려되어야 할 지점은 학생에 대한 관심이다. 우리나라의 교사들은 역량과 능력 면에서 매우 뛰어난 집단에 속한다. 다양한 유형의 교사들이 적응하는 속도가 매우 달랐지만, 모든 교사가 학생을 중심에 두고 교육한다는 방향성만큼은 함께 공유하고 지켜 나가야 한다. 원격교육에서 다양한 매체를 다루는 능력, 도구를 다루는 능력보다 우선해야 할 것은 우리의 교육이 어디로 향하고 있는가에 대한 방향성 잡기이다. 그리고 교사의 교수학습 방법의 개선은 학생의 배움이 어떻게 일어나는지에 대해 학습 방법과 학습 동기를 북돋워 주는 방향으로 고민되어야 한다.

　거기에 원격교육이라는 아무도 가 보지 않은 그 길을 걸어가기에 함께 노력하는 시스템과 이를 적극 지원하는 시스템도 만들어져야 한다. 이번 코로나 상황에서 교사가 함께 협력하는 문화 속에서 많은 문제를 해결했다. 앞으로도 집단지성으로 학년을 운영하고 학교를 운영하는지를 실천적으로 경험하고 지속해 나가야 한다. 그리고 교육의 목적을 잊지 않으며 급작스럽게 변화하는 환경에 대해 대처하는 유연성과 적응하는 개인의 노력도 필요하다. 학교는 교육의 공간이고 그 교육에는 매우 많은 부분이 포함된다. 학교는 학생들에게 안정감을 주는 공간과 안심이 되는 관계를 만들 수 있는 시공간을 만들어 주어야 한다. 학교는 학생과 학생 사이를 연결하는 관계의 끈을 실존하는 세상 속에서 이어 줄 수 있어야 한다. 학생들의 삶은 디지털, 온라인 공간에서가 아닌 실재하는 공간 속에서 더 의미가 있다. 그래서 학생이 성장하고 발달하는 학교라는 공간은 실제적이어야 하고 지속가능해야만 한다. 학교가 자율적으로 판단, 실행할 수 있게 민주적인 회의 문화가 바탕이 되어야 하고, 교사가 마음 놓고 학생의 성장과 발달을 도울 수 있도록 학생을 관찰할 수 있는 시간과 적정한 학급당 인원수를 보장해 주어야 한다. 그 안에서 교사는 자발적으로 학생 중심의 교육을 고민하고, 연구하는 문화를 스스로 만들어 가야 한다.

　이런 비상상황에서 머리를 맞대고 논의하며, 좀 더 나은 교육을 위해서 내가 해야 할 게 무엇인지 고민하며, 서로에게 도움을 주는 교사들이 우리 곁에 있어서 위기 상황에서도 기적을 만들어 갈 수 있다. 앞으로도 교사가 내적 자발성을 키울 수 있는 환경 속에서 긍정적인 영향력을 서로에게 펼치기를 기대해야 한다.

교육이란 그냥 학생들에게 무언가를 가르치는 행위가 아니라는 사실이다. 교육은 학생들로 하여금 신뢰할 만한 나침반을 개발하고, 도구를 발명해 자신감을 가지고 점차 더 복잡하고 가변적이고 불확실한 세상을 헤쳐 나가는 데 도움을 주어야 한다. 오늘날 교육의 성공은 정체성과 주체성, 그리고 교육의 목적과 관련이 있다. 교육의 성공은 호기심을 형성하며 정신을 여는 것에 있다. 또한, 동정심을 형성하고 마음을 개방하는 것에 있다. 우리의 인지적, 사회적, 그리고 감정적인 자원을 동원해 행동할 수 있는 용기를 갖는 것에 있다.Schleicher, 2020

이러한 것은 우리에게 최고의 무기가 되어 우리 시대의 최대 위협에 맞설 수 있도록 한다. 무지, 폐쇄적 사고, 혐오, 닫힌 마음 그리고 두려움은 우리의 가장 큰 적이다. 우리는 가르치고, 시험을 치기 위한 것들을 쉽게 디지털화하고 자동화할 수 있는 세상에 살고 있다. 우리는 로봇을 어떻게 교육시키는지 잘 알고 있다. 우리는 여기서 말하는 것들을 잘 처리하는 사람들을 잘 알고 있다. 그러나 가속화와 인공지능으로 특징화된 이 시대에 우리는 무엇이 우리를 사람답게 만드는지에 대해 더욱 치열하게 고민해야 한다. 왜냐하면 미래에는 컴퓨터의 인공지능과 인간의 인지, 감정적 기술과 가치를 결합하게 될 것이기 때문이다. 당연히 많은 사람들은 최첨단 지식이 항상 중요하다는 것을 알고 있다.

그러나 교육의 성공은 더 이상 콘텐츠 지식을 재생산하는 데 그치지 않는다. 오히려 지식을 적용할 때 우리가 알고 있는 것을 새로운 상황에서 창의적으로 도출하는 것이 중요해졌다. 깊이 있는 이해를 갖고, 과학자처럼, 철학자처럼, 수학자처럼 생각하는 것이 바로 그것이다. 이 모든 것이 단순히 특정한 공식, 이름 혹은 장소를 아는 것보다 더 중요해지고 있다.

역사는 단순히 연대표 이름 혹은 장소를 외우는 것이 아니다. 역사학자처럼 사회라는 내러티브가 어떻게 출현하게 되었고, 전개되었으며, 발전했는지, 또한 맥락이 변화할 때 어떻게 내러티브가 흘러가는지를 이해할 필요가 있는 것이다.

우리는 팬데믹 상황에서 한 국가의 안녕이 국민의 집단적인 행동 역량에 얼마나 좌우되는지 깨달았다. 그러므로 학교는 학생들이 스스로 사고하고, 우리 모두를 위해, 그리고 함께 행동할 수 있도록 도와야 한다. 사회적, 감정적 기술은 학생들로 하여금 사람들의 다양한 아이디어와 가치를 존중하도록 만들며, 다른 문화적 배경을 가진 사람들과 함께 기술을 통해 시공의 간극을 극복할 수 있는 세상에서 살아갈 수 있도록 도울 수 있다. 즉 이러한 기술은 팬데믹과 같이 국경을 초월하는 이슈에 영향을 받는 세상을 살아가는 데 도움이 될 것이다.

앞으로 많은 직군에서 효과적인 커뮤니케이션과 이에 따른 적절한 행동을 취하는 것은 성공을 위한 열쇠로 작용할 것이고, 이러한 추세는 앞으로 기술이 발달하며 전 세계 사람들 사이의 연결이 용이해짐에 따라 지속될 것이다. 고용주들은 점차적으로 자신의 기술과 지식을 새롭고 색다른 분야에 적용하고 전이시킬 수 있는 이들을 찾을 것이다. 상호 연결된 세상에서의 취직을 준비하려면 앞으로 청년들은 세계화의 복잡한 역학관계를 이해해야 하고, 다양한 문화적 배경을 가진 사람들에게 열려 있어야 한다. 핵심은 우리가 앞으로 시대를 앞서 나가려면 보편적으로 인간에게만 있는 고유한 특성들을 찾고 이를 정제할 필요가 있다는 것이다. 우리는 컴퓨터로 만들어 낸 현실을 다른 것으로 대체하는 대신 현실을 보완해야 한다. 인지적, 사회적, 감정적 역량을 개발해 내야 하는 도전 과제는 교사들로 하여금 교수와 학습에서 이전과는 매우 다른 접근 방식을 취하도록 한다. 교수 활동이 이미 잘 정리된 지식을 전하는 것이라면, 많은 국가에서는 역량이 낮은 교사를 쉽게 구할 수 있을 것이다. 교사의 역량이 낮은 경우, 정부는 교사들에게 정확히 그들이 무엇을 해야 하는지, 그리고 매우 산업화된 업무 구조 및 방식을 활용하여 어떻게 원하는 결과를 얻을 수 있는지를 지시하는 경향이 있다.

원격교육과 온라인수업이라는 말조차도 생소했던 시기를 지나 이제는 '거리두기', '비접촉'이란 말이 일상화되어 버렸다. 그러나 자라나는 성장기 어린이와 청소년을 비접촉만으로 키워 낼 수는 없다. 우리의 학생들은 사이버 게임 속의 캐릭터가 아니기 때문에 누군가는 '접촉'하여 키울 수밖에 없다. 이 말은 아이를 키우는 데 필요한 많은 것들이 '비접촉' 시대에 가정의 몫이 되었다는 것이고, 가정에 많은 것이 맡겨진 상황이라 교육격차가 더 벌어졌다는 것이다. 따라서 교육은 가정과 학교가 함께 해결해 나가야 한다. 이를 좀 더 적극적인 방향으로 해결하려면 학교는 학부모를 함께해 나가는 교육의 동반자로 삼아야 한다. 가정에서 이뤄지고 있는 교육도 지금 상황에서 매우 중요한 일이고 학부모도 그동안 많은 노력을 들여 함께했다는 응원과 격려는 물론이고, 앞으로도 지속적으로 교육에 대한 안내 및 연수와 지원을 아끼지 말아야 한다.

또 코로나 이후 교육체제가 기술공학적 교수·학습 환경에 한정되어서도 안 된다. 왜냐하면 사이버 공간에서는 사람의 삶을 직접 경험할 수 없기에, 디지털 기술을 기반으로 하는 '사람 없는 교육'으로 경도될 위험이 있기 때문이다. 타자the Others에 대한 인식을 강조한 철학자 레비나스는 "영혼의 진정한 소통은 얼굴과 얼굴을 마주한 관계에 있다"라고 역설했다. 코로나로 접촉이 극도로 단절되면서 역설적으로 '만남'의 교육이 더욱 강조되고 있다. 특히 돌봄은 비대면이 불가능한 것이다. 코로나 팬데믹의 장기화가 근본적으로 애정, 곧 연대와 돌봄의 사회적 토대를 허물고 있는 것이 심각한 문제다. 한 사람을 교육한다는 것은 단지 지식과 정보를 전달하고 그것을 평가하는 차원을 넘어, 그 사람의 삶의 성장에 관여한다는 의미가 있으며, 한 사람의 삶의 성장은 다른 사람과의 관계/만남 속에서 일어난다는 사실이다. 따라서 '사회적 거리두기'가 사람들 사이의 전염을 막기 위해 물리적으로 간격을 두자는 것인데, 그것이 서로의 대화와 소통의 기회를 줄여서는 안 된다. 국가적 대원칙 아래 지역마다 특성과 상황에 맞게 사회적 거리두기를 때로는 철저하게, 그리고 때로는 유연하게 시차적으로 한다면 교감과 이해를 살릴 수 있을 것이다.

지역 주민의 시민화·공중화를 위한 시민적 학습

현대의 많은 주체들은 종종 압박받는 상황에 처하곤 한다. 그들은 자신이 궁지에 몰리고 지나친 요구에 시달린다고 느낀다. 이러한 상황에서 주체는 자신이 살아 있음을 느끼게 해 주는 비일상적 체험들을 통해 자기 자신을 확인하고 싶어 한다. 이 주체는 사회와 동떨어진 현실을 가공하는 것이 아니라, 항상 사회화와 주체화의 기본과정에 담긴 변증법적 교차 속에서 현실을 만들어 낸다.Bierhoff, 2003: 130 주체화subjectification[157]는

---

157. 로티 같은 자유주의자들은 '주체화'를 사회화와 대치되는 개념으로 '개별화(individualization)'로 전환시킨다. 합리적 자율성에 바탕을 둔 자유주의자들의 주체성 이해가 민주적 교육에 상당한 영향을 미쳤지만, 이들의 개인주의와 합리주의는 거센 비판을 받았다. 민주시민교육에서 '개체적(individualistic)' 개념은 타인에 의해 이끌리는 것이 아닌, 스스로 생각하고 판단하는 자율성과 비판적 사고를 소중하게 여기는 합리적 주체/자율적 주체를 강조한다. 필자는 개별화가 개인주의화/이기주의화의 위험이 있기에 억압을 타파하고 새로운 세계의 행위 주체자가 되는 주체화/주체임(subjectness) 개념을 선호한다. 주체화는 '자유'와 관련이 있고, 그리고 그 자유와 연관된 '책임'과 관련이 있다. 물론 주체화는 사회화 과정을 거쳐야 한다. 자율의 실천은 타율의 습관화를 통하지 않으면 달성될 수 없을 것이다.

학생들의 상호 의존을 증진하고, 우리가 살고 있는 정치적, 사회적, 경제적 질서로부터 자율성을 갖도록 하는 것이다.

　교육 분야에서는 변화를 도모할 더 나은 주체가 필요하다. 변화를 주도하고 변화의 저변을 확대하여 혁신을 확산시킬 수 있는 주체 말이다. 이는 성과에 대해 인정하고 보상하며 성공할 수 있는 더 나은 방식을 찾는 것을 의미하기도 한다. 무엇이 되었든 간에 혁신가들이 위험을 감당하려는 용감함과 새로운 생각을 할 수 있는 환경을 조성할 필요가 있다는 것이다. 훌륭한 가르침과 학습의 중심에는 주체적 책임감이 있다. 성공적인 교육 시스템이라면 가르치는 일의 전문화를 통해 전문적인 교육 실천에 대한 주체적 책임감을 기르기 위해 그 어떤 것이라도 할 것이다. 교사들과 관련 교육 리더들에게 자율성을 크게 줄 수 없다고 말하는 많은 사람들은 그들이 그것을 발휘할 만한 역량과 전문성이 부족하다고 말한다. 아마도 어느 정도 사실인 부분도 있겠지만, 기존에 채택되어 온 규범적인 교수 모델을 반복하는 것은 더 이상 창의적인 교사를 양성할 수 없다. 이미 조리된 재료로 요리를 했던 이들이 진정한 요리사가 될 수 없듯이 말이다.

　반대로 교사들이 교육현장에서 주인의식ownership을 강렬하게 느낄 때, 그리고 학생들이 학습 과정에서 주인의식을 느낄 때 그때 비로소 생산적인 교육이 이루어진다. 따라서 신뢰와 투명성을 높이고 전문적 자율성 및 협동적 문화를 동시에 높이는 것이 답이 될 것이다. 교사들에게 주인의식을 말할 때, 그들 스스로 책임질 수 있는 주인의식 이상으로 요구하는 것은 어렵다. 그럼에도 가장 중요한 것으로서 교사들은 전문적인 주인의식을 가져야 한다. 21세기 학교 시스템에서 일어나는 변화의 속도를 고려해야 하기 때문이다.

그리고 지역사회에서 마을의 새로운 탄생이 가능하려면 '주체'가 출현해야 한다. 주체가 형성되지 않으면 새로운 마을의 탄생은 불가능하다. 이를 가능하게 하려면 마을에 살고 있는 지역 주민의 시민화가 필연적이다. 주민을 주체화[158]하는 핵심에는 '주민의 시민으로 변화', 즉 '주민의 시민화'가 있다. '국가 중심 교육'에서 '지역 중심 교육'으로 전환하고, '국민을 키우는 교육'에서 '지역의 시민을 키우는 교육'으로 변화되어야 한다. '주민의 시민화'를 강조하는 것은 우리나라가 그동안 '국가의 국민'은 있되, '지역의 시민'은 없었기 때문이다. 따라서 마을공동체가 정의롭고 행복한 생태적 공동체로 발전할 수 있으려면, '나부터의 변화'가 먼저이다.

나로부터 시작하여 우리의 변화를 가능하게 하려면 '시민적 학습civic learning'이 필요하다. '시민적 학습'은 사람들을 길들이는/순치 교육이 아니라, '성찰하는 시민'을 필요로 한다. 시민적 학습은 사회화를 위한 학습보다 더 좋은 시민의 양성을 위해 더 좋은, 더 많은 민주주의를 요구하는 '주체화를 위한 학습learning for subjectification'을 필요로 한다. 민주적 실천을 위해서는 기존 질서에 적응시키는 사회화 차원의 학습이 아니라, 주체화(탈동일시) 차원의 학습을 염두에 두면서 학습 기회를 제공해야 한다.Biesta, 2011, 2014; Vandenbroeck & Peeters, 2014 '시민적 학습'은 사람들을 복종시키는 교육이 아니라, 민주적 주체가 되게 하는 학습으로 나아가야 한다. 민주주의자를 길러 내려면 '민주적 주체성democratic subjectivity'[159]을 강고하게 구축해야 한다.Biesta, 2014: 9

---

158. '주체화'는 기존질서가 허물어지는 순간에 일어나며, 무엇인가 새로운 것이 출현하는 것과 관련이 있다. 기존의 질서에는 없는 존재방식이다. 가까이 이웃한 참여자는 기존 질서에 개입해 들어가고, 그 과정에서 공동체의 일부가 되는 것을 배운다. 이웃은 거주민으로서 매일의 사회적 행위를 통해 다양한 시민성과 공동체의 실천이 계속적으로 구성되는 환경이다.

코로나 팬데믹으로 인한 감염의 위험 속에서도 시민들이 일상 속에서 배움을 이어 갈 수 있는 평생학습은 새로운 상상력[160]과 촘촘한 마을 연대망을 필요로 한다. 탈사회화를 추구하는 주체화는 아이들이 서로 의존하고, 자신이 살고 있는 정치적, 사회적, 경제적 질서로부터 벗어나 자율성/주체성을 갖는 일이다. 시민적 학습은 좋은 행동의 규범, 가치, 기준을 주입해서 좋은 시민이 되게 하는 기존 질서의 재생산을 목표로 하지 않는다. 시민적 학습은 과거의 재생산이 아니라 새로운 시작의 기회를 창조하는 것이다.

아이들을 마을의 주민으로 키우는 것, 그리고 주민을 시민으로 성장시키는 것이 마을교육공동체의 궁극적인 목표이다. 마을교육공동체운동의 궁극적인 목표는 지역의 아이들을 그 지역의 민주적인 시민으로 성장시키는 것이다. 주체적인 동네 사람을 키우기 위해 필요한 것이 마을교육공동체운동이다. 세계화와 지역화가 다르지 않고 지역사회의 올바른 주민의식이 세계시민과 다르지 않다는 측면에서 보자면, 동네 사람을 키우는 마을교육공동체의 목표는 결코 소박하다고 할 수 없다. 우리 동네에서 훌륭한 주민은 세계에서도 역시 훌륭한 시민이 될 수 있다는 것이 마을교육공동체 실천의 믿음이다.김용련, 2019: 77 따라서 공동체적 배움과 실천을 통해 마을을 하나의 생태적 공동체로 발전시키려면 학생들의 배움이 기초 학력의 신장은 물론이고, 그 지역사회의 공동체적 가치와 문화, 민주

---

159. 민주적 주체는 인격적/도덕의 주체여야 하고, 공동체적/사회의 주체여야 하고, 정치적/권력의 주체여야 한다. 민주적 주체는 '전인적 주체' 또는 '전인적 시민'(도덕적 시민성+사회적 시민성+정치적 시민성)으로 부를 수도 있다.

160. 평생학습의 핵심 자질과 기본 능력은 의사소통과 상호작용 능력, 개인적·사회적·역동적 능력, 창조성, 혁신성, 유연성, 지향점과 도달하고자 하는 목표가 있는 자율적이고 지속적인 학습과정의 축적된 역량이라고 할 수 있다(Wehr, 2003: 152-153).

적 시민의식 등에 관련한 종합적 역량을 키우는 것을 포함해야 한다.

공동체라는 이름으로 자기중심적이고 폐쇄적인 동호회, 친목회, 결사체 등은 어디에서든 발견될 수 있다. 하지만 진정한 마을교육공동체가 되기 위해서는 그들의 교육적 신념과 실천의 긍정적 영향이 다른 지역과 공동체로 확산될 수 있도록 열린 구조가 되어야 한다. 이를 통해 지속가능성을 증대시켜야 하고, 그 결과는 지역의 아이들이 민주시민으로 성장하고 지역사회에 정주하는 것으로 나타나야 한다. 마을을 기반으로 하는 교육공동체의 목표는 학생들에게 그 지역에 대한 다양한 내용을 실천적 방법으로 학습시키고, 그들의 학습 역량과 정의적 발달을 도모하여 그 결과가 다시 지역사회로 환원되는 선순환적 구조의 지역공동체를 구성하는 것에 있다. 이때 학습의 결과가 지역사회로 환원된다는 의미는 그 지역사회에서 교육받은 아이들이 지역의 발전을 위한 주인의식을 발휘하는 주민으로 성장하는 것을 의미한다. 결국 마을교육공동체의 궁극적 목표는 그 지역의 민주적인 시민으로 성장시키는 것이다.

여기에서 우리는 듀이의 생각으로 돌아가 살펴볼 필요가 있다. 듀이의 눈에 비친 대중은 여전히 길을 잃고 방황하는 것처럼 보였다. 대중은 원자화되고 불완전하며 비조직적인 상태로 내버려진 듯했다. 그래서 듀이는 당시 미국 민주주의의 주요한 문제가 본질적으로 정의와 권리를 덜 강조하는 데 있다고 보기보다는 '공공생활의 피폐성'에 있다고 보았다.[161] 이러한 피폐성의 근원은 근대 경제생활의 비인격적이고 조직화된 성격과 미국인들이 자신들에 대해 인식하는 방식 사이의 모순에 있다고 보았다. 듀이는 현대생활에서 과학과 기술이 제공한 문화적 발전과 오늘날 많은 비판적 논란을 일으키고 있는 근대화와 세계화의 위기 및 어두운 측면 간의 긴장을 일찍이 인식했다. 아무리 대중매체가 발달하고 과학과 기술의 합리주의가 테크노크라시technocracy를 형성하고, 이에 걸맞은 전문적 관료가 구성된다 해도, 가까운 사람들과 서로 성장하는 관계를 구축하지 않는 한, 자신이 직면한 문제를 해결할 수 없다. 듀이가 강조하듯 산업사회의 출현에 이바지했던 기계 시대는 작은 공동체를 붕괴시키면서 거대한 사회만을 추구했기 때문이다.

듀이는 하버마스가 강조하는 행정을 중시하는 국가체제에서 정해진 규범이나 중립적 절차뿐만이 아니라, 신뢰와 관계적 망과 상호작용적 결사체로부터 출현하는 과정 및 실천과 연관이 있다고 보았다.Ueno, 2016: 9 '민주주의'를 무엇보다도 '함께 결합하여 사는 삶'이라고 이해하는 존 듀이는 민주주의의 이상을 첫째, 사회성원이 공유하는 공동 관심사의 수가 많고 종류가 다양하다는 것뿐만 아니라, 상호 관심사의 인정을 사회통제의 방법으로서 더 중요시한다는 것을 의미하고, 둘째 여러 사회집단—상호 간의 단절을 의도적으로 도모하기 위하여 조직된 것—사이의 보다 자유로운 상호작용이 있다는 것뿐만 아니라, 사회적 습관이 변화한다는 것—다양한 상호작용으로 빚어지는 새로운 사태에 맞게 끊임없이 적응하

---

161. 듀이는 1차 세계대전 후 미국의 민주주의가 두 가지 위기에 직면하고 있다고 보았다. 하나는 대중 사회 성립에 의한 공중(public)의 몰락이며, 다른 하나는 전쟁 히스테리로부터 시작된 공산주의 배척운동에 의한 시민적 자유의 억압이다. 듀이의 공중의 정치철학은 이 민주주의의 두 가지 위기에 대한 저항에 의해 성립되었다. 1920년대 공중의 몰락은 투표율의 저하(50%)로 나타났다. 1920년대를 경계로 도시 인구는 농촌 인구를 상회하였고, 도시화와 산업화를 기반으로 하는 행정기구의 관료주의화와 개인주의에 의한 공동체의 붕괴가 민주주의의 위기를 낳은 것이다. 시민적 자유의 위기는 노동운동과 공산주의운동에 대한 탄압에서 현저히 나타났다. 듀이는 1937년 미국 학교 행정가들에게 연설을 하면서 민주적 원칙이야말로 교육기관의 본질과 목적에 핵심적인 것이라고 주장했다. 그는 유럽과 다른 지역에서 정치적 민주주의가 파시즘으로 위협받는 시점에서 자신의 견해를 피력했다. 당시 반동적 힘에 직면해 의회나 선거 그리고 정당과 같은 민주적 제도의 취약성을 목도한 후, 듀이는 민주주의가 사회생활의 모든 영역에 깊이 스며들 때에만 비로소 민주주의가 살아날 수 있다고 확신하게 되었다.

는 것—을 의미한다고 주장한다.Dewey, 1993: 136

민주주의란 제도의 차원을 넘어 민주적 삶의 양식을 내면화한 교양시민인 공중publics을 배출해야 실현된다. 듀이는 민주주의 부흥을 위해 공동의 공공생활이 회복되어야 한다고 보았고, 이를 위해 '민주적 공중'의 탄생을 원했다. 민주적 공중의 탄생을 위한 의사소통은 공중을 재탄생시키는 유일한 방법이며 의사소통에 의해 형성되는 사회적 지성이 민주주의 정치의 실현을 이끈다. 교육은 함께 공유하는 공공생활의 상호적 책임에 시민들이 적합해지도록 마음 및 인격의 형성과 습관화, 그리고 지적·도덕적 유형을 창출하는 것이었다. 듀이는 이런 종류의 민주주의 교육이 학교교육의 문제일 뿐 아니라 진보적 사회기관 및 정치기관의 필수적인 책무라고 보았다. 학교는 민주적인 공공생활에 참여하도록 어린이들을 준비시키는 '축소된 공동체'나 '맹아적 공동체'가 되어야 하며, '아동의 서식지'가 되어야 한다. 그리고 민주적인 공공생활은 다시 공공선을 증진시키도록 시민들을 교육하는 시민적 학습을 지향해야만 한다.[162]

듀이는 공중의 소멸을 두 가지 과제로 수렴하여 논하고 있다. 하나는 공중의 존재 기반이며, 또 하나는 국가 또는 주정부의 기능이다. 국가/주정부란 오케스트라의 지휘자와 같은 것이다. 오케스트라의 지휘자는 어

---

162. 듀이가 강조하는 '민주적 교육(democratic education)'은 민주주의를 더불어 사는 삶의 양식으로 이해하면서 다양한 사람들이 면대면 관계를 하면서 함께 더불어 살아가는 공동체에서의 사회적 행위와 협동적 활동의 관점에서 공론장의 의사소통을 강조하는 것이었다. 듀이가 거의 100년 전에 주장한 것처럼 민주주의를 위한 교육은 교육의 민주주의를 필요로 한다. 민주주의 원칙을 깊이 이해하도록 교육받은 교사들이 있을 때에만 민주적 교육개혁을 이끌 수 있는 토론 속에서 넓은 공동체와 관련을 맺는 일이 가능해질 것이다. 이것은 교육에서 민주적 변화와 사회의 민주적 변화 사이에 상호적 관계가 있어야 함을 의미한다. 민주주의 교육 이론의 핵심 과업은 사회의 민주적 발전을 이루지 않고서는 민주적인 체제를 발전시킬 수 없고, 민주적인 교육체제를 수립하지 않는다면 사회의 민주적 발전도 기대할 수 없다는 사실을 인정하는 교육 개념을 정연하게 하는 것이다.

떤 악기도 연주하지 않고 어떤 음도 내지 않는다. 악기를 연구하여 음을 울리게 하고 음악을 창조하는 것은 오케스트라 단원이다. 그런데 오케스트라는 지휘자에 대한 충성 없이는 개개인의 음이 연합되지 못하고 해체되며, 연합association으로 조화로운 음이 울려 퍼지게 하지 못한다. 지휘자(국가)와 오케스트라(사회)의 관계는 정신(국가의 관념)과 신체(사회의 활동)의 비유로도 표현된다. 사람들의 사회생활은 추상적이고 고립된 개인의 생활이 아니라 다양한 협동사회의 활동을 기초로 성립한다.[163]

듀이는 『공공성과 그것의 문제들』[1927]에서 현대 사회의 공공성/공론장 public sphere[164] 쇠퇴를 우려했다.[165] 듀이가 지적하는 공중의 소멸은 세 가지 위기를 표현하고 있다. 첫째는 시야가 좁은 공중이며, 둘째는 확산된 공중이며, 셋째는 무관심한 공중이다. 자기중심적인 이익을 중시하는 좁

---

163. '공적 영역' 또는 공론의 장은 협동사회에서의 활동을 기반으로 성립하는 것이다. 협동사회의 활동을 기초로 하는 듀이의 공공성 개념은 자유주의를 주장한 시민적 공공성과는 이질적인 관점을 가지고 있다. 듀이의 공중 철학은 개인의 자유와 인권을 원리로 근대 시민사회를 창설한 자유주의의 연장선에 있는 것이 아니라, 협동사회의 실현을 공동체의 정치철학에 따라 추구한 공상적 사회주의의 연장선에 있으며, 협동사회주의의 전통에 뿌리를 두고 있다.

164. 하버마스와 테일러도 공론장을 강조했다. 공론장은 근대 사회의 핵심적인 특징이다. 사회민주주의는 시민들의 소통과 숙고가 벌어지는 '공론장'이 작동하도록 고무하는 중요한 역할을 맡아 왔다. 이 공론장은 국가와 경제가 사람들의 권리를 빼앗아 가지 못하도록 막는 방벽 역할을 한다. 북유럽 국가들은 여러 결사체들 내부와 결사체들 사이에 다양한 소규모 공론장들(mini publics)을 장려하고 보조했으며, 이를 통해 공공 여론의 창출을 촉진하는 데 도움을 주었다(Brandal, 2014: 315-316). 사람들은 이러한 수단을 통해 자신들에게 중요한 문제들을 평등한 위치에서 함께 토론할 수 있는 중요한 장들을 제공받는다. 이렇게 참여하는 과정은 다시 개인들이 자신의 자율성을 발전시키는 학습의 장이기도 하다. 공론장은 사회 구성원들이 다양한 미디어(인쇄미디어, 전자 미디어, 면대면 접촉 등)를 통해 서로 만나고 공통의 이해관계가 걸린 문제들을 토론하며 그에 관해 공통의 의견을 형성할 수 있는 공간으로 여겨지는 하나의 공통 공간(a common space)이라고 할 수 있다(Taylor, 2016: 133). 공론은 향연(symposium)에서 만난 친구들 사이에서, 광장(agora)이나 시장에 모인 사람들 사이에서, 그리고 일이 최종적으로 결정되는 민회(ecklesia)에서 이루어진다. 논쟁이 소용돌이치고, 종국에는 유능한 의사결정 집단 안에서 결론에 이르게 될 것이다.

은 시야에 갇힌 공중은 더 이상 공적인 존재가 아니다. 세분화된 이익집단의 한 명으로 확산된 공중도 공적인 존재가 아니다. 사적인 취향 속에 갇혀 사회나 정치에 무관심한 공중 또한 공적인 존재가 아니다. 듀이는 '공중의 소멸'의 중심 요인을 개인주의와 그것을 생산한 근대의 정치경제에서 찾고 있다.

우리 사회의 경우 촛불혁명 이후 새로운 사회로의 이동을 확인할 수 있는 좋은 민주주의 징후가 나타나고 있는데, 광장 민주주의에서 가정 민주주의, 학교 민주주의, 마을 민주주의로의 확장이 더디게 진행되고 있다. 이런 점이 우리를 더욱 불안하게 한다. 특히 권위주의적 유령이 우리 주변을 여전히 배회하고 있기에 더욱 그렇다. 이러한 두려움과 불안을 넘어서려면 듀이가 역설하듯 사회적 지성을 가진 시민, 즉 '민주적 공중'이 탄생되어야 한다. 제도적 민주주의와 함께 생활민주주의가 필요한 것이다. 한 번의 투표로 권력을 교체하는 데 머무는 것이 아니라, 일상생활 속의 민주주의가 절실하게 요구된다. 당대에 대해 관찰하는 사람, 참여하는 사람, 그리고 행동하는 사람으로서의 역할을 충실히 해야 민주주의가 더욱 공고하게 된다. 원자화된 대중 또는 이리저리 휩쓸려 다니는 우중이 아니라 '민주적 공중'이 출현되어야 한다.

도덕적 시민성과 정치적 시민성의 결합

정의롭고 품위 있는 세상/마을을 이끌어 갈 민주주의자가 출현되어야 하고, 그들에 의해 새로운 사회가 만들어져야 한다. 민주주의자는 인간

---

165. 'public'은 당대의 중대한 현안들에 관한 공적 심의를 뒷받침한 사회적·정치적 삶을 공유하는 공공성을 가리킨다. 'public'은 '공공성', '공적 영역/공론의 장', '공중' 등으로 번역할 수 있다.

적/도덕적 성숙(←인문학적 도야)과 시민적/정치적 성숙(←사회과학적 도야)을 필요로 하다. 착한 시민과 정의로운 시민을 동시에 요구한다. 민주주의자는 도덕적 시민성과 정치성을 두루 갖춘 전인적 시민이다. 민주시민으로서 필요한 자질을 갖추게 하는 것이 대한민국의 교육이념이다. 소통하고 공감하며, 협력하고 연대하며 민주주의를 작동시킬 수 있는 '시민적 역량'을 기르는 민주시민교육[166]을 통해 시민의 갈등조정 능력을 향상시켜야 한다. 갈등을 극복한다는 것은 갈등 없는 교육을 수행하는 것이 아니라 갈등의 근간인 이견을 합당하게 파악하고 그것을 조정하고 해결하는 능력을 함양하는 것이다. 그리고 민주주의는 정부의 지배형식이나 정치의 영역이기도 하지만, 삶의 양식 또는 문화의 영역이기도 하다. 민주사회를 튼튼하게 하려면 민주주의의 절차적·제도적 형태를 수립하는 것만으로는 부족하다. 따라서 도덕적 시민성, 사회적 시민성 그리고 정치적 시민성이 결합되어야 민주적 시민성은 온전하게 성장할 수 있다. 도덕적 시민성과 정치적 시민성은 분리되어서는 안 된다. 우리가 민주적 시민으로 성장하려면 인간적으로도 사회적으로도 그리고 정치적으로도 성숙되어야 한다.

'전인적 시민'은 공동체적이고 생태적인 세계관으로 무장되어야 한다. 이 모두를 아우르는 시민적 통합 역량을 가진 민주주의자를 '통섭적 민주주의자'로 부를 수 있다. 민주주의 위기에는 더욱 민주주의자가 절실하다는 인식 아래 민주시민교육의 전초기지인 마을학교에서의 마을교사─마을활동가, 마을교사, 청소년 코디네이터/촉진자─는 통섭적 민주주의자로 성장해야 한다. 이러한 시민적 역량의 강화에 필요한 가치와 덕목을

---

166. '민주시민교육'은 권력의 억압에 저항하는 능력, 사회적 불의에 분노하는 능력, 타인의 고통에 공감하는 능력을 함양하는 교육이다.

숙지하고 실천하지 않으면 안 된다. 종교집단, 의사집단, 노동집단, 언론집단, 사법집단, 관료집단 등을 포함하여 민주화운동을 해 왔던 사람들 모두에게 도덕적 시민성과 정치적 시민성이 결합된 공중으로의 재탄생이 절실한 듯하다.

우리는 전 세계적으로 조율되고 단합된 하나의 거대한 행동이 시작되기를 기다려서는 안 된다. 조그만 시도나 움직임/운동의 미동을 주시하고 그것을 소중하게 여겨야 한다. 일단 개별적이고 구체적인 분투에 온전히 참여하면서 이후 그 분투를 다른 분투들과 연결시켜 나가야 한다. 코로나 바이러스와 분투하면서 공공적 보건의료 체계와 함께 아동 돌봄 및 교육 체제를 만들어 나가야 한다. 지금까지의 교육질서를 지배해 왔던 경쟁적이고 반공동체적이고 반생태적인 구조 및 관행과 싸워 나가야 한다.

공존과 공생이 가능한 공동체적·생태적·포용적 교육체제 및 사회체제로의 전환을 위해 모든 사회 구성원이 어떠한 위기가 와도 버텨 낼 수 있는 학교 및 마을의 문화적/시민적 진지를 튼튼하게 구축해야 한다. 여기에서 독특한 측은지심을 가진 '아줌마들'이 대거 존재하는 한국 사회는 희망적이다. 나아가 측은지심이 시비지심과 결합되면 더욱 성숙한 시민으로 탄생될 것이다. 이들에 의해 가부장사회는 변화될 것이다. 비공식 영역에서 한국 사회를 돌보며 지탱해 온 이들 '아줌마들'의 저력과 관심의 에너지가 공적 영역으로 모아지는지가 한국 사회가 돌봄과 배움 사회로 전환하는 데 결정적 요인이 될 것이다. 이들에게서 K-방역에 버금하는 K-교육과 돌봄의 희망이 보인다. 그러기에 주부운동과 학부모운동이 더욱 중요한 시대가 되었다.

시민적 역량의 함양

코로나19 사태에서도 우리의 높은 시민의식은 위기를 극복하는 원동력이 되었듯이, 우리 사회에는 시민성이 더욱 절실해지고 있다. 민주시민의 탄생은 민주적 삶의 누적된 산물이다. 여럿이 모여서 만들어 내는 상승효과가 곧 공동체의 힘이자 지역의 역량이다. 국가의 교육력이 있듯이 지역에도 교육력이 있다. 마을교육공동체는 궁극적으로 지역의 교육적 역량을 강화해서 그 지역의 주민들을 주체적 시민으로 성장시키고자 한다.

민주주의는 제도의 영역이지만, 제도의 주체인 민주시민을 양성하는 것은 매일의 실천에 의해 구성되는 문화이며 교육의 영역이다. 협동적 시민의 성장은 바로 풀뿌리 지역, 즉 '마을'이라는 미시적 공간에서 시작된다. 마을에서 협동적 인간이 시민성 교육을 통해 서로 협동하고 실천함으로써 마을에는 상호 협동의 모습이 늘어나고, 사람들의 만남과 토론과 소통이 증가할 것이다. '실천하는 시민성'은 지역과 국가 수준에서 공공적 삶과 지역공동체의 사회생활에 적극적으로 개입한다.

논의와 소통 구조가 사라진 채 지시와 명령을 중심으로 움직이는 학교에서 시민성이 싹트기는 어렵다. 이러한 상황에서 코로나19 사태는 교육자치의 공간을 축소시키고, 통제와 규율의 흐름 속에서 학교자치의 딜레마 상황을 만들어 냈다. 위기 상황에 대응하는 학교장의 리더십이나 구성원의 의사결정 과정이 보여 준 학교문화, 학교자치 역량 등도 학교별로 차이가 드러났다. 이런 조건이기에 무엇보다 자치는 상당한 책임을 요하며, 의사결정에 많은 논의를 필요로 한다. 누군가는 권력을 내려놓아야 한다. 이러한 과정은 '의미 있지만 피곤한 과정'이 될 수 있다._{교육정책디자인} 연구소, 2020: 10-11 '편한 타율'을 원하는 이들은 중앙정부의 지침과 규율을 원할 수 있다. 그러므로 학교 구성원이 숙의의 과정을 통해 자율과 자치의 공간을 어떻게 확보할 수 있는가도 여전히 어려운 과제이다. 결국 깨어 있는 시민, 혹은 관점과 전망을 가진 리더가 그 역할을 이끌어야 한다.

지역 주민들이 시민으로서 지역을 넘어, 국가 더 나아가 세계를 바라볼 수 있는 역량을 가져야 한다. 이는 지역 주민들이 전 지구적 맥락 속에서 풀뿌리 지역을 이해할 수 있는 능력을 갖추는 것을 의미한다. 세계화의 위기를 지역/마을에서 해답을 찾고자 풀뿌리로 내려갔다고 해서 그 이해의 폭도 지역으로만 제한하는 것은 주민에만 머물러 있는 제한된 사고이다. 따라서 지역의 사회적 경제활동이 전 지구적 차원으로 확대되어야 진정한 의미의 시민으로 거듭날 수 있다.공석기·임현진, 2017: 21

삶의 다양한 영역을 고려하며 사회정의에 다가가는 역량 접근법 아래 인간 존엄성에 어울리는 삶을 살아가려면 무엇이 필요한가? 그것은 '시민적 역량civic capacity'이다. 국가와 경제를 견제하고 감시하는 자율적 영역인 시민성과 시민사회[167]를 튼튼하게 하려면, '시민적 역량'을 강화해야 한다. 시민적 역량을 갖추려면 민주주의를 작동시킬 수 있는 역량을 갖추어야 한다. 부정의한 제도의 한계 속에서 정의를 새롭게 만들어 가는 인간의 시민적 역량을 강화할 필요가 있다. 민주시민 없이 민주주의는 존재할 수 없다. 민주주의는 민주주의자에 의해 만들어지기 때문이다.

공동체 구성원으로서의 책무와 정체성, 공동체를 위한 헌신을 기반으

---

167. 자발적 민간단체와 시민사회의 역할은 북유럽 체제의 신경망이다. 그런데 한국에서는 1980년대부터 시민단체의 역할이 커졌지만, 아직 정부와 시장의 양분화가 대세이고, 시민사회(civil society)는 보완 세력으로 남아 있다. 북유럽 국가들과 달리 경제적·시간적으로 여유 있는 사람이 많지 않다는 것도 현실적인 어려움이다. 시민단체가 여전히 정치적 성향에 치우쳐 있다는 선입관이나 현실은 보편적인 단체 활동에 또 다른 걸림돌이다. 시민의 자발적 조직과 역할의 확대는 개인과 단체의 자율성을 높이고 사회적 기능을 보완하는 데 중요하다. 적극적인 자원봉사는 사회신뢰, 사회통합과도 높은 상관관계가 있으므로 체제 전반의 장기적인 성과를 위해서도 진전되어야 할 부분이다(최희경, 2019: 724-725).

로 한 코로나19 극복 과정에서 우리는 '시민적 역량'의 함양이 중요함을 깨달았다. 누스바움은 '시민적 역량'이 인간이 존엄한 삶을 실현하는 방식임을 강조한다. 시민적 역량과 존엄한 삶 사이의 관계가 수단과 목적의 관계가 아니라고 한다면, 존엄한 삶은 역량이 실현되는 삶이라고 할 수 있다. 온당한 사회의 중요한 가능성으로서 '내적 역량'에 선택을 가능하게 하는 외적 조건인 '결합 역량'이 더해진 '통합적 역량'[168]을 대안으로 제시한다.Nussbaum, 2017: 36-37 국가(정부)가 국민에게 품위 있고 번영하는 삶을 제공하려면, 그리고 시민이 정의에 대한 권리를 주장하려면 핵심역량[169]을 획득해야 한다. 사회정의는 또한 '품위 있는 삶'을 이루는 조건이기도 하다. 사람이 무엇을 할 수 있고 무엇이 될 수 있는지는 사회가 사람의 기본적 품위decency나 정의justice를 지켜 주는지에 대한 물음이다. 정의와 품위가 따로 떨어져 있으면 온전히 존재할 수 없다.

정의와 품위를 동시에 향유하고자 하는 인간성 함양cultivation of humanity의 필수적 요소를 누스바움은 다음 세 가지 가치로 압축한다. 첫째, 인간성 함양으로 이끌기 위해 필요한 역량으로서 스스로 검토하는 삶the examined life(자기 자신과 자신의 전통을 비판적으로 사고하는 역량), 둘째, 세계적 시민성the world citizen(자신을 단순히 소속 지역이나 집

---

168. '시민적 역량'은 한 사람이 타고난 능력과 재능인 동시에 정치적, 사회적, 경제적 환경에서 선택하고 행동할 수 있는 기회의 집합이다(Nussbaum, 2017: 35-36).
169. 10대 역량(생명, 신체의 건강, 신체 보전, 감각·상상력·사고, 감정, 실천적 이성, 관계, 인간 이외의 다른 종에 대한 관심, 놀이, 환경 통제)의 최저 수준을 보장해야 한다(Nussbaum, 2017: 48-30). 따라서 역량 접근법은 아주 뿌리 깊은 사회적 부정의와 불평등, 특히 차별이나 소외의 결과인 '역량 실패(capability failure)'에도 관심을 기울인다(Nussbaum, 2017: 34). 사람의 역량과 삶의 질을 끌어올리는 것이 정부와 공공정책의 시급한 과제라고 할 수 있다. 우리가 흔히 역량을 능력이나 재능과 구분 없이 쓰며 개인의 내적인 영역으로 한정하는 데 비해, 누스바움은 역량을 개인과 사회 제반 환경들이 접합된 상태를 뜻하는 개념으로 확장하는 것이다.

단의 시민으로 바라보는 것을 넘어 인정과 관심이라는 유대로 다른 모든 인간과 묶여 있는 인간으로 바라보는 역량), 셋째, 서사적 상상력the narrative imagination(다른 사람의 입장을 지적으로 읽어 내고 감정이입하는 역량)을 든다.Nussbaum, 2018: 29-31[170]

물론 비판적으로 생각하는 능력, 다른 사람의 처지를 역지사지로 상상하고 이해하는 능력 등 인문학 및 예술 관련 기술로써 책임 있는 민주시민을 육성하기 위해서 성인이나 나이에 걸맞게 광범위한 역량을 발휘하도록 도와야 한다.Nussbaum, 2017: 184-185 우리 어른은 어린이가 시민이 되어 활용할 역량을 길러 줄 책임이 있다. 이 점에서 어린이를 도와주는 국가의 적극적 개입이 있어야 한다. 그러므로 초중등교육은 의무화해야 하고, 대학교육도 장려하며 뒷받침해야 한다. 그리고 더 많은 교육을 받고 싶어 하는 성인의 평생학습을 지원해야 한다. 양질의 성인교육이 되려면 역사적 맥락과 문화적·경제적 상황에 민감하게 조응해야 한다. 이런 감수성 함양을 위해 누스바움은 민주시민의 자질을 갖추는 데 핵심적인 역할을 하는 '인문학'을 강조한다. 위기의 교육을 살리기 위해서는 무엇보다 교육 현장에 인문학의 숨결을 불어넣어야 한다는 것이다. 그러지 못한다면 민주주의가 심각한 위기의 늪에 빠질 수 있다.

코로나 바이러스의 창궐과 세계시민교육의 역할

유네스코에 따르면, 전 세계 코로나19 확산이 최고조일 때, 최소 190개 국가의 학교·대학교 기타 교육기관들이 문을 닫아 학생 약 16억 명이 영향을 입고 무수히 많은 어린이와 청소년들이 학습을 지속하지 못하

---

170. 누스바움은 판사가 '시적 상상력'이 결여된 것에 대해 크게 우려했다. 시적 상상력을 내포하지 않은 재판을 걱정한 것이다.

게 되었다고 한다. 더 나아가 팬데믹의 경제적 영향으로 인해 학교를 중퇴할 위기에 놓인 어린이와 청소년들이 약 2,400만 명에 달하는 것으로 추정된다. 팬데믹으로 인해 교육과 서로 간의 연계에서 국가 간 그리고 국가 내에서 현존하는 격차가 더욱 벌어지고 있으며, 난민 등 가장 취약한 계층의 학습자들이 경험하는 불균형은 점점 더 커져 더욱 소외되고, 학교들이 제공하는 식사 또는 심리사회적인 지원 등의 혜택을 받지 못하고 있다. 특정 인구가 경험하는 학습 손실은 너무 방대하며 학교 내 학습성취도 감소에서부터 증가하는 사회·경제적 불평등까지 단기 및 장기적으로 영향을 받는 지역이 매우 많다.Jensen, 2020

이로 인한 파급효과 역시 막대하다. 식량 및 보건 불안전성, 소녀나 여성에 대한 폭력, 소득 및 양성 불평등을 더욱 악화시키는 경제 불안정 등이 이에 해당하며, 이러한 상황이 장기화될 경우, 인적 자원 개발 지수가 유례없는 감소로 이어질 수 있다고 세계은행은 예측한다. 인권도 영향을 받는다. 코로나 팬데믹은 온라인과 오프라인에서 소수 민족, 난민 및 외국인, 다른 정당을 겨냥한 편협하고 혐오적인 표현을 불러일으켜 민족 및 국가 간 갈등을 악화시키며 공격적이고 위험한 정치 발언, 차별, 억압과 폭력으로 이어지고 있다.

유엔 사무총장은 이러한 상황을 '세대적 재앙'이라고 설명했다. 사실상 교육 부문은 팬데믹으로 인해 가장 많이 피해를 입었으며, 향후 급격한 예산 삭감을 목도하게 될 것이다. 이와 같은 암울한 상황에도 불구하고, 우리는 지속적으로 교육을 우선순위로 삼아야 한다. 교육은 더 나은 회복과 평등한 사회로 나아가는 핵심 원동력이다. 따라서 교육은 모든 개개인의 존엄과 권리를 존중하는 평등하고 평화로우며 안정적인 사회를 강화해 나가는 것을 포함하여 모든 차원의 경제·사회보건 위기에 대응하는 노력의 중심이 되어야 한다.

　이러한 관점에서 '세계시민교육'은 중핵의 위치에 있다. 우리나라는 다른 나라와 달리 국경 봉쇄나 지역 봉쇄 없이, 경제 부양을 멈추지 않으면서 효율적 방역에 성공했다. 조금 이른 평가이기는 하지만, 여하튼 대한민국의 세계적 위상은 몰라보게 높아졌다. 그래서 코로나 이후 '세계시민교육global citizenship education'에 대한 관심이 높아졌다. 세계시민교육은 시민성의 개념을 '세계'로 확장하여 해석한 것이다. 세계시민교육에서 말하는 시민성은 세계교육global education에 '시민성'이 투여된 것이다. 우리가 살아가는 글로벌한 생활세계에서 필수 불가결한 교육으로서 국민국가 내부의 '시민' 테두리에 갇히는 것이 아니라, 국경을 넘어서 평화와 도덕적 가치를 실현하고, '세계시민'으로서 지구공동체의 협력과 공공선을 추구하는 교육을 강조한다. 세계시민교육은 '지역적으로 행동하고, 세계적으로 생각하라act local, think global'라는 슬로건을 내걸면서 다원화된 민주사회의 시민성을 길러 내어 세계시민을 양성하고자 한다.UNESCO, 2016 세계시민의식은 새로운 시대를 위한 새로운 기술을 함양할 수 있도록 한다.

- 우리 지구와 문화 간 이해를 위한 더 많은 존중 도모
- 연대감과 책임감의 새로운 가치와 행동 함양
- 모두를 위한 젊은 여성과 남성의 잠재력 활용

　이러한 목표는 결코 추상적이지 않다. 결국에는 코로나 팬데믹이라는 위기와 그 이후 우리가 직면하게 될 새로운 세계에서 함께 사는 법을 배워 가는 것이다. 바로, 개인 간의 커뮤니티와 사회 내에서 책임감 있는 참여를 도모하고 공통의 인간적 유대감으로 뭉친 인류에 대한 소속감을 제

고하는 것이다. 우리는 현재 구체적이며 세계적인 위협에 직면해 있다. 이에 대한 대응 역시 동일해야 한다.

세계시민교육은 평화가 "인류의 지적 및 윤리적 연대를 기반으로 정착되어야 한다"라는 유네스코의 비전을 담고 있다. 그것은 나이와 상관없이 모든 학생들에게 교육 분야 '지속가능발전 목표'에서 명시하는 좀 더 평화롭고 관대하며 포용적이고 안전한 사회를 만드는 데 국내외적으로 적극적인 역할 수행을 할 수 있도록 권한을 부여하는 것이 핵심 목표이다. 이것은 팬데믹 상황에서 학습의 연속성을 보장해야 하는 긴급한 요구에 대한 학습 콘텐츠의 필요성을 의미하며, 불확실한 미래에 대비하여 학생들이 준비성과 적응 유연성을 갖도록 해 주어야 한다는 것을 의미한다. 코로나19 위기 극복에서, 세계 평화를 도모하고 인권을 존중하며 오늘날 필요한 지속가능한 발전이 가능한 변화를 보장하기 위한 가치·역량·태도·행동은 현재 다른 교육의 우선순위만큼이나 필수적이다. 사실 교육의 연관성 및 성과에 대한 강조는 격변의 시기에 더욱더 의미가 있다.

오늘날 진보적 정치세력은 집단 및 개인의 적응 유연성 증진을 위한 사회적 제도 및 도구로서 배움의 장소와 학교의 중요성을 전면에 내세우고 있다. 따라서 자기 통제, 자아 인식, 의사소통과 대인관계, 연민, 인지적 공감능력, 공통된 인간성과 문화다양성을 존중하는 연대의식 등의 능력을 향상하기 위한 사회 정서적 학습에 대한 우리의 관심도 자연스레 커지고 있다. 이것이 바로 세계시민교육의 핵심으로서 유네스코가 전인적인 배움 전략, 교육, 방법들을 촉진하는 이유이다. 이렇게 함으로써 학생들은 인지적, 사회 정서적 배움과 행동 기술을 함양하여 스트레스 상황에 대처하고 일련의 폭력적 사건들에 대한 적응 유연성과 비판적 사고력을 키워 불확실하고 불안정한 환경에서 숙고된 결정을 할 수 있게 된다.

우리는 또한 더 많은 인권 유린을 목도하고 있다. 이 시기에 많은 국가들이 후원하는 다양한 단체를 향한 혐오 표현뿐 아니라 허위 정보, 음모이론이 늘어나고 있는데, 코로나 위기는 특히 언론의 자유에 반하는 팬데믹과 무관한 억압 조치에 대해 핑계를 제공하기도 한다. 따라서 포스트 코로나 시대에 우리는 인권교육이 중점이 될 수 있도록 해야만 한다. 세계시민교육은 평화적이고 민주적인 공존을 도모하며, 성차별주의, 인종차별주의, 반유대주의, 외국인 혐오 등 배타적인 관습에 대한 의문점을 제시하고, 양질의 교육은 인권을 바탕으로 하며, 이를 지켜 나가야 한다는 교육 방법을 재고하고 제안하는 기회가 되어야 한다.

바로 이러한 이유로 유네스코는 유엔 인권최고대표사무소와 협력해 청년들이 타인과 본인의 인권을 보호하기 위해 직접 노력하고 이에 따라 공공문제 및 민주적 의사결정 과정에 참여할 수 있도록 이들에게 권한을 부여하는 세계인권교육 프로그램 시행을 지원하고 있다. 이는 유네스코가 교육을 통해 폭력적 역사에 대응하도록 강조하는 이유이기도 하다. 예를 들어 우리는 희생양 만들기와 낙인 등 특정 집단을 상대로 한 폭력의 패턴과 과정을 살펴보기 위해 집단학살을 분석하고 이를 통해 과거 인권유린의 사례와 우리가 이것을 기억하고 있는 방법을 비판적으로 살펴보아야 한다.

그리고 세계시민교육을 위한 또 다른 사례가 있다. 만연한 혐오 표현, 선전, 사회적 고립, 기관과 과학에 대한 불신과 함께 봉쇄조치가 취해진 기간 동안 사람들이 온라인에서 더 많은 시간을 보냄으로 인해 폭력적 극단주의 집단은 혐오에 대한 본인들의 사상을 더 널리 퍼뜨리고 청년들을 모집하는 기회를 제공하기도 했다. 그렇기 때문에 유네스코는 청년 참여, 그들의 인권 보호를 중점으로 폭력적 극단주의를 타파하기 위한 노력을 펼치고 있다. 유네스코가 집단학살 방지에 대한 유엔 특별 자문사무소와 함께 오늘날 온라인 환경에서 청년들이 더욱 활발하게 활동하고 혐오 사상에 대해 유연성을 기를 수 있는 교육 정책과 교수법 개발을 지원하는 이유도 바로 이 때문이다. '유엔 혐오표현 대응 행동강령'이 언급한 바와 같이, 세계인권교육 프로그램은 비판적 사고, 사회 정서적 기능 및 책임감 있는 참여를 도모하기 위해 필수적인 투자이다.

결론적으로, 오늘날 우리는 전례 없는 위기 상황에 놓여 있는 동시에 개혁과 미루어 왔던 변화를 가속화하며 세계적 모멘텀을 만들어 갈 수 있는 기회를 직시하고 있다. 우리 앞에 놓인 변화는 거대하지만, 이에 시급히 대응해야 한다. 글로벌 위험사회에 공동으로 맞서는 세계 정의를 위한 상상력과 실천은 21세기 미래에서 더없이 중대한 과제가 되었다. 이러한 과제를 해결하고자 하는 '세계시민주의cosmopolitanism'란 우리가 살아가는 글로벌 생활세계에서 국가 경계를 넘어 세계의 시민으로 살아가도록 하는 것이다. 세계시민교육은 국가의 경계선을 넘어서는 글로벌 공동체의 시민으로 기르기 위해 평화, 인권, 민주주의를 위한 교육을 포함시키고 있다.Kisby, 2014: 12 세계시민교육은 다양성, 상호의존, 지속가능한 개발, 사회정의, 갈등 해결, 그리고 평화와 인권의 가치로 나아가는 교육을 중시한다.Peterson & Warwick, 2015: 18-19 요컨대 세계시민교육은 배타적 민족주의나 외국인 혐오를 부추기는 선동의 배경과 의도를 비판적으로 분석하고 판단해서 책임 있게 행동할 수 있게 해 주어야 할 것이다. 더 나아가 불평등과 차별을 유발하고 심화하는 사회구조와 국제질서를 비판적으로 인식하고 개혁하기 위해 국내외 시민과 연대하고 협력할 수 있도록 해야 할 것이다. 아울러 기후위기와 생태위기에 대한 인식과 경각심을 높이고 그 해결을 위한 공동행동을 할 수 있도록 해 줄 필요도 있다.임현묵, 2020: 17

코로나19 위기는 이 모든 것이 서로 연결되어 있음을 보여 주었다. 불평등이 심화되면서 가난한 사람들은 생계 유지를 위해 자연을 파괴할 수밖에 없는 처지로 내몰렸고, 이로 인해 야생동물과 인간의 접촉이 늘어나 인수人獸 공통전염병이 발생할 확률이 높아진 것이다. 그래서 무엇보다 코로나19 위기로 21세기의 새로운 패러다임으로서 '생태적 시민교육ecological citizenship education'이 새롭게 관심을 끌고 있다. '생태적 시민교육'은 국가적 애국심이라는 전통적 생각을 고수하려는 사람들의 분노를 자극하는 '생태적 애국심'을 강조하고 있다.Noddings, 2016: 246-250; 325-328

따라서 마을교육공동체교육의 관심이 '지역'에 한정되어서는 안 된다. 지역에 뿌리를 두되 국가를 향해야 하고, 세계로 나아가야 한다. 지역적인 것이 지구적이어야 한다. 세계의 어떤 나라든 국제협력 없이 각자도생/각국도생해서는 코로나 위기를 극복할 수 없다. 마을을 강조할 때 과거와 같은 전통적 '마을공동체'를 복원하자는 것을 의미하지는 않는다. 위로부터 기획된 인위적 지역공동체를 만들자는 것은 더더욱 아니다. 그러므로 국가가 마을을 구성하는 하향적 운영체제로부터 마을이 상향적으로 국가를 구성하는 체제로 전환되어야 한다. 이것이 제2의 근대화이고 민주화이다. 국가가 '이끄는 존재'에서 '지원하는 존재'로 바뀌어야 한다. 지역 공동체는 국가 공동체로, 이것은 다시 세계 공동체로 발전되어 나가야 한다. 국가 공동체는 지역 공동체와 세계 공동체의 중간에 존재하여 양자를 잘 매개하고 중재하는 조정자 역할을 해야 한다. 'glonacal(global+national+local)'이라는 말은 이래서 생겼다.[171]

우리는 코로나 팬데믹 시대에 직면하여 위기에 처한 민주주의와 세계시민주의의 활로 모색의 토대를 마련해야 한다. 국가가 지역에 바탕을 두지 않으면 국가주의와 제국주의의 위험성을 초래할 수 있고, 국민교육 또는 애국심교육이 세계시민교육에 바탕을 두지 않으면 파시즘교육의 가능성을 야기할 수 있기 때문이다. '국민'을 키우는 교육은 국가주의의 악순환을 멈추게 할 수 없다. 개별 국가의 번영을 무시한 세계주의는 제국주의의 덫에 걸리고 말 것이다. 그리고 지역에 매몰된 지방주의 또한 민족과 국가의 통합을 저해할 가능성이 있다.[172]

따라서 민주주의의 복원 또는 세계시민주의의 강화를 위한 교육의 역할이 더욱 절실하다. 세계적인 현상으로, 또 코로나로 인해 더욱 강화된 사회현상으로 우익 민족주의가 강화되면서 전 세계의 시민사회가 위기에 직면하고 민주주의가 후퇴하고 있기 때문이다. 이런 국면에서 우리나라는 지금 촛불혁명의 성공과 이어진 K-방역의 성공으로 세계시민교육의 모범국가가 될 수 있는 유리한 기회를 맞이하고 있다. 코로나 위기로 세계는 하나, 우리는 공동체라는 의식의 확장이 이루어졌기 때문이다. 이제 지구촌의 21세기 미래교육을 준비해야 한다. 나아가 K-방역에 어울리는 세계적인 K-교육이 나와야 한다. 그런 면에서 생태적 문명 전환을 위한 더 많은 미래교육의 과제들이 우리 앞으로 다가오고 있다.

---

171. 위계적 대기업이 수직적으로 주도하는 'globalization'이 아니라 시민이 민주적·수평적으로 주도하는 'glocalization'이 대안이 되어야 한다. 글로벌과 로컬의 균형적 이해와 감수성이 필요하다. 세계인과 하나로 연결되어 다양한 사회·경제·문화적 요구를 충족하며, 인프라를 지역에서 관리하고 통제하는 지역 중심, 사회적 경제 방식의 세계화다. 'glocalization'은 풀뿌리 지역화를 통한 상향적 민주주의 운동이라고 할 수 있다. 이런 '대안적 세계화'를 위해서는 그 토대인 디지털 인프라를 위한 대규모 사회투자와 재정지출이 요구된다. 그런데 지역과 세계를 연결하는 국가(정치적 실체) 단위가 누락되어 있기에 'glonacal'(global세계교육+national국민교육+local지역교육)이 대안으로 제시되고 있다.

172. 독일, 영국, 프랑스, 러시아 등 유럽과 미국, 중국, 일본 등의 극심한 우경화 현상으로 세계시민주의는커녕 일국적 차원의 민주주의마저 심각한 위기에 처한 퇴행적인 경향을 보이고 있다.

참고 문헌

강득구·은수진(2020). 「2020 코로나19로 시작된 언택트 시대! 대한민국 대학의 미래, 어디로 가야 하나?」. 국회 교육위원회 국정감사 정책 자료집 제2권.

강수택(2019). 『연대하는 인간, 호모 솔리다리우스』. 지식의 날개.

고병헌 외(2009), 『교사, 대안의 길을 묻다: 대안교육을 위한 아홉 가지 성찰』. 이매진.

고병헌(2020). 『존재가 존재에 이른 길: 교육』. 이음.

공병혜(2017). 『돌봄의 철학과 미학적 실천』. 서울대학교출판문화원.

구도완(2018). 『생태민주주의: 모두의 평화를 위한 정치적 상상력』. 한티재.

구도완(2020). 「녹색전환 이론과 체계의 전환」. 『녹색전환: 자속가능한 생태 사회를 위한 가치와 전략』. 한울.

구자인(2020). 「지역사회 조직화를 통한 녹색사회 이행」. 환경부 엮음. 『녹색전환: 지속가능한 생태 사회를 위한 가치와 전략』. 한울아카데미.

김기홍(2014). 『마을의 재발견』. 올림.

김누리(2017). 「자본 독재시대의 대학: 위기의 한국 대학과 학문」. 한국대학학회 엮음. 『대학정책, 어떻게 바꿀 것인가』. 소명출판.

김동춘(2017). 「지식생산체제 개혁 문제: 사회과학 주체화를 중심으로」. 한국대학학회 엮음. 『대학정책, 어떻게 바꿀 것인가』. 소명출판.

김선숙(2020). 「코로나19, 아동 삶의 변화와 아동권리보장원의 대응」. 아동권리보장원. 〈아동권리 이슈 Brief〉, 창간호.

김성균(2015). 『분명한 전환: 생태적 재지역화 개념, 이론, 그리고 모색』. 이담.

김용련(2019). 『마을교육공동체: 생태적 의미와 실천』. 살림터.

김종욱(2018). 『근대의 경계를 넘은 사람들: 조선 후기, 여성해방과 어린이 존중의 근대화 이야기』. 모시는사람들.

김희강(2016). 「돌봄국가: 복지국가의 새로운 지평」. 『정부학연구』, 22(1), 5-30.

김희강·임현 편(2018). 『돌봄과 공정』. 박영사.

박길성(2013). 『사회는 갈등을 만들고 갈등은 사회를 만든다』. 고려대학교출판부.

박복선(2017). 「마을이 가장 좋은 학교다: 성미산학교의 마을 학교 만들기」. 성미산학교(2017). 『마을 학교: 성미산학교의 마을 만들기』. 교육공동체벗.

박이문(1997). 『문명의 미래와 생태학적 세계관』. 당대.

배주영(2020). 「학교 교육의 역할 고민: 교육격차 해결을 위한 학교의 노력」. 〈교육의 뉴 노멀을 말한다: 미래의 학교 변화〉, 2020 서울국제교육포럼(10월 29일~10월

30일).

배진경(2020). 「성평등 노동과 '돌봄 뉴딜'을 위한 제언」. 〈코로나 이후 여성 일자리 변화와 정책 전망〉, 여성정책연구원, 제1차 코로나19 관련 여성가족 분야별 릴레이 토론회(6월 11일).

백영서(2021). 『중국현대사를 만든 세 가지 사건: 1919·1949·1989』. 창비.

빈민지역운동사발간위원회(2017). 『마을공동체운동의 원형을 찾아서』. 한울.

성미산학교(2017). 『마을학교: 성미산학교의 마을 만들기』. 교육공동체벗.

성열관(2019). 「메리토크라시에서 데모크라시로: 마이클 영의 교훈」. 이윤미 외. 『비판적 실천을 위한 교육학』. 살림터.

송순재(2018). 「혁신학교의 발단·전개·특징」. 송순재 외. 『혁신학교, 한국 교육의 미래를 열다』. 살림터.

신승환(2003). 『포스트모더니즘에 대한 성찰』. 살림.

신용인(2019). 『마을공화국, 상상에서 실천으로』. 한티재.

심광현·유진화(2020). 『인간혁명에서 사회혁명까지: 문명전환을 위한 지식순환의 철학과 일상혁명 스토리텔링』. 희망읽기.

심성보(2018가). 「돌봄의 교육철학과 학교혁신」. 『한국 교육의 현실과 전망: 세계교육의 담론과 운동, 그리고 민주시민교육』. 살림터.

심성보(2018나). 「학교혁명과 교육개혁」. 한국교육연구네트워크 엮음. 『더 나은 세상을 위한 학교혁명』. 살림터.

아키라, 게시(2020). 『포스트모던 교육사상: 일본 교육학은 포스트모던을 어떻게 수용했는가』. 최승현 옮김. 박영story.

안병영·하연섭(2015). 『5·31 교육개혁 그리고 20년』. 다산출판사.

양명수(1997). 『녹색윤리』. 서광사.

양병찬(2019). 「한국 마을교육공동체운동과 정책의 상호작용: 학교와 지역의 관계 재구축 관점에서」. 『마을교육공동체운동: 세계적 동향과 전망』. 살림터.

오마이뉴스특별취재팀(2013). 『마을의 귀환』. 오마이뉴스북.

윤경로(2020). 「동학농민혁명 정신을 다시 생각한다」. 『녹두꽃』 가을 40호, 동학농민혁명기념재단.

이도흠(2015). 『원효와 마르크스의 대화』. 자음과모음.

이도흠(2020). 『4차 산업혁명과 대안의 사회 2』. 특별한 서재.

이범(2020). 『문재인 이후의 교육』. 메디치미디어.

이병한(2018). 「'성/속 합작': 지구적 근대의 여명, 토착적 근대의 환생」. 『근대 한국 종교의 토착적 근대화 운동』. 제38회 원불교사상연구 (한일공동) 학술대회(8월 15일 ~8월 16일), 〈한국의 '근대'를 다시 묻는다〉 자료집. 원광대학교 원불교사상연구원.

이석우(1999).『대학의 역사』. 한길사.

이영호(2020).「동학농민혁명의 민중적 계보」.『녹두꽃』가을 41호, 동학농민혁명기념 재단.

이유진(2013).『전환도시』. 한울.

이윤미(2006).『한국의 근대와 교육』. 집문당.

이윤미(2019).「오웬의 유토피아적 공동체와 교육」. 이윤미 외,『비판적 실천을 위한 교육학』. 살림터.

이종수(2016).『공동체: 유토피아에서 마을 만들기까지』. 박영사.

이태동 외(2017).『마을학개론: 대학과 지역을 잇는 시민정치교육』. 푸른길.

임재해(2012).『마을 문화의 인문학적 가치』. 민속원.

임현묵(2020).「한국 세계시민교육의 이론과 실천 심화를 위하여」. 유네스코 아시아 태평양 국제이해교육원 엮음.『한국 세계시민교육이 나아갈 길을 묻다』. 살림터.

임현진(2020).「21세기 한국의 민주주의, 지역에서 길을 찾다」.〈지역혁신과 분권자 치: 새로운 민주주의의 컨퍼런스〉, 대통령소속 자치분권위원회(11월 19일).

임현진·공석기(2020).『마을에 해답이 있다』. 진인진.

장은주(2011).「한국 사회에서 메리토크라시의 발흥과 교육 문제」.『사회와 철학』21, 71-106.

전송설(2020).「코로나19 관련 해외 아동복지 정책 및 서비스: 미국과 영국의 사례를 중심으로」. 아동권리보장원.〈아동권리 이슈 Brief〉, 창간호.

정용주(2020).「교육은 돌봄이다」.『오늘의 교육』, 11·12(59), 교육공동체벗.

정진상(2004).『국립대 통합네트워크: 입시 지옥과 학벌 사회를 넘어』. 책세상.

정창호(2014).「위험사회에서 교육의 책임과 역할에 대한 성찰」.『교육의 이론과 실 천』, Vol 19, No. 2, pp. 1-22.

정태석(2014).「과학기술, 위험, 환경」. 비판사회학회.『사회학: 비판적 사회 읽기』. 한울.

조성환(2018).『한국 근대의 탄생: 개화에서 개벽으로』. 모시는사람들.

조한혜정(2006).「토건국가에서 돌봄사회로: 여성 네트워크에 의한 새로운 인프라 만 들기」. 조한혜정 외.『가족에서 학교로, 학교에서 마을로』. 또하나의문화.

채효정(2020).「돌봄과 교육, 그 분리와 위계의 역사」,『오늘의 교육』, 11·12, vol. 59, 교육공동체벗.

최영(2020).「포스트 코로나 시대 지속가능한 아동돌봄체계 구축을 위한 과제」. 아 동권리보장원,〈아동권리 이슈 Brief〉, 창간호.

최희경(2019).『북유럽의 공공가치: 의료정책과 교육정책의 현장에서』. 한길사.

코스트(2015).『녹색 돌봄』. 그물코.

한국교육연구네트워크 편(2019).『마을교육공동체운동: 세계적 동향과 전망』. 살림터.

한국교육연구네트워크 편(2019). 『학교 민주시민교육의 세계적 동향과 과제』. 살림터.

허남진(2020). 「코로나19, 종교에게 무엇을 요구하는가?」. 철학스튜디오, 『세계는 왜 한국에 주목하는가』. 모시는사람들.

허라금(2006가). 「돌봄의 사회화」. 조한혜정 외. 『가족에서 학교로, 학교에서 마을로』. 또하나의문화.

허라금(2006나). 「돌봄의 다차원적 접근이 필요하다」. 조한혜정 외. 『가족에서 학교로, 학교에서 마을로』. 또하나의문화.

Adorno, T. W. & Horkheimer, M.(2019). 『계몽의 변증법』. 노명우 옮김. 문학과지성사.

Anttonen, A.(2005). 'The Scandinavian Social Care Regime in Transition', in 2005 세계여성학대회 발표문.

Apple, M.(2014). 『교육은 사회를 바꿀 수 있을까?』. 강희룡 외 옮김. 살림터.

Baily, M. & Freedman, D.(2012). 「사회를 위한 공간을 다시 꿈꾸며」. 마이클 베일리·데스 프리드먼 엮음. 『대학에 저항하라』. 민영진 옮김. SPEEDPAPER.

Bauman, Z.(2009). 『액체 근대』. 이일수 옮김. 강.

Bierhoff, B.(2003). 「사회적 성격과 교육」. 라이너 풍크, 게르트 마이어, 헬무트 요아흐. 『에리히 프롬과 현대성』. 박규호 옮김. 영림카디널.

Bennett, W. & Wilezol, D.(2014). 『대학은 가치가 있는가』. 이순영 옮김. 문예출판사.

Biesta, G.(2011). A School for Citizens: Civic Learning and Democratic Action in the Learning Democracy. B. Lingard, J. Nixon, & S. Ranson(Eds.). *Transforming Learning in Schools and Communities: The Remaking of Education for a Cosmopolitan Society.* London: Continuum.

Biesta, G.(2014). Learning in Public Places: Civic Learning for the Twenty-First Century. G. Biesta, M. Bie, & D. Wildemeersch(Eds.). Civic Learning, Democratic Citizenship and the Public Sphere. Leuven: Springer.

Bills, D. B.(2017). 『교육과 일: 사회학적 접근』. 장원섭 외 옮김. 박영Story.

Brandal, N.(2014). 『북유럽 사회민주주의 모델』. 홍기빈 옮김. 책세상.

Carr, D.(2004). Moral Values, and the Arts in Environment Education: Towards an Ethics of Aesthetic Appreciation, *Journal of Philosophy of Education*, 38(2): 221-239.

Chitty, C. Understanding Schools and Schooling. London & New York: RoutledgeFalmer.

Cho, Seewha(2014). 『비판적 페다고지는 세상을 변화시킬 수 있는가?』. 심성보 옮김. 살림터.

Collins, R.(1989). 『학력주의 사회』. 정유현 옮김. 배영사.

Dewey, J. 1987. Democracy and Educational Administration, J. A. Boydson(Ed.). *John Dewey: The Later Works, 1925-1953*. Carbondale & Edwardsville, IL: Southern Illinois University Press.

Dewey, J.(2007). 『민주주의와 교육』. 이홍우 옮김. 교육과학사.

Dewey, J.(2010). 『현대 민주주의와 정치 주체의 문제: 듀이의 민주주의론』. 홍남기 옮김. 씨아이알.

Engster, D.(2017). 『돌봄: 정의의 심장』. 김희강·나상원 옮김. 박영사.

Fishkin, J.(2016). 『병목사회: 기회의 불평등을 넘어서기 위한 새로운 대안』. 유강은 옮김. 문예출판사.

Funk, R., Meyer, G. & Johach, H.(2003). 『에리히 프롬과 현대성』. 박규호 옮김. 영림카디널.

Gardner, H.(2015). 『인간은 어떻게 배우는가?: 인지과학이 발견한 배움의 심리학』. 류숙희 옮김. 사회평론.

Giddens, A. & Sutton, P.(2018). 『현대 사회학』. 김미숙 외 옮김. 을유문화사.

Giroux, H. 2017. Foreword: Paulo Freire and the Courage to be Political, *Reinventing Paulo Freire: A Pedagogy of Love*. New York: Routledge.

Hayward, B. (2012). *Children, Citizenship and Environment: Nurturing a Democratic Imagination in a Changing World*. Routledge.

Held, V.(2017). 『돌봄: 돌봄윤리』. 김희강·나상원 옮김. 박영사.

Huckle, J.(2012). Sustainable Development, J. Arthur & A. Peterson(Eds.). *The Routledge Companion to Education*. N.Y. & London: Routledge.

Jameson, F.(2020). 『단일한 근대성』. 황정아 옮김. 창비.

Jensen, V.(2020). 「교육에서의 인권, 평화, 포용, 비차별 지속을 위한 세계시민교육의 역할」. 〈교육의 뉴 노멀을 말한다: 미래의 학교 변화〉, 2020 서울국제교육포럼(10월 29일~10월 30일).

Jonas, H.(1994). 『책임의 원칙: 기술 시대의 생태학적 윤리』. 이진우 옮김. 서광사.

Kisby, B.(2014). Citizenship Education in England in an Era of Perceived Globalization: Recent development and Future Prospects. E. Petrovic, & A. M. Kuntz(2014). *Citizenship Education around the World: Local Contexts and Global Possibilities*. New York & London: Routledge.

Kittay, E. F.((2017). 『돌봄: 사랑의 노동』. 김희강·나상원 옮김. 박영사.

Markovits, D.(2020). 『엘리트 세습: 중산층 해체와 엘리트 파멸을 가속하는 능력 위주 사회의 함정』. 서정아 옮김. 세종서적.

Masschelein, J.(2020). 「코로나 시대, 아이들은 학교를 그리워하고 있는가? 학교 변화를 요구하는 뜻밖의 목소리」. 〈교육의 뉴 노멀을 말한다: 미래의 학교 변화〉, 2020 서울국제교육포럼(10월 29일~10월 30일).

McCowan, T. & Unterhalter, E. 2013. Education, Citizenship and Deliberative Democracy: Sen's Capability Perspective. R. Hedtke & T. Zimenkova(Eds.) *Education for Civic and Political Participation: a Critical Approach*. New York: Routledge.

McNamee, S. & Miller, R.(2015). 『능력주의는 허구다: 21세기에 능력주의는 어떻게 오작동되고 있는가』. 김현정 옮김. 사이.

Mignolo, W. D.(2018). 『서구 근대성의 어두운 이면: 전 지구적 미래들과 탈식민적 선택들』. 김영주·배윤기·하상복 옮김. 현암사.

Morrison, R.(2005). 『생태민주주의』. 노상우·오성근 옮김. 교육과학사.

Nixon, J.(2012). 『대학에 저항하라: 시장이 되어 버린 대학 상품이 되어버린 교육에 대한 비판과 반성』. 민영진 옮김. SEEDPAPER.

Nixon, J.(2017). 『고등교육과 공익: 모두를 위한 대학의 철학적 접근』. 유성상·김용련·이길재 옮김. 교육과학사.

Noddings, N.(2008). 『행복과 교육』. 이지헌 옮김. 학이당.

Noddings, N.(2016). 『21세기 교육과 민주주의: 개인적 삶, 직업적 삶, 그리고 시민적 삶을 위한 교육』. 심성보 옮김. 살림터.

Nolet, V.(2016). *Educating for Sustainability: Principles and Practices for Teachers*. Routledge.

Nussbaum, M.(1998/1999). 『인간성 수업: 새로운 전인교육을 위한 고전의 변론』. 정영목 옮김. 문학동네.

Nussbaum, M.(2000). *Women and Human Development: The Capabilities Approach*, Cambridge University.

Nussbaum, M.(2010/2011). 『공부를 넘어 교육으로: 학교는 시장이 아니다』. 우석영 옮김. 궁리.

Nussbaum, M.(2011/2015). 『역량의 창조』. 한상연 옮김. 돌베개.

Nussbaum, M.(2011/2017). 『역량의 창조: 인간다운 삶에는 무엇이 필요한가?』. 한상연 옮김. 돌베개.

Nussbaum, M.(2013/2019). 『정치적 감정』. 박용준 옮김. 글항아리.

Orr, D.(2009). 『학교를 잃은 사회, 사회를 잊은 교육』. 이한음 옮김. 현실문화.

Peterson, A. & Warwick, P.(2015). *Global Learning and Education*. London &

New York: Routledge.

Polani, K.(1944/2009). 『거대한 전환: 우리 시대의 정치·경제적 기원』. 홍기빈 옮김. 길.

Pongratz, L.(2003). 「교육의 상품화」. R. Funk, G. Meyer & H. Johach. 『에리히 프롬과 현대성』. 박규호 옮김. 영림카디널.

Rifkin, J.(2020). 「화석 연료 없는 문명이 가능한가」. 『오늘부터의 세계』. 안희경 옮김. 메디치미디어.

Rosa, H.(2017). 『공동체의 이론들』. 곽노완·한상원 옮김. 라움.

Rury, J.(2013). *Education and Social Change: Contours in the History of American Schooling*. New York & London: Routledge.

Sandel, M.(2016). 『정치와 도덕을 말하다』. 안진환·김선욱 옮김. 와이즈베리.

Sandel, M.(2020). 『공정하다는 착각: 능력주의는 모두에게 같은 기회를 제공하는가』. 함규진 옮김. 와이즈베리.

Schleicher, A.(2020). 〈교육의 뉴 노멀을 말한다: 미래의 학교 변화〉, 2020 서울국제교육포럼(10월 29일~10월 30일).

Sen, A.(1999). 『자유로서의 발전』. 김원기 옮김. 갈라파고스.

Sen, A.(2009/2019). 이규원 옮김 『정의의 아이디어』. 지식의 날개.

Shields, C. M.(2014). A Critical Examination of Today's (Un)Democratic Reform Agenda for Teachers, Administrations, and Teacher Education, J. L. Teitebaum & K. DeVitis(Eds.). *School Reform Critics: The Struggle for Democratic Schooling*. New York: Peter Lang.

Taylor, C.(2010). 『근대의 사회적 상상』. 이상길 옮김. 이음.

Taylor, P. W.(2020). 『자연에 대한 존중: 생명중심주의 환경윤리론』. 김영 옮김. 리수.

Teitebaum, J. L. & DeVitis, K. Introduction, J. L. Teitebaum & K. DeVitis(Eds.). *School Reform Critics: The Struggle for Democratic Schooling*. New York: Peter Lang.

Tronto, J.(2014). 『돌봄 민주주의: 시장, 평등, 정의』. 김희강·나상원 옮김. 아포리아.

Tyack & Cuban,(2011). 『학교 없는 교육개혁: 유토피아를 꿈꾼 미국 교육개혁 100년사』. 권찬욱·박대권 옮김. 럭스미디어.

Vandenbroeck, M. & Peeters, J.(2014). Democratic Experimentation in Early Childhood Education. G. Biesta, M. Bie & D. Wildemeersch(Eds.). *Civic Learning, Democratic Citizenship and the Public Sphere*. Leuven: Springer.

Vaughan, R.(2007). Measuring Capabilities: An Example from Girls's Schooling. M. Walker & E. Unterhalter(Eds.). *Amatya Sen's Capability Approach and*

Sociual: Justice in Education. Palgrave/Macmillan.

Veblen, T.(2014). 『미국의 고등교육』. 홍훈·박종현 옮김. 길.

Walker, M. & Unterhalter, E.(2007). Conclusion: Capabilities, Social Justice and Education. M. Walker & E. Unterhalter(Eds.). *Amatya Sen's Capability Approach and Sociual: Justice in Education*, Palgrave/Macmillan.

Washor, E. Mojkoski, C.(2014). 『넘나들며 배우기』. 이병곤 옮김. 민들레.

Wehr, H.(2003), 「학교 발전을 위한 생명애호적 대안」. R. Funk, G. Meyer & H. Johach. 『에리히 프롬과 현대성』, 박규호 옮김. 영림카디널.

West-Burnham, J. Farrar, M. (2007). *Schools and Communities: Working Together to Transform Children's Lives*, Continuum.

Winch, C.(2014). 『인간학습의 철학』. 이병승·김우영 옮김. 학지사.

Winter, M.(2014). Subjectificating Socialization for the Common Good: The Case for a Democratic Offensive in Upbringing and Education. G. Biesta, M. Bie, & D. Wildemeersch(Eds.). *Civic Learning, Democratic Citizenship and the Public Sphere*. Leuven: Springer.

Worldwatch Institute(2017). 『지속가능한 교육을 꿈꾸다』. 구미화 외 옮김. 환경재단.

Wright, E. O.(2019). 『리얼 유토피아』. 권화현 옮김. 들녘.

Young, M.(2020). 『능력주의: 2034년, 평등하고 공정하고 정의로운 엘리트 계급의 세습 이야기』. 유강은 옮김. 이매진.

Young, R.(2003). 『하버마스의 비판이론과 담론 교실』. 이정화·이지헌 옮김. 우리교육.

삶의 행복을 꿈꾸는 교육은 어디에서 오는가?

● **교육혁명을 앞당기는 배움책 이야기** 혁신교육의 철학과 잉걸진 미래를 만나다!

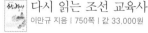

통하는 공부
김태호·김형우·이경석·심우근·허진만 지음
324쪽 | 값 15,000원

내일 수업 어떻게 하지?
아이함께 지음 | 300쪽 | 값 15,000원
2015 세종도서 교양부문

인간 회복의 교육
성래운 지음 | 260쪽 | 값 13,000원

교과서 너머 교육과정 마주하기
이윤미 외 지음 | 368쪽 | 값 17,000원

수업 고수들
수업·교육과정·평가를 말하다
박현숙 외 지음 | 368쪽 | 값 17,000원

도덕 수업, 책으로 묻고 윤리로 답하다
울산도덕교사모임 지음 | 320쪽 | 값 15,000원

체육 교사, 수업을 말하다
전용진 지음 | 304쪽 | 값 15,000원

교실을 위한 프레이리
아이러 쇼어 엮음 | 사람대사람 옮김
412쪽 | 값 18,000원

마을교육공동체란 무엇인가?
서용선 외 지음 | 360쪽 | 값 17,000원

교사, 학교를 바꾸다
정진화 지음 | 372쪽 | 값 17,000원

함께 배움
학생 주도 배움 중심 수업 이렇게 한다
니시카와 준 지음 | 백경석 옮김 | 280쪽 | 값 15,000원

공교육은 왜?
홍섭근 지음 | 352쪽 | 값 16,000원

자기혁신과 공동의 성장을 위한
교사들의 필리버스터
윤양수·원종희·장군·조경삼 지음 | 280쪽 | 값 14,000원

함께 배움 이렇게 시작한다
니시카와 준 지음 | 백경석 옮김 | 196쪽 | 값 12,000원

함께 배움 교사의 말하기
니시카와 준 지음 | 백경석 옮김 | 188쪽 | 값 12,000원

교육과정 통합, 어떻게 할 것인가?
성열관 외 지음 | 192쪽 | 값 13,000원

학교 혁신의 길, 아이들에게 묻다
남궁상운 외 지음 | 272쪽 | 값 15,000원

미래교육의 열쇠, 창의적 문화교육
심광현·노명우·강정석 지음 | 368쪽 | 값 16,000원

주제통합수업,
아이들을 수업의 주인공으로!
이윤미 외 지음 | 392쪽 | 값 17,000원

수업과 교육의 지평을 확장하는 **수업 비평**
윤양수 지음 | 316쪽 | 값 15,000원
2014 문화체육관광부 우수교양도서

교사, 선생이 되다
김태은 지음 | 260쪽 | 값 13,000원

교사의 전문성, 어떻게 만들어지나
국제교원노조연맹 보고서 | 김석규 옮김
392쪽 | 값 17,000원

수업의 정치
윤양수·원종희·장군 지음 | 280쪽 | 값 14,000원

학교협동조합,
현장체험학습과 마을교육공동체를 잇다
주수원 외 지음 | 296쪽 | 값 15,000원

거꾸로 교실,
잠자는 아이들을 깨우는 수업의 비밀
이민경 지음 | 280쪽 | 값 14,000원

교사는 무엇으로 사는가
정은균 지음 | 292쪽 | 값 15,000원

마음의 힘을 기르는 감성수업
조선미 외 지음 | 300쪽 | 값 15,000원

작은 학교 아이들

지경준 엮음 | 376쪽 | 값 17,000원

아이들의 배움은 어떻게 깊어지는가
이시이 준지 지음 | 방지현·이창희 옮김
200쪽 | 값 11,000원

대한민국 입시혁명
참교육연구소 입시연구팀 지음 | 220쪽 | 값 12,000원

교사를 세우는 교육과정
박승열 지음 | 312쪽 | 값 15,000원

전국 17명 교육감들과 나눈 교육 대담
최창의 대담·기록 | 272쪽 | 값 15,000원

들뢰즈와 가타리를 통해 유아교육 읽기
리세롯 마리엣 올슨 지음 | 이연선 외 옮김
328쪽 | 값 17,000원

학교 민주주의의 불한당들
정은균 지음 | 276쪽 | 값 14,000원

프레이리의 사상과 실천
사람대사람 지음 | 352쪽 | 값 18,000원
2018 세종도서 학술부문

혁신학교, 한국 교육의 미래를 열다
송순재 외 지음 | 608쪽 | 값 30,000원

페다고지를 위하여
프레네의 『페다고지 불변요소』 읽기
박찬영 지음 | 296쪽 | 값 15,000원

노자와 탈현대 문명
홍승표 지음 | 284쪽 | 값 15,000원

선생님, 민주시민교육이 뭐예요?
염경미 지음 | 244쪽 | 값 15,000원

어쩌다 혁신학교
유우석 외 지음 | 380쪽 | 값 17,000원

미래, 교육을 묻다
정광필 지음 | 232쪽 | 값 15,000원

대학, 협동조합으로 교육하라
박주희 외 지음 | 252쪽 | 값 15,000원

입시, 어떻게 바꿀 것인가?
노기원 지음 | 306쪽 | 값 15,000원

촛불시대, 혁신교육을 말하다
이용관 지음 | 240쪽 | 값 15,000원

라운드 스터디
이시이 데루마사 외 엮음 | 224쪽 | 값 15,000원

미래교육을 디자인하는 학교교육과정
박승열 외 지음 | 348쪽 | 값 18,000원

흥미진진한 아일랜드 전환학년 이야기
제리 제퍼스 지음 | 최상덕·김호원 옮김 | 508쪽 | 값 27,000원
2019 대한민국학술원우수학술도서

폭력 교실에 맞서는 용기
따돌림사회연구모임 학급운영팀 지음
272쪽 | 값 15,000원

그래도 혁신학교
박은혜 외 지음 | 248쪽 | 값 15,000원

학교는 어떤 공동체인가?
성열관 외 지음 | 228쪽 | 값 15,000원

교사 전쟁
다나 골드스타인 지음 | 유성상 외 옮김
468쪽 | 값 23,000원

시민, 학교에 가다
최형규 지음 | 260쪽 | 값 15,000원

교육과정, 수업, 평가의 일체화
리사 카터 지음 | 박승열 외 옮김 | 196쪽 | 값 13,000원

학교를 개선하는 교장
지속가능한 학교 혁신을 위한 실천 전략
마이클 풀란 지음 | 서동연·정효준 옮김 | 216쪽 | 값 13,000원

공자뎐, 논어는 이것이다
유문상 지음 | 392쪽 | 값 18,000원

교사와 부모를 위한
발달교육이란 무엇인가?
현광일 지음 | 380쪽 | 값 18,000원

교사, 이오덕에게 길을 묻다
이무완 지음 | 328쪽 | 값 15,000원

낙오자 없는 스웨덴 교육
레이프 스트란드베리 지음 | 변광수 옮김
208쪽 | 값 13,000원

끝나지 않은 마지막 수업
장석웅 지음 | 328쪽 | 값 20,000원

경기꿈의학교
진흥섭 외 지음 | 360쪽 | 값 17,000원

학교를 말한다
이성우 지음 | 292쪽 | 값 15,000원

행복도시 세종,
혁신교육으로 디자인하다
곽순일 외 지음 | 392쪽 | 값 18,000원

나는 거꾸로 교실 거꾸로 교사
류광모·임정훈 지음 | 212쪽 | 값 13,000원

교실 속으로 간 이해중심 교육과정
온정덕 외 지음 | 224쪽 | 값 13,000원

교실, 평화를 말하다
따돌림사회연구모임 초등우정팀 지음
268쪽 | 값 15,000원

학교자율운영 2.0
김용 지음 | 240쪽 | 값 15,000원

학교자치를 부탁해
유우석 외 지음 | 252쪽 | 값 15,000원

국제이해교육 페다고지
강순원 외 지음 | 256쪽 | 값 15,000원

선생님, 페미니즘이 뭐예요?
염경미 지음 | 280쪽 | 값 15,000원

평화의 교육과정 섬김의 리더십
이준원·이형빈 지음 | 292쪽 | 값 16,000원

학교를 살리는 회복적 생활교육
김민자·이순영·정선영 지음 | 256쪽 | 값 15,000원

수포자의 시대
김성수·이형빈 지음 | 252쪽 | 값 15,000원

교사를 위한 교육학 강의
이형빈 지음 | 336쪽 | 값 17,000원

혁신학교와 실천적 교육과정
신은희 지음 | 236쪽 | 값 15,000원

새로운학교 학생을 날게 하다
새로운학교네트워크 총서 02 | 408쪽 | 값 20,000원

삶의 시간을 잇는 문화예술교육
고영직 지음 | 292쪽 | 값 16,000원

세월호가 묻고 교육이 답하다
경기도교육연구원 지음 | 214쪽 | 값 13,000원

혐오, 교실에 들어오다
이혜정 외 지음 | 232쪽 | 값 15,000원

미래교육, 어떻게 만들어갈 것인가?
송기상·김성천 지음 | 300쪽 | 값 16,000원
2019 세종도서 교양부문

혁신교육지구와 마을교육공동체는 어떻게 만들어지는가?
김태정 지음 | 376쪽 | 값 18,000원

교육에 대한 오해
우문영 지음 | 224쪽 | 값 15,000원

선생님, 특성화고 자기소개서 어떻게 써요?
이지영 지음 | 322쪽 | 값 17,000원

혁신교육지구 현장을 가다
이용운 외 4인 지음 | 344쪽 | 값 18,000원

학생과 교사, 수업을 묻다
전용진 지음 | 344쪽 | 값 18,000원

배움의 독립선언, 평생학습
정민승 지음 | 240쪽 | 값 15,000원

혁신학교의 꽃, 교육과정 다시 그리기
안재일 지음 | 344쪽 | 값 18,000원

교육혁신의 시대
배움의 공간을 상상하다
함영기 외 지음 | 264쪽 | 값 17,000원

학습격차 해소를 위한 새로운 도전
보편적 학습설계 수업
조윤정 외 지음 | 225쪽 | 값 15,000원

서울의 마을교육
이용윤 외 지음 | 352쪽 | 값 18,000원

물질과의 새로운 만남
베로니카 파치니-케처바우 지음 | 240쪽 | 값 15,000원

평화와 인성을 키우는 자기우정
따돌림사회연구모임 우정팀 지음 | 240쪽 | 값 15,000원

미래교육을 열어가는 배움중심 원격수업
이윤서 외 지음 | 332쪽 | 값 17,000원

● **살림터 참교육 문예 시리즈** 영혼이 있는 삶을 가르치는 온 선생님을 만나다!

꽃보다 귀한 우리 아이는
조재도 지음 | 244쪽 | 값 12,000원

선생님이 먼저 때렸는데요
강병철 지음 | 248쪽 | 값 12,000원

성깔 있는 나무들
최은숙 지음 | 244쪽 | 값 12,000원

서울 여자, 시골 선생님 되다
조경선 지음 | 252쪽 | 값 12,000원

아이들에게 세상을 배웠네
명혜정 지음 | 240쪽 | 값 12,000원

행복한 창의 교육
최창의 지음 | 328쪽 | 값 15,000원

밥상에서 세상으로
김흥숙 지음 | 280쪽 | 값 13,000원

북유럽 교육 기행
정애경 외 14인 지음 | 288쪽 | 값 14,000원

우물쭈물하다 끝난 교사 이야기
유기창 지음 | 380쪽 | 값 17,000원

시험 시간에 웃은 건 처음이에요
조규선 지음 | 252쪽 | 값 15,000원

오천년을 사는 여자
염경미 지음 | 272쪽 | 값 16,000원

다정한 교실에서 20,000시간
강정희 지음 | 296쪽 | 값 16,000원

전봉준과 동학농민혁명
조광환 지음 | 336쪽 | 값 15,000원

교과서 밖에서 배우는 역사 공부
정은교 지음 | 292쪽 | 값 14,000원

남도의 기억을 걷다
노성태 지음 | 344쪽 | 값 14,000원

팔만대장경도 모르면 빨래판이다
전병철 지음 | 360쪽 | 값 16,000원

응답하라 한국사 1·2
김은석 지음 | 356쪽·368쪽 | 각권 값 15,000원

빨래판도 잘 보면 팔만대장경이다
전병철 지음 | 360쪽 | 값 16,000원

즐거운 국사수업 32강
김남선 지음 | 280쪽 | 값 11,000원

영화는 역사다
강성률 지음 | 288쪽 | 값 13,000원

즐거운 세계사 수업
김은석 지음 | 328쪽 | 값 13,000원

친일 영화의 해부학
강성률 지음 | 264쪽 | 값 15,000원

강화도의 기억을 걷다
최보길 지음 | 276쪽 | 값 14,000원

한국 고대사의 비밀
김은석 지음 | 304쪽 | 값 13,000원

광주의 기억을 걷다
노성태 지음 | 348쪽 | 값 15,000원

조선족 근현대 교육사
정미량 지음 | 320쪽 | 값 15,000원

선생님도 궁금해하는
한국사의 비밀 20가지
김은석 지음 | 312쪽 | 값 15,000원

다시 읽는 조선근대 교육의 사상과 운동
윤건차 지음 | 이명실·심성보 옮김 | 516쪽 | 값 25,000원

걸림돌
키르스텐 세롭-빌펠트 지음 | 문봉애 옮김
248쪽 | 값 13,000원

음악과 함께 떠나는 세계의 혁명 이야기
조광환 지음 | 292쪽 | 값 15,000원

역사수업을 부탁해
열 사람의 한 걸음 지음 | 388쪽 | 값 18,000원

논쟁으로 보는 일본 근대 교육의 역사
이명실 지음 | 324쪽 | 값 17,000원

진실과 거짓, 인물 한국사
하성환 지음 | 400쪽 | 값 18,000원

다시, 독립의 기억을 걷다
노성태 지음 | 320쪽 | 값 16,000원

우리 역사에서 사라진
근현대 인물 한국사
하성환 지음 | 296쪽 | 값 18,000원

한국사 리뷰
김은석 지음 | 244쪽 | 값 15,000원

꼬물꼬물 거꾸로 역사수업
역모자들 지음 | 436쪽 | 값 23,000원

경남의 기억을 걷다
류형진 외 지음 | 564쪽 | 값 28,000원

즐거운 동아시아사 수업
김은석 지음 | 240쪽 | 값 15,000원

어제와 오늘이 만나는 교실
학생과 교사의 역사수업 에세이
정진경 외 지음 | 328쪽 | 값 17,000원

노성태, 역사의 길을 걷다
노성태 지음 | 324쪽 | 값 17,000원

●더불어 사는 정의로운 세상을 여는 인문사회과학 사람의 존엄과 평등의 가치를 배운다

 밥상혁명
강양구·강이현 지음 | 298쪽 | 값 13,800원

 도덕 교과서 무엇이 문제인가?
김대용 지음 | 272쪽 | 값 14,000원

 자율주의와 진보교육
조엘 스프링 지음 | 심성보 옮김 | 320쪽 | 값 15,000원

 민주화 이후의 공동체 교육
심성보 지음 | 392쪽 | 값 15,000원
2009 문화체육관광부 우수학술도서

 갈등을 넘어 협력 사회로
이창언·오수길·유문종·신윤관 지음
280쪽 | 값 15,000원

 동양사상과 마음교육
정재걸 외 지음 | 356쪽 | 값 16,000원
2015 세종도서 학술부문

 교과서 밖에서 배우는 철학 공부
정은교 지음 | 280쪽 | 값 14,000원

 교과서 밖에서 배우는 사회 공부
정은교 지음 | 304쪽 | 값 15,000원

 교과서 밖에서 배우는 윤리 공부
정은교 지음 | 292쪽 | 값 15,000원

 한글 혁명
김슬옹 지음 | 388쪽 | 값 18,000원

 우리 안의 미래교육
정재걸 지음 | 484쪽 | 값 25,000원

 왜 그는 한국으로 돌아왔는가?
황선준 지음 | 364쪽 | 값 17,000원
2019 세종도서 교양부문

 공간, 문화, 정치의 생태학
현광일 지음 | 232쪽 | 값 15,000원

 인공지능 시대의 사회학적 상상력
홍승표 지음 | 260쪽 | 값 15,000원

 동양사상과 인간 그리고 사회
이현지 지음 | 418쪽 | 값 21,000원

 장자와 탈현대
정재걸 외 지음 | 424쪽 | 값 21,000원

 좌우지간 인권이다
안경환 지음 | 288쪽 | 값 13,000원

 민주시민교육
심성보 지음 | 544쪽 | 값 25,000원

 민주시민을 위한 도덕교육
심성보 지음 | 500쪽 | 값 25,000원
2015 세종도서 학술부문

 교과서 밖에서 배우는 인문학 공부
정은교 지음 | 280쪽 | 값 13,000원

 오래된 미래교육
정재걸 지음 | 392쪽 | 값 18,000원

  대한민국 의료혁명
전국보건의료산업노동조합 엮음 | 548쪽 | 값 25,000원

 교과서 밖에서 배우는 고전 공부
정은교 지음 | 288쪽 | 값 14,000원

 전체 안의 전체 사고 속의 사고
김우창의 인문학을 읽다
현광일 지음 | 320쪽 | 값 15,000원

 카스트로, 종교를 말하다
피델 카스트로·프레이 베토 대담 | 조세종 옮김
420쪽 | 값 21,000원

 일제강점기 한국철학
이태우 지음 | 448쪽 | 값 25,000원

 한국 교육 제4의 길을 찾다
이길상 지음 | 400쪽 | 값 21,000원
2019 세종도서 학술부문

 마을교육공동체 생태적 의미와 실천
김용련 지음 | 256쪽 | 값 15,000원

 교육과정에서 왜 지식이 중요한가
심성보 지음 | 440쪽 | 값 23,000원

 식물에게서 교육을 배우다
이차영 지음 | 260쪽 | 값 15,000원

 왜 전태일인가
송필경 지음 | 236쪽 | 값 17,000원

 한국 세계시민교육이 나아갈 길을 묻다
유네스코태평양 국제이해교육원 지음 | 260쪽 | 값 18,000원

 놀자선생의 놀이인문학
진용근 지음 | 380쪽 | 값 185,000원

● 평화샘 프로젝트 매뉴얼 시리즈 학교폭력에 대한 근본적인 예방과 대책을 찾는다

학교폭력 어떻게 만들어지는가
문재현 외 지음 | 300쪽 | 값 14,000원

아이들을 살리는 동네
문재현·신동명·김수동 지음 | 204쪽 | 값 10,000원

학교폭력, 멈춰!
문재현 외 지음 | 348쪽 | 값 15,000원

평화! 행복한 학교의 시작
문재현 외 지음 | 252쪽 | 값 12,000원

왕따, 이렇게 해결할 수 있다
문재현 외 지음 | 236쪽 | 값 12,000원

마을에 배움의 길이 있다
문재현 지음 | 208쪽 | 값 10,000원

젊은 부모를 위한 백만 년의 육아 슬기
문재현 지음 | 248쪽 | 값 13,000원

별자리, 인류의 이야기 주머니
문재현·문한뫼 지음 | 444쪽 | 값 20,000원

우리는 마을에 산다
유양우·신동명·김수동·문재현 지음
312쪽 | 값 15,000원

동생아, 우리 뭐 하고 놀까?
문재현 외 지음 | 280쪽 | 값 15,000원

누가, 학교폭력 해결을 가로막는가?
문재현 외 지음 | 312쪽 | 값 15,000원

**코로나 19가 앞당긴 미래,
마을에서 찾는 배움길**
문재현 외 지음 | 308쪽 | 값 16,000원

● 남북이 하나 되는 두물머리 평화교육 분단 극복을 위한 치열한 배움과 실천을 만나다

10년 후 통일
정동영·지승호 지음 | 328쪽 | 값 15,000원

선생님, 통일이 뭐예요?
정경호 지음 | 252쪽 | 값 13,000원

분단시대의 통일교육
성래운 지음 | 428쪽 | 값 18,000원

김창환 교수의 DMZ 지리 이야기
김창환 지음 | 264쪽 | 값 15,000원

한반도 평화교육 어떻게 할 것인가
이기범 외 지음 | 252쪽 | 값 15,000원

포괄적 평화교육
베티 리어든 지음 | 강순원 옮김 | 252쪽 | 값 17,000원

● 창의적인 협력 수업을 지향하는 삶이 있는 국어 교실 우리말 글을 배우며 세상을 배운다

**중학교 국어 수업
어떻게 할 것인가?**
김미경 지음 | 340쪽 | 값 15,000원

토론의 숲에서 나를 만나다
명혜정 엮음 | 312쪽 | 값 15,000원

토닥토닥 토론해요
명혜정·이명선·조선미 엮음 | 288쪽 | 값 15,000원

인문학의 숲을 거니는 토론 수업
순천국어교사모임 엮음 | 308쪽 | 값 15,000원

어린이와 시
오인태 지음 | 192쪽 | 값 12,000원

수업, 슬로리딩과 함께
박경숙 외 지음 | 268쪽 | 값 15,000원

언어던
정은균 지음 | 268쪽 | 값 15,000원
2019 세종도서 교양부문

민촌 이기영 평전
이성렬 지음 | 508쪽 | 값 20,000원

감각의 갱신, 화장하는 인민
남북문학예술연구회 | 380쪽 | 값 19,000원

참된 삶과 교육에 관한
생각 줍기